装备科技译著出版基金

初始适航导论

第2版

Initial Airworthiness
Determining the Acceptability of New Airborne Systems
Second Edition

［英］ 盖·格拉顿（Guy Gratton） 著

史彦斌 鲁华平 王宇 等译

国防工业出版社

·北京·

著作权合同登记　　图字:01-2022-4578

图书在版编目(CIP)数据

初始适航导论:第2版/(英)盖·格拉顿
(Guy Gratton)著;史彦斌等译. —北京:国防工业
出版社,2023.1
书名原文:Initial Airworthiness – Determining
the Acceptability of New Airborne Systems(Second
Edition)
ISBN 978-7-118-12665-5

Ⅰ.①初… Ⅱ.①盖… ②史… Ⅲ.①适航 Ⅳ.
①U675.5

中国版本图书馆CIP数据核字(2022)第194724号

First published in English under the title
Initial Airworthiness:Determining the Acceptability of New Airborne Systems
by Guy Gratton,edition:2
Copyright © Springer International Publishing AG,part of Springer Nature,2018
This edition has been translated and published under licence from
Springer Nature Switzerland AG.
本书简体中文版由Springer授权国防工业出版社独家出版。
版权所有,侵权必究。

※

国防工业出版社出版发行
(北京市海淀区紫竹院南路23号　邮政编码100048)
三河市腾飞印务有限公司印刷
新华书店经售

*

开本710×1000　1/16　插页4　印张22¾　字数398千字
2023年1月第1版第1次印刷　印数1—1500册　定价188.00元

(本书如有印装错误,我社负责调换)

国防书店:(010)88540777　　书店传真:(010)88540776
发行业务:(010)88540717　　发行传真:(010)88540762

译 者 序

航空器及机载系统适航研究起源于西方发达国家,经过百年的工业实践已形成较为完善的适航设计、验证和认证体系。在适航技术研究上,无论是从新技术、新材料和新工艺的应用牵引,还是源于公众对安全性日益提高的需求,不断引领行业开展相关理论、技术和标准研究,极大地促进了航空器安全水平的提升。在适航标准制定上,以美国联邦航空规章航空发动机适航标准为例,从1958年颁布至今经历了34次修订,几乎凝聚了半个多世纪航空技术和适航技术发展的成果。适航技术发展和适航标准水平的提升已经形成相互促进的良性发展态势。

国家航空器适航标准的水平与其工业实践、技术发展水平是息息相关的,美英等国的适航标准代表其航空工业发展水平,国际适航标准代表着全球范围内民航安全发展的水平,是国内航空工业发展的方向和趋势。首先通过对适航标准内隐含关键技术的挖掘,进行大量创新和具有探索意义的研究,将适航的标准和技术转化为设计经验和验证经验,充分利用规章和标准的正向引领作用,辅助国内航空产业的发展;其次,通过对适航的基础理论、验证技术以及认证技术研究并结合国内航空工业实际,探索出符合我国航空工业水平的适航符合性方法,将安全性要求转化为适航认证判定要素和准则,指导国内航空产品的认证工作,保障适航认证工作的顺利开展。另外,逐步缩小与西方发达国家在航空技术上和适航技术上的差距,形成适航技术发展和适航标准水平的提升互相促进的良性循环,最终实现适航标准的自主编制和适航审定体系的良性发展。总体而言,系统研究适航理论对提高我国航空工业现代化水平具有积极的推动作用。

本书原著 *Initial Airworthiness——Determining the Acceptability of New Airborne Systems* 于2018年在 Springer 出版社出版,书中研究了航空器适航相关的大气系统、飞行包线(包括机动包线和突风包线)、结构认证的基本原则、主体飞行结构、起落架结构、控制面和电路以及发动机适航性认证、耐撞性与逃生、飞行品质鉴定、纵向及横向稳定性、飞机非对称性、偏离受控飞行、系统鉴定、环境影响、持续适航性等20章内容,另外还包括7个附录。主要特点是从提高飞机的安全性出发研究飞机的适航性,但又不局限于安全性,内容丰富,注重理论和实践的结合。原著作者盖·格拉顿教授先后在英国皇家航空航天局工程岗位和布鲁内尔大学、克兰菲尔德大学、谢菲尔德大学航空工程学教学岗位具有30多年的从业经验,曾担任英国微型飞机协会首席技术官,参与了英国Bae-146等飞机的适航性研究。本书的翻译出版能为国内从事航空装备研发的科研人员、高校师生,特别是面向航空装备适航领域开展研究工作的人员提供理论支撑。

  本书由史彦斌担任主译并通稿。参加翻译工作的还有鲁华平、王宇、周竞赛、赛音夫、王思豫、王美璐、周俊杰、劳永军、张冰、朱世琦等。本书的翻译出版得到了中央军委装备发展部装备科技译著出版基金及吉林省教育厅"十四五"科学技术研究规划项目的支持,在此表示感谢。特别感谢国防工业出版社田秀岩编辑在该书翻译出版时提供的热情指导和帮助。同时,还要感谢北京航空航天大学段海滨教授、空军航空大学王远达教授、空军工程大学田松教授提供的指导。

  鉴于译者水平所限,书中难免存在翻译未尽其意的地方,望读者不吝指正。

译者

2022年6月于长春

2017 年第 2 版前言

本书的第一版对我和 Springer 出版社来说都是一次冒险,因为它是第一本描述初始适航性鉴定过程的书,所以没有人真正知道它会反响如何。总的来说,反响还不错,许多从业者和学者都认为这是一本值得购买的书。

当书一开始出版,我就不断地在书中找寻需要改进的地方。我觉得有几件事可以做得更好,尤其随着读者和评论家给予的反馈越来越多,我找到了一些有助于改进和充实本书的方法。因此,经过几年,我拿了一份清单给 Springer 出版社,出版社同意了我出版第二版的建议。

第二版增加了许多小条目,例如历史事件、附加传记和一些关于特定标准的扩展细节;特别是近几年出现的第 23 部适航标准的新表格;对双发延程飞行的修改;英国针对解除管制飞行时机做了一系列调整,包括解除对单座微型飞机的管制,建立一套新的"E 条件"用于实验飞行,联邦航空局随后又对第 23 部适航标准进行了实质性的重编,所有这些更新内容都是有充分依据的。

本书新增加的 3 个章节完善了现有的技术内容。一是关于飞机对环境影响这一日益重要的主题。二是关于职业道德的主题,可能看起来有点不协调,但这对我们所有的航空专业人士来说已经变得越来越重要,而且大多数国家现在都把这个主题列入工程学位课程。这里的观点大多是个人的,但建立在我自己的专业实践之上,希望能有一些价值。此外,我还增加了适航计划管理的新章节。

许多评论家非常正确地批评第一版的参考文献范围相对有限,因此,我着重增加了扩展阅读的指南,主要是作为主要章节的脚注;另外,评论家们还称赞了第一版对真实案例研究的运用。我在第二版中对这些案例进行了大量的扩展,结合我自己的一些经历,希望带给读者一些新意。相对知名的一些例子,如 Nimrod XV230 和 A320 howl,读者可能更熟悉。我尝试在轻型飞机与重型飞机、民用飞机与军用飞机内容之间保持平衡,正如我在第一版中所做的那样,既反映了我自己的经历,也照顾到读者的兴趣。

我还对一些内容进行了扩展。以前关于失速的部分现在是非受控飞行,同时我增加了几种其他的飞行模式,包括螺旋、深度螺旋和翻转等。系统鉴定部分我增加了一些电气系统细节和关于网络威胁抵抗的探讨,包括更多的插图,还有一些我近年来学到并想传递的经验。

  本书第二版呈现,补充了新内容,我希望读者朋友们会发现它至少如2014年版一样有用和有趣。如前所述,我将非常高兴听到你的任何想法,有可能将来某个时候我们会改动到第三版中,可以通过Springer或克兰菲尔德大学随时联系我。

盖·格拉顿

英国皇家航空学会高级会员、英国皇家特许工程师、

克兰菲尔德大学航空与环境系副教授

2017年于克兰菲尔德大学

2014 年第 1 版前言

人们从经验中得知,真正的安全源于长此以往的训练,而并非是行动前极具说服力的训词。

——修昔底德,《伯罗奔尼撒战争史》,约公元前 404 年。

适航性的实践是一项复杂的工作,我有时候甚至怀疑世界上有没有什么地方的什么人能够真正地完全理解这一主题。然而,仍有许多人需要先学习,然后依托这一专业体系开展各种职业工作。

从 1989 年开始我在适航性相关领域工作,当时我还是英国皇家航空航天局(RAE)的一名年轻工程师。在法恩伯勒,我被安排调查一架实验飞机发动机螺栓不断失灵的原因,很快我就发现,这一领域综合了我学过的每项学科,包括结构、材料、空气动力学、写作、绘图、数学等,但我缺乏对这些知识有机结合。从那以后的几年里,我一直都在考虑各种各样的飞机,无论是新研发的还是现有的,是否安全合格,或者换句话说,是否适合飞行。大多数情况下,这涉及对一架飞机设计各个方面的深入考量,如特定的仪表或系统、起落架、飞行品质或飞行控制。1997 年,我被英国微型飞机协会任命为首席技术官,在这个职位上我一直工作到 2005 年。与之前不同,这项工作要求我不再像以往一样考虑具体的某一方面,而是飞机的总体设计,通常从一组粗略的图纸开始,直至飞机获得核准并实施飞行。这项工作对我而言非常特别,因为与现代飞机的高度复杂性相比,微型飞机的相对简单性使我能够见识到适航的全过程。

当我在英国轻型飞机协会(British Microlight Aircraft Association,BMAA)工作时,受邀到谢菲尔德大学为本科生讲授一门关于飞机认证的航空航天工程基础课程。荣幸之至,我能够进一步集中精力去思考如何分析透彻并教好适航这一专业知识。与此同时,我正着手完成一项长期的个人课题,一项题为"轻小型飞机的适航鉴定技术"的博士课题,从而进一步聚焦了我的研究。如往常一样,我查阅了许多教科书,并广泛参考了各种军民航管理部门出版的适航标准。通过这项工作,我增加了个人的知识和经验储备。

2005 年,我转行到伦敦布鲁内尔大学担任讲师,教授航空工程学,这对我的适航教学研究提出了更高要求。此时,我才终于意识到,根本没有一本简单易懂的教科书来讲述适航实践的基本原理。特别是初始适航性，关于确定新设计适用性的合适方法，对我来说是一个需要解决的问题。

2008年，我到了现在所在的FAAM公司，管理着英国BAe-146大气研究用机所用的机载大气测量设备，与此同时，仍保持着与布鲁内尔大学、谢菲尔德大学和英国轻型飞机协会的合作。早期的经历对于我理解欧洲最复杂的研究用机背后的复杂适航流程非常有用，同时我又掌握了很多管理喷气式客机的新知识，例如，如何在一架喷气式飞机上引进一系列新设备。在FAAM工作期间，经由Springer出版社和几位同事的鼓励，我最终决定全力以赴完成本书的写作，本书早在2006年我于布鲁内尔大学就已开始撰写。

本书融合了我自身25年和几世纪以来世界各国先辈的研究成果和宝贵经验。在创作本书时，我并没有试图创作一本即使是聪明的外行也可以在没有任何基础知识的情况下进行适航实践的书，坦率地说，我认为这行不通。如同其他航空专家一样，我所拥有的适航知识是建立在广泛的技术教育基础上的，我坚信这永远都是不可或缺的。同样，我也不会试图阐述任何单一环境中的实践方法，因为有太多的工作环境：民用和军用、轻型和重型、管制和放松管制，等等。然而，我做的是把我认为是初始适航性的主要学科领域，以一种我希望的方式加以阐述，即让该学科的实践工程师、学生和教师都能使用。由于受篇幅或者复杂性的限制，一些主题可能会有所删减，同时还有一些主题的深度略低，可能不符合于一个有经验的从业者期望的深度。我的目标是做一个合格的概述，希望读者能够理解。

在这本书中，我尽量通过举例说明，使每一个理论都能用在现实世界的适航性问题上。

本书不可避免地以我自己教授和实践适航性的方式为基础，以我希望的结构呈现。这是第一本关于初始适航性的书（至少据我所知），但我从不认为它是最好的。因此，如果有读者想对本书提出任何修改或改进的建议，我很乐意通过出版商收到你的意见。

最后，请允许我提醒所有读者，本书尽管具有相当广泛的专业经验，但是来自一个人对初始适航性的探索。世界上的每一个机构都有自己的探索，有些可能与我在这里写的相矛盾。作为一个从业者或学生，请谨慎对待本书，尤其在应用本书理论解决现实问题之前，一定要好好考虑！

盖·格拉顿

2014年于布鲁内尔大学

目 录

第1章 适航性的定义 ·· 1
  1.1 简介 ·· 1
  1.2 认证的基本原则 ·· 2
  1.3 民用飞机认证实践 ··· 3
      1.3.1 民用航空器设计规范 ··· 4
  1.4 军用飞机认证实践 ··· 13
  1.5 飞行试验放飞 ··· 15
  1.6 改装说明 ·· 16
      1.6.1 冷油器漏油实例 ·· 17
  1.7 重新鉴定 ·· 18
      1.7.1 巴黎协和式飞机坠毁实例 ··· 18

第2章 大气 ·· 20
  2.1 大气的基本概念 ·· 20
  2.2 国际（或美国）标准大气 ·· 23
      2.2.1 对流层 ··· 24
      2.2.2 平流层下部 ·· 24
      2.2.3 平流层中部 ·· 24
  2.3 高度的不同表示 ·· 26
  2.4 对流层顶的变化 ·· 27
  2.5 大气状况对人类生存力的影响 ··· 29
      2.5.1 压力和供氧 ·· 29
      2.5.2 温度效应 ··· 34
  2.6 练习 ··· 35
      2.6.1 标准大气练习 ·· 35

2.6.2 生命保障练习 ······ 35
2.7 对练习的示例答案及评注 ······ 35
   2.7.1 标准大气练习 ······ 35
   2.7.2 生命保障练习 ······ 37

第3章 总静压系统 ······ 39
 3.1 空速测量 ······ 39
 3.2 总静压系统设计 ······ 40
 3.3 计算空速值 ······ 45
   3.3.1 指示空速 ······ 45
   3.3.2 校准空速 ······ 45
   3.3.3 等效空速 ······ 46
   3.3.4 真空速 ······ 49
   3.3.5 地速 ······ 49
 3.4 空速表校准方法 ······ 50
   3.4.1 基于风矢量和地速的方法 ······ 51
   3.4.2 非GPS校法 ······ 54
   3.4.3 方法比较 ······ 54
 3.5 马赫表 ······ 56
 3.6 显示空速限制 ······ 57
 3.7 气压高度表 ······ 58
 3.8 高度表/静压系统校正方法 ······ 60
 3.9 最低精度的考虑 ······ 62
 3.10 关于电子设备的说明 ······ 62
 3.11 实例问题 ······ 63
   3.11.1 TPEC的测定 ······ 63
   3.11.2 SPEC的测定 ······ 63
   3.11.3 一般静差系统问题 ······ 63
 3.12 实例问题的解决方案 ······ 64

第4章 飞行包线 ······ 70
 4.1 引言 ······ 70

4.2 构建机动包线 ………………………………………………………… 71
4.2.1 飞行包线中的襟翼 ………………………………………… 78
4.2.2 其他部件 ………………………………………………… 79
4.2.3 转换和显示限制 ………………………………………… 79
4.3 构造突风包线 ………………………………………………………… 79
4.3.1 突风响应的简单模型 ………………………………… 80
4.3.2 突变突风响应 ………………………………………… 81
4.3.3 民用适航标准中的突风载荷要求 ………………… 86
4.4 抖振与共振 …………………………………………………………… 87
4.5 示例问题 ……………………………………………………………… 91
4.5.1 构建机动包线实例一 ………………………………… 91
4.5.2 构建机动包线实例二 ………………………………… 92
4.6 示例问题的解决方案 ………………………………………………… 93
4.6.1 构建机动包线实例一 ………………………………… 93
4.6.2 构建机动包线实例二 ………………………………… 93

第5章 结构认证的首要原则 …………………………………………………… 95
5.1 引言 …………………………………………………………………… 95
5.2 结构适航工程师的作用 ……………………………………………… 96
5.3 结构认证中的概念和术语 …………………………………………… 96
5.3.1 储备因数的定义 ……………………………………… 98
5.4 结构报告 ……………………………………………………………… 99
5.5 示例问题 ……………………………………………………………… 100

第6章 飞机主体结构认证 ……………………………………………………… 103
6.1 载荷和系数分析 ……………………………………………………… 103
6.2 试验认证 ……………………………………………………………… 105
6.3 分析认证 ……………………………………………………………… 107
6.4 对现有组装飞机结构认证的特殊案例 ……………………………… 109
6.5 材料疲劳 ……………………………………………………………… 111
6.6 损伤容限 ……………………………………………………………… 114

第 7 章 起落架结构认证 ……………………………………………………… 116

7.1 什么是起落架 …………………………………………………………… 116
7.2 起落架吸能装置的确定 ………………………………………………… 119
7.2.1 跌落试验 …………………………………………………………… 119
7.2.2 载荷与变形量试验 ………………………………………………… 121
7.2.3 从跌落试验和负载相对位移比较 $P_{Z.max}$ ……………………… 124
7.3 典型的起落架载荷工况 ………………………………………………… 125
7.3.1 典型的主轮载荷工况 ……………………………………………… 125
7.3.2 关于姿态的说明 …………………………………………………… 128
7.3.3 起落架载荷的反应 ………………………………………………… 129
7.3.4 典型的前起落架和后起落架载荷情况 …………………………… 129
7.4 使用跌落试验以避免静态载荷测试要求 ……………………………… 132
7.5 制动系统 ………………………………………………………………… 134
7.6 起落架其他适航问题 …………………………………………………… 135
7.7 实例 ……………………………………………………………………… 136
7.7.1 起落架着陆载荷的确定实例一 …………………………………… 136
7.7.2 起落架着陆载荷的确定实例二 …………………………………… 137
7.8 实例的解决方法 ………………………………………………………… 137
7.8.1 起落架着陆载荷的确定实例一 …………………………………… 137
7.8.2 起落架着陆载荷的确定实例二 …………………………………… 138

第 8 章 操纵面和电路 …………………………………………………………… 140

8.1 引言 ……………………………………………………………………… 140
8.2 控制装置 ………………………………………………………………… 142
8.2.1 控制器的结构适航性 ……………………………………………… 143
8.2.2 控制装置的非结构适航 …………………………………………… 147
8.3 操纵面和连杆 …………………………………………………………… 155

第 9 章 动力装置适航性 ………………………………………………………… 158

9.1 动力装置的适航性 ……………………………………………………… 158
9.2 保护飞机不受发动机的影响 …………………………………………… 159

9.3 发动机支架 ……………………………………………………… 161
9.4 发动机的完整性 ………………………………………………… 162
9.5 发动机仪表 ……………………………………………………… 166
9.6 特殊案例——双发延程运营 …………………………………… 168
9.7 螺旋桨 …………………………………………………………… 171
　　9.7.1 喷气式发动机燃油冰淇淋化的案例 ………………… 174
　　9.7.2 螺旋桨发生燃烧的情况 ……………………………… 175

第10章 耐撞性与逃生 …………………………………………… 177
10.1 耐撞性的目标 …………………………………………………… 177
10.2 从飞机上逃生 …………………………………………………… 178
　　10.2.1 地面上飞机的紧急出口 ……………………………… 178
　　10.2.2 空中的飞机紧急出口 ………………………………… 179
10.3 撞击后伤害的常见原因及预防方法 …………………………… 185
　　10.3.1 结构和舱室材料的耐火性 …………………………… 185
　　10.3.2 烟雾和毒烟：疏散、探测和生存 …………………… 186
　　10.3.3 起落架折断 …………………………………………… 188
10.4 撞击载荷 ………………………………………………………… 189
10.5 新材料的挑战 …………………………………………………… 191

第11章 飞行品质评价 …………………………………………… 194
11.1 关于飞行品质 …………………………………………………… 194
11.2 飞机稳定性的基本名词 ………………………………………… 195
11.3 库珀—哈珀飞行员补偿等级量表的使用 ……………………… 197

第12章 纵向稳定性与操纵 ……………………………………… 201
12.1 表观纵向静态稳定性、重心范围测定和俯仰效应 …………… 201
12.2 可接受的纵向静态稳定性特征 ………………………………… 206
12.3 解决表观的纵向静态稳定性问题 ……………………………… 208
　　12.3.1 构件的影响 …………………………………………… 209
12.4 纵向动态稳定性 ………………………………………………… 210
　　12.4.1 短周期纵向动态稳定性 ……………………………… 210

12.4.2 长周期纵向动态稳定性 ……………………………… 211
12.5 操纵稳定性 ……………………………………………………… 213

第13章 横向稳定性与操纵 …………………………………… 217

13.1 静态横向稳定性与操纵 ………………………………………… 217
13.2 动态横向稳定性 ………………………………………………… 223
 13.2.1 动态横向稳定性的简化理论 ……………………… 223
 13.2.2 飘摆模式 ……………………………………………… 224
 13.2.3 螺旋模式 ……………………………………………… 227
 13.2.4 滚转模式 ……………………………………………… 230

第14章 飞机的非对称性 …………………………………………… 233

14.1 非对称的重要性 ………………………………………………… 233
14.2 非对称推力操纵的基本理论 …………………………………… 233
14.3 空中速度控制试验 ……………………………………………… 235
14.4 发动机故障后的做法以及发动机停车时的控制 ……………… 235
14.5 最小控制速度 …………………………………………………… 237
 14.5.1 空中最小控制速度 ………………………………… 237
 14.5.2 着陆构型中的最小控制速度 ……………………… 238
14.6 对 V_{MCL-1} 的要求 ……………………………………………… 239
14.7 对 V_{MCL-2} 的要求 ……………………………………………… 240
14.8 地面最小控制速度 ……………………………………………… 240
14.9 非对称控制和构件 ……………………………………………… 242

第15章 非受控飞行 ………………………………………………… 243

15.1 非受控的定义 …………………………………………………… 243
15.2 失速 ……………………………………………………………… 244
 15.2.1 失速简介 …………………………………………… 244
15.3 非加速失速和转弯失速 ………………………………………… 245
15.4 转弯飞行失速 …………………………………………………… 248
15.5 定义大型飞机失速试验的试验条件 …………………………… 250
15.6 失速改出 ………………………………………………………… 251

- 15.7 其他失速情况——加速和动态失速 ················ 252
  - 15.7.1 加速或动态失速 ················ 252
  - 15.7.2 预测动态失速速度 ················ 253
  - 15.7.3 动态失速中的失速告警裕量 ················ 254
- 15.8 螺旋 ················ 254
- 15.9 深度螺旋 ················ 257
- 15.10 翻转 ················ 258

第16章 系统评估 ················ 262
- 16.1 定义系统 ················ 262
- 16.2 系统故障数值分析 ················ 263
- 16.3 系统测试和性能识别 ················ 267
- 16.4 电气和EMC的相关考虑 ················ 269
- 16.5 环境测试 ················ 271
- 16.6 人机工程学：系统中的人因 ················ 273
  - 16.6.1 硬件—人件 ················ 274
  - 16.6.2 软件—人件 ················ 278
  - 16.6.3 环境—人件 ················ 278

第17章 环境影响 ················ 280
- 17.1 环境影响的定义 ················ 280
- 17.2 噪声的影响 ················ 281
- 17.3 温室气体排放 ················ 286
- 17.4 微粒和表面污染物 ················ 289
- 17.5 报废损耗引起的回收问题 ················ 290

第18章 促进持续适航 ················ 292
- 18.1 持续适航的本质 ················ 292
- 18.2 建立维修程序 ················ 292
- 18.3 持续适航监督 ················ 296

第19章 适航工作中的职业道德 ················ 299
- 19.1 注意事项 ················ 299

19.2 职业行为准则的使用与必要性 ……………………………… 299
19.3 案例研究 …………………………………………………… 304
　19.3.1 米斯特拉尔失速案 ……………………………… 304
　19.3.2 Nimrod 坠毁案 …………………………………… 307

第 20 章　实施认证 …………………………………………… 311

20.1 引言 ………………………………………………………… 311
20.2 在设计阶段引入适航 ……………………………………… 311
20.3 建立认证资源库 …………………………………………… 312
20.4 分析阶段 …………………………………………………… 313
20.5 地面试验阶段 ……………………………………………… 313
20.6 飞行试验阶段 ……………………………………………… 314
20.7 产品核准 …………………………………………………… 315
20.8 作战试验与鉴定和用户整合 ……………………………… 315
20.9 全寿命周期适航 …………………………………………… 316
20.10 最后的思考 ………………………………………………… 317

附录 A　国际标准大气表 ………………………………………… 318

附录 B　常见航空航天材料的典型性能 ………………………… 321

B.1 工程材料 …………………………………………………… 321
B.2 电缆（经常常用于飞机的电缆构型） …………………… 323

附录 C　主要民航适航标准 ……………………………………… 324

C.1 零燃油重量的定义 ………………………………………… 324
C.2 机翼载荷 …………………………………………………… 324
C.3 对于失速速度的测量及定义 ……………………………… 327
C.4 爬升期间单发失效 ………………………………………… 327

附录 D　单位换算 ………………………………………………… 329

附录 E　"陆军-海军联合命名（AN）系统"中的五金件 ……… 331

附录F 关于计量单位 …… 334

- F.1 工程单位 …… 334
- F.2 英制单位 …… 335
  - F.2.1 英制质量单位(通常也称为重量单位) …… 335
  - F.2.2 长度单位 …… 336
  - F.2.3 英制力学单位 …… 337
  - F.2.4 英制体积单位 …… 337
  - F.2.5 英制压力和温度单位 …… 338
- F.3 国际单位制 …… 338
  - F.3.1 国际单位制的质量单位 …… 339
  - F.3.2 国际单位制的长度单位 …… 339
  - F.3.3 国际单位制的力学单位 …… 339
  - F.3.4 国际单位制的体积单位 …… 340
  - F.3.5 国际单位制的压力和温度单位 …… 340
  - F.3.6 关于国际单位制的其他问题 …… 341
- F.4 市场公制 …… 341
- F.5 厘米、克、秒制 …… 342
- F.6 合并单位系统 …… 342
- F.7 航空规范 …… 342

附录G 更多有用的参考资料(非网络) …… 344

第 1 章 适航性的定义

摘要：本书主要面向适航专业高年级学生和需要对新型航空产品,包括整机和各种子系统适用性做出决定的适航专业人士。本章对初始适航性和持续适航性进行了比较,主要介绍了民用飞机适航性的内容;简要介绍了军用飞机适航性规范;介绍了国际民航组织的程序和民用飞机的主要设计规范(包括国际民航组织和国际民航下级组织),以及决定哪种飞机适用哪种标准的方法;最后还简述了民用飞机和军用飞机初始适航的区别。

1.1 简　　介

(美国)联邦航空管理局(Federal Aviation Administration,FAA)将某架飞机定义为适航飞机的前提是:飞机符合其型号设计规范,并处于安全飞行状态。这个定义既是一个法律定义,也是一个工程定义,它为人们正确理解适航的含义提供了一个逻辑起点。定义的第一部分内容实质是指飞机的初始适航性(Initial Airworthiness,IA),而第二部分内容是指飞机的持续适航性(Continued Airworthiness,CA)。

在设计和认证阶段,无论是像新型交换机一样的小产品,还是像飞机整机一样的大产品,工程领导团队必须确定新型产品的可接受性。通过综合运用专业技能和判断力,以及使用可追溯到莱特兄弟之前的经验基础上建立的标准可以做到这一点。这么做的最终目标是建立一个安全可接受的产品标准,并记录标准内容以及标准内容可以接受的原因。这就是初始适航的过程,也常被称为认证。

当然,一旦航空产品投入使用,同样重要的是要确定产品在使用过程中是否保持安全,这意味着绝不允许产品在低于原始认证标准的情况下退化到超过可接受的安全裕度。这表明了几点含义:一是监督持续适航性的机械师、技术员或工程师(该术语因国籍而异)必须具备在产品全寿命周期内做出复杂技术判断的能力;二是产品必须经过批准,并具有足够的安全裕度,确保其能够在不危及飞行器结构的情况下安全飞行。因此,初始适航过程对产品全寿命周期的安全至关重要。

本书集中关注初始适航过程,并针对专业人士和高年级学生对适航性产品必须作出决定的需要而撰写。读者清楚地看到,适航认证是一个多学科的综合实践。首先,飞机上的任何系统或部件都会影响到其他系统或部件,因此初始适航认证工程师至少要从总体上理解飞机空气动力学、结构分析和航空法规的要领,以及飞机的操纵方式,并接受实质性的航空技术教育。同样的道理,这些专业知识在初始适航或持续适航实践中也不可或缺,必须由受过良好教育并对鉴定技术有充分了解的航空专业人员进行操作。

但是,适航认证的发展并不是非常令人满意的工作领域。现在很少有工程师能够在整个航空科学领域或飞机设计的全领域开展工作,大多数人已经或即将成为掌握单一领域知识的专家。而对于那些对相关领域有兴趣的人来说,适航性非常值得关注。

本书主要讲解民用飞机初始适航性的实践。直升机、气球和飞艇的适航认证在某些科学领域有明显的不同,例如,机翼、伞盖和旋翼的结构鉴定之间存在明显差异,军用飞机认证有时也会影响民用领域的不同理念。

1.2　认证的基本原则

飞机认证是演示和证明飞机或飞机部件原型与改型适合使用,由主管机构签发文件证明其适合运营的过程。在不同的国家和环境中,飞机认证有不同的条款和程序,作者处理过的文件涵盖"适航证书""放行证书""飞行许可证""放行服务"等多种名称,也包括战时使用(军事适航实践中)的临时批准,以及飞行试验(军事和民用实践中)或维修后飞行试验的临时放行等其他有微妙区别的文件。虽然并不存在一种标准的方法可以明确飞机为适航飞机,尤其是在涉及流程和审批实践的细节时。但是,在世界范围内,在任何实质性组织或管制环境下,飞机一般可以通过以下3种方法实现飞行。

(1) 民用认证实践。民用飞机认证实践通常基于一套明确定义的适航规则(通常称为设计规范)。在大多数情况下,批准文件的发布仅表示符合设计规范合规性的最低限度,而证明合规性的水平和方法通常由先例和协商实现。

(2) 军事认证实践。军用飞机认证实践使用两种设计规范(往往比民用等效规范更详细),另外通常还包括客户设定的设计规范。然而,这些文件通常只是建议性的,很少能够得到完全遵守,且经常会超出限制。批准调查是由官方试验中心(Official Test Center,OTC)(如在英国博斯坎普城的奎奈蒂克公司 Qinetiq,

或美国空军爱德华兹空军基地的类似组织)进行的,他们通常拥有比民航管理机构拥有的更高程度的技术能力和专业知识。大型项目的最终验收决定由"最高管理层"(通常是政府部长或武装部队负责人)根据官方试验中心工作人员的建议,就飞机是否符合使用要求和是否适合服役作出决定。

(3) 飞行试验放飞。无论是民用飞机还是军用飞机,试验放飞都需要通过飞行进行鉴定。这可能是为了证明和探索设计概念、为了研发、为了获得认证数据,或者在某些情况下只是为了向财务支持者证明设计团队有能力将他们的产品升空。只有很少情况下,一架未经认证的飞机才会在空中飞行,且仅仅是为了验证某些被预见性特性确实会出现。因此,需要建立放飞试验机制,设计应尽可能有效地证明飞机在试验条件下可以安全地进行鉴定飞行。

需要指出的是,上述方法并不能包含所有情况。有些国家(如法国、澳大利亚和美国)实行放松管制的"研究—实验"或"业余制造的实验"环境,允许飞机,甚至是一个全新的飞行器在某些情况下,甚至在没有正式设计监督的情况下出售。然而,在实践中,通常只有非常小的组织或有限数量的个人才拥有这些充分的自由权限,没有一家大公司能够承担不遵守上文所述适航管理系统的后果,即使在这种自由受到严格保护的美国,大多数业余设计师也会主动寻求并采纳实验飞机协会(Experimental Aircraft Association,EAA)等组织内专家的专业建议。该系统的主要优势在于,非官方的监管程序可以加快流程,并将监管成本降到最低,主要是因为有可能大幅降低合规的详细程度,尤其是在产品寿命周期的早期阶段,这可能非常有用。

1.3 民用飞机认证实践

民用飞机的认证过程,虽然从技术上讲是为了证明飞机是安全的,但实际上是证明飞机/发动机/机载系统符合相关认证标准。在大多数情况下,认证标准由国际民航组织(International Civil Aviation Organization,ICAO)宣布,国际民航组织是根据1944年《芝加哥公约》成立的,目的是在全世界范围内获得飞越许可。使用的认证标准通常由国际民航组织批准。该组织已公布了一些最低标准,完全符合国际民航组织公布标准并使用符合可接受标准子系统(发动机、航电设备等)的飞机,可获签一份名为适航证书的文件,该文件便可帮助该架飞机在其他国际民航组织国家拥有国际飞越权,只要其他国际民航组织认为该飞机的认证机构是"有能力"的。

另外,许多国家还实行"国际民航组织下属机构"的认证制度,仅适用于其国内运营的飞机(即通常不需要获得飞越其他国家领空许可的飞机)。例如,业余制造的飞机、"战鸟"(Warbirds,以前是军用飞机,现在转为民用)或仍在为特殊目的飞行但无法获得全面认证的原型机。通常情况下,国际民航组织的次级认证由适航证书以外的其他文件来标记,例如,在英国和欧洲航空安全局(European Aviation Safety Agency,EASA)跨欧洲飞行签发飞行许可。一般情况下发布国际民航组织次级文件的程序比适用于寻求国际民航组织适航认证的程序简单,但也仅在签发国领空内被认可用于非商业用途。国际民航组织下属机构的飞机运营商从来没有自动飞越其他国家的权利,尽管在实践中,有许多双边和多边协议允许这样做。这是一个令人担忧和复杂的问题,因为没有两个国家对国际民航组织下属的飞机批准有完全相同的标准,而且保证水平可能会从接近国际民航组织的标准(如英国)到几乎完全不相关的标准(如美国)相差甚远。

1.3.1 民用航空器设计规范

民用飞机认证实践的基础是使用设计规范(通常称为"适航要求(Airworthiness Requirements,AR)",最近在欧洲称为"认证规范(Certification Specification,CS)")。从20世纪40年代末国际民航组织开始实施认证时,每个主要的航空国家都有自己的一套标准,因此造成了一个极其复杂的全球环境。在随后的几年里,出于本土化要求,许多国家保留了少量的本土规定(例如,英国为微轻型飞机保留了国际民航组织下属的英国民用飞机适航要求(British Civil Airworthiness Requirement,BCAR)"小轻型飞机部分(第S章)"、英国民用飞机适航要求"旋翼机部分(第T节)",以及国际民航组织公布的英国民航适航要求第31部(热气球))。大多数符合国际民航组织要求的适航性工作当前在两套标准上出现了两极分化:这两套标准一是以前由联合航空管理局(Joint Aviation Authorities,JAA),现由欧洲航空安全局在维护的欧洲标准,其次是由联邦航空管理局维护的美国标准。这两组需求越来越趋于一致,在未来的某个时刻,它们可能不可避免地会完全融合。事实上,几乎所有的设计规范都使用一种通用的格式和结构,而美欧常设委员会的目标是实现两个管理机构及其支持行业能接受的尽可能多的标准化规范。

当首次接触一个项目时,了解应用于该项目的设计规范是非常重要的。对于现有飞机,可能会在型号认证数据表(Type Certificate Data Sheet,TCDS)中进行定义,该数据表是国际民航组织规定飞机批准标准需要的文件,例如,波音737(图1.1)的认证基础如图1.2所示。

然而,对于一架新飞机(或如果不确定)而言,还有必要确定采用何种设计规范。这通常由以下因素定义:

图1.1 波音737客机

认证基础	型号认证基础(737-100及737-200系列飞机)
	FAR25修定版25-1至25-3、25-7、25-8、25-15、FAR21、FAR1以及1965年10月15日FAA给波音信函中列出的特殊条件,1966年12月23日及1967年2月14日信函中的有关修正,1979年4月10日FAA给波音信函中列出的特殊条件No.25-89-NW-5。
	FAR25豁免No.575;豁免25.1001:允许起飞重量为最大着陆重量的115%(仅限非高级飞机,参见注释8)。关于波音737-100和200飞机的规定,存在同等安全性要求:
	FAR25.811(f)　　　　外部出口标志
	FAR25.1415(d)　　　紧急定位发射机

图1.2 摘录自联邦航空管理局波音737型号认证数据表(编号F16WE)

(1) 失速速度。
(2) 最大起飞重量(Maximum All Up Mass,MAUM)。
(3) 最大载客人数。
(4) 发动机的数量和类型。

一般来说,公共风险越大(由动能组合定义,飞机是否为单发飞机,以及载客人数),必须采用的设计规范就越高。在这种情况下,意味着设计规范的复杂性越高,应用必须更加严格,从而导致认证成本随着认证标准的每一次变化而逐步增加,设计规范的提高可能会使认证成本成倍增加。

下面详细介绍欧洲和美国标准有效趋同情况下可能遇到的主要适航标准,它们被组合在一起。然而,首先用曲线图说明了风险标准的升级。图1.3和图1.4比较了欧洲和美国主要民用标准的最大允许起飞重量、最大允许乘客座位数与适航标准字符数之间的关系。显然,字符数是一个粗略的指标,但它可以用来说明采取的一般方法的复杂程度。

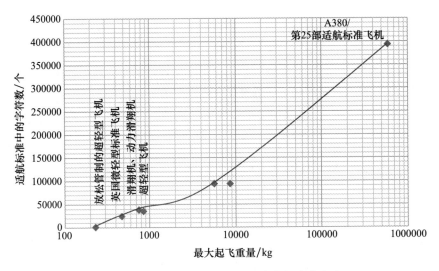

图 1.3　最大起飞重量与适航标准字数的关系图

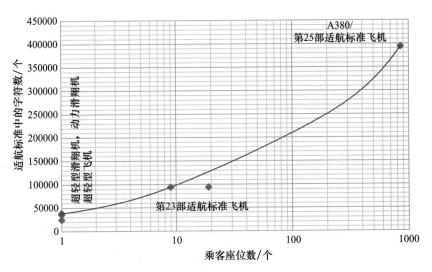

图 1.4　乘客座位数与适航标准字符数的关系图

1.3.1.1　第 25 部适航标准:运输类飞机

第 25 部适航标准是一部"包罗万象的标准",主要包括美国联邦航空条例(Federal Aviation Requirement,FAR)第 25 部(FAR－25)、欧洲航空安全局认证规范(Certification Specification,CS)第 25 部(CS.25)和欧洲航空局联合适航要求(Joint Aviation Requirement,JAR)第 25 部(JAR－25),除了与现已过时的英国民用飞机适航要求"飞机"(BCAR 第 D 节)的内容有非常小的差异外,这 3 个主要标准在当时发布状态下几乎都是完全相同的。虽然对客机设计最佳实践的理解不断进步,但这些标准的发布状态变化并不多,因此适航认证工作人员必须注意标准可能适用于或不适用于任何特定项目或任何特定时间的发布状态和最新修订版本。第 25 部适航标准是一个庞大而复杂的标准,它几乎涵盖了所有飞机,但由于其复杂性和必须适用的严格性,通常只在不可避免的情况下使用。然而,同样常见的是,第 25 部适航标准的章节可作为特殊条件添加到第 23 部适航标准认证计划中,确保在需要时足够严格,且保证认证成本不会失控(图 1.5)。

图 1.5　典型的第 25 部适航标准飞机(英国宇航/BAE 系统 BAe – 146)

1.3.1.2　第 23 部适航标准

第 23 部适航标准主要包括联邦航空条例第 23 部适航标准 FAR – 23(普通、实用、特技和通勤类飞机)和欧洲航空安全局认证规范第 23 部 CS. 23(普通、特技飞行、实用和通勤类飞机,即以前的 JAR – 23)。

第 23 部适航标准历来是大多数轻型飞机和小型运输飞机获得认证的基准。在美国,自 20 世纪 50 年代以来 FAR – 23 一直以各种缓慢迭代的形式存在,而与之基本相似的 JAR – 23(后来成为 CS. 23)出现在 20 世纪 90 年代。因此,第 23 部适航标准大体上适用于以下飞机(图 1.6)。

图 1.6　典型的第 23 部适航标准飞机(PA28 – 161 勇士Ⅱ以及 dHC – 6)

(1) 单发飞机 $V_{SO} \leqslant 61kn$①。

(2) 最多9个乘客座椅,最大总重 12500lb②(5670kg)。

(3) 最多19名乘客,最大总重 19000lb(8617kg)。

然而,大约在2008—2016年期间,联邦航空局在领导对第23部适航标准的审查时,发现了发展中的关切问题,即第23部适航标准已不再适用于现实要求。特别是,飞机会随着运营时间增长不断退化,因此为了延长其寿命,必须做出某些修改,例如,可能需要以合理价格更新航电设备,或从简单的双座活塞式单发教练机变为20座增压多发涡螺桨飞机。单一的"一刀切"标准已行不通了。因此,从2016年12月30日起,新版FAR-23发布了4个认证级别和2个性能级别,几个月后发布了匹配的CS.23(标题为修正案5),如表1.1和表1.2所列。这样做的效果是创建一个非常简单的基本标准,然后将以前的要求转移到批准的合规方法(Approved Means of Compliance,AMC)中,以便仍然可以在遵循这些要求的基础上,为其他方法的应用提供可能性。

表1.1　新版第23部适航标准的认证级别

认证级别	1	2	3	4
乘客座位数	<3	2~6	7~9	10~19

表1.2　新版第23部适航标准性能级别

性能级别	V_{NO}	M_{MO}
低速	≤250kn 校准空速	≤0.6
高速	>250kn 校准空速	>0.6

本书下文将第23部适航标准的预重组版本称为"老版第23部适航标准",新版本称为"新版第23部适航标准"(或FAR/CS,如适用)。如果没有作任何区分(大多数事项仍然如此,尽管这可能会随着将来的修订而改变),这意味着旧版本和新版本基本相同。新、旧版本的第23部适航标准的段落编号并不完全相同,从1~1999之间的段落编号部分来自旧标准,而从第2000起来自于新标准。

在实践中,新版第23部适航标准的主要含义是从明确界定的最低标准转变为一套界定边界为最低的"结果",这些"结果"主要是向管理机构证明飞机是安全的。继续遵守老版标准很可能会继续作为批准新标准的依据;另一种观点可能是,这样会朝着本节后面描述的"适用于目的"的军事方法迈进,而不是传统上的民用标准法,即用"通过/不通过"要求来证明是否符合详细标准。

---

① 1kn=0.51444m/s

② 1lb=0.4535924kg

1.3.1.3 CS.VLA(原 JAR – VLA):超轻型飞机认证规范

在20世纪90年代早期,超轻型飞机(Very Light Aeroplane,VLA)认证规范CS.VLA作为一个简单但符合国际民航组织要求的准则,允许以相对低廉的成本开发和认证不超过2个座位和1个发动机的非特技轻型飞机用于目视气象条件飞行。对于开发这一级别飞机的公司来说,这是认证实践中的一个很好的发展演变。对于学习这门学科的学生来说,这也提供了一个很好的学习工具,包含了所有固定翼认证规范的大部分主要内容,但是仍然相对简单。因此,在试图理解民用设计规范的格式和应用时是可以使用的。虽然欧洲规范(事实上最初是根据英国轻型飞机标准 BCAR 第 S 章,如下所述)制定的,但该标准在美国也被接受,并具有相同的运营限制。CS.VLA 认证规范适用于以下飞机(图1.7):

图1.7 典型的超轻型认证规范飞机

(1) 最大总重≤750kg。
(2) V_{S0}≤45kn。
(3) 座位数≤2。

虽然目前还不清楚,但在未来几年,EASA 可能会将 CS.VLA 纳入第23部适航标准的新层级。

1.3.1.4 CS.22(原 JAR – 22):动力滑翔机认证规范

CS.22 认证规范源自德国国内的滑翔机适航标准,该标准在20世纪70年代和80年代使用,后来被修改为欧洲通用标准,随后被全球接受为签发滑翔机和机动滑翔机适航证书的依据。在当地(特别是在飞行员执照规定的范围内)可以区分真正的滑翔机(那些需要绞车或拖车发射,没有其他动力的飞机)、自给自足的滑翔机(那些包含小型"回家"动力装置)、自行发射的滑翔机(那些装有更大的"升空但几乎没有其他"动力装置)和完全巡游滑翔机(拥有足够的动力和燃料供起飞和持续动力飞行)。然而,虽然存在一些内部区别,

但这单一的适航标准可能适用于所有此类飞机。CS.22 认证规范适用于以下飞机(图1.8):

图1.8 典型的 CS.22 认证规范飞机

(1) 最大总重≤750kg 的无动力滑翔机。
(2) 最大总重≤850kg 的动力滑翔机。
(3) V_{S0}≤80kph(43kn 校准空速)。
(4) (M/span^2)≤3kg/m^2。

尽管 FAR-23 主要是滑翔机和动力滑翔机认证标准,但 CS.22 历来被美国联邦航空局接受。

1.3.1.5 英国民航适航要求(BCAR)第 S 章:小轻型飞机

BCAR 第 S 章在形式上并不是国际民航组织的标准,但是它建立在几个国家民航组织的标准基础之上(特别是 JAR-22 和 JAR-VLA),因此在很多国家被公认为可接受的标准。

在很多国家,BCAR 适航要求第 S 章主要适用于轻型飞机,通常被称为"轻型"或"超轻型"(尽管后者根据不同国家有许多定义)。它适用的飞机条件为(图1.9):

(1) 双座飞机最大总重≤450kg,单座飞机最大总重≤300kg。对水上飞机/两栖飞机和装有弹道降落伞的飞机给予放松条件。
(2) V_{S0}≤35kn 校准空速。
(3) V_H≤100kn。
(4) 座位数≤2。

德国和奥地利采用单独的 BFU-95 文件,虽然现在有些不同,但该文件最初都基于第 S 章,并广泛适用于同一类飞机。而斯洛伐克和捷克共和国则使用翻译后的 BFU-95 文件。

许多国家运行类似的系统,这些系统通常基于 BCAR 部第 S 章或 BFU-95。尽管英国和德国不接受对方的认证,但大多数其他国家一般会接受英国或德国的微轻型飞机认证,而无需进行重大的进一步鉴定。

图 1.9 典型英国民用飞机适航要求"小轻型飞机"
（德国飞行设计公司的 CTSW 轻型运动飞机和英国 P&M 航空公司的 Pegasus QuikR）

1.3.1.6 民用放松管制

> 我不能违反物理定律。
> ——美国企业号指挥官：蒙哥马利·斯科特

虽然国际法规中没有这方面的定义，但实际上所有国家的制度都对认证飞机有一个较低的限制（尺寸、重量和功率的某种组合），低于这个限度就没有正式的认证要求。

对于轻型无动力飞行器，如滑翔伞、悬挂式滑翔机和降落伞，假如低于规定的空重和机翼载荷,通常没有法律规定的适航标准适用于它们。对于是否需要飞行执照或任何形式的强制培训,要求也会有所不同。例如,英国"SSDR"放松管制的单座微型飞机类别不受适航性监管,但需要一份当前针对微型飞机的飞行员执照,但美国相当于FAR-103的"超轻"类别则没有。

表1.3列出了各国定义放松管制类别的定义和条例。请读者注意,表1.3还远远不够完整,这些法规会随着时间的推移和制度的变化而定期更改,这并没有说明可能也适用的运营条例。也没有制定表1.3中所列的限额,因为人们认为此类飞机对飞机乘客的风险很低,而且它们对第三方的风险也很低。

表1.3 放松管制适航类别的选择(除非另有说明,均为一个飞行员,无乘客)

国家	类别	上限	规定
澳大利亚	低动力超轻型飞机	最大起飞重量≤300kg(带紧急降落伞时为320kg,水上飞机或两栖飞机为335kg) 机翼载荷30kg/m²	民航95.10规定
英国	动力滑翔伞和悬挂式滑翔机	空重≤70kg(带紧急降落伞时为75kg) V_S≤20kts 校准空速	ORS4 No.1224
英国	脚踏式微轻型飞机	空重≤60kg	英国空中导航指令
英国	"SSDR"单座放松管制的微轻型飞机	最大起飞重量≤300kg(带紧急降落伞时为315kg,水上飞机或两栖飞机为335kg) 机翼载荷30kg/m²	英国空中导航指令
美国	有动力和无动力的超轻飞机	有动力飞机,无燃油空重≤254lb,或无动力飞机ZFW≤155lb(降落伞系统加24lb,每个一级水上降落浮筒20lb,以及每个浮子加10lb) V_{S0}≤24kn 校准空速 V_H≤55kn 校准空速 燃油容量≤5gal	FAR-103

注:虽然FAR-103适用于单座飞机,包括气球、悬挂式滑翔机及飞机,但也有各种例外情况,允许在某些条件下进行双座训练,同时对真正的适航性监督几乎没有增加作用。

这些放松管制的类别既有巨大的潜力,也有巨大的风险。对于有能力的人和组织来说,他们能够提出想法、制造轻量化的原型,或者简单地为自己的教育或享受而制造一架一次性或改装的飞机。许多大学都利用这些规则,通过制造和测试自己的飞机,成功、安全地开发学生的潜能。

正如本节开头的引文反映的,如果飞机存在造成机上人员伤亡的可能性,任何明智的工程团队都将采用与受管制飞机相同的工程原理。当然,这也会减少因正式监督和遵守法规不可避免带来的大量监督负担。轻型飞机领域的一些部门认为，执行如 BCAR 第 S 章或 CS. VLA 认证规范是一个难得的机会，可以降低飞机的工程标准（因此在他们看来更合适），或者更可能的是取消大范围的适航性鉴定。作者强烈反对这一观点，拒绝支持采用该思路的项目，并强烈鼓励读者也这样做（图 1.10 和图 1.11）。

图 1.10 传统解除管制的超轻型飞机 Quicksilver MX

图 1.11 现代放松管制的超轻型飞机的现实与创新（波兰建造的 Ekolot KR-010 Elf）

1.4 军用飞机认证实践

在采购或更新军用飞机时，如果不能向最终用户交付适当且经过认证的产品，对于使用它的武装部队和为其付款的政府（或越来越多的政府）来说，则是一个不可接受的选择。而对于制造商（或通常是财团）而言，现在开发产品存在太多其他竞争方案的风险。一个典型的现代军用飞机项目，如图 1.12 所示的 T-50"金鹰"教练机，涉及 2 个或 2 个以上的国家政府、数十个主体公司（和数百个分包商）、几个不同的武装部队客户、几十年的开发时间和数百亿的预算。

政治意愿通常要求一个项目几乎永远不能失败,但这种政治和财政决定并不能降低向客户交付一架已被证明在一套合理和可用的操作范围内完成了设计任务的飞机的极端重要性。虽然规模可能随着较小的项目而减少,但成功达成军事采购的重要性和优先次序不会改变。

图 1.12　韩国空军 T-50"金鹰"教练机

自 20 世纪 70 年代以来,这种状况变得更加紧迫,以至于即使是美国,现在也基本上已经无力承担完全竞争性的本土项目,因为他们知道,如果一架飞机不能满足客户的要求,将会有另一架飞机来满足,只有那些本土航空工业很弱的国家才有能力考虑真正的竞争,因为这些国家的政府至少可以通过"货比三家"保持足够的竞争性。这种采购通常包括依赖于制造国的军事适航系统,因此客户所在国将相对较少地进行新的认证工作。

然而,就本地采购项目而言,现在以及可预见的将来,将选择一家公司或联合体。但是所有真正的开发和试验都是在(几乎)知道飞机必须而且将要采购和批准的情况下进行的。(尽管有更确切的知识,即预算和规范将在项目时间表的 10 多年内至少每年修订一次)。

事实上,军用飞机设计规范比民用飞机设计规范更为详细(大多数国家仍或多或少地保留自己的设计规范,如美国军用标准规范或英国国防部文件),但这些文件并不像民用标准那样具有高度的强制性。军用飞机(或航空系统)设计中考虑的主要文件是规范。

该规范是一个庞大而复杂的文件,在 21 世纪,它包含的不仅仅是飞机满足某一系列设计的要求,还可能包括互操作性、培训、后勤保障、可升级性等方面的要求,与现有地面和机载设备的兼容性、维护工时要求、疲劳寿命和成本,这些成本可能是采购成本或(尤其是运输或培训飞机)租赁成本。除此之外,还有更明显的射程、速度、有效载荷、续航和执行特定空中任务的基本能力等。

尽管如此,似乎合乎逻辑的是,军用适航系统可以在类似于民用适航系统的基础上运行,要求编制一套清晰明确的合规报告,说明如何满足规范中的每个特定点。然而,在实践中,此类核准的绝对复杂性,加上此类项目对国家防务的极端重要性,迫使大多数政府成为"专家采购商",并导致对此类核准采取截然不同的方式。核准工作围绕"官方试验中心"进行。

1.5　飞行试验放飞

任何一架飞机都不能在未经飞行的情况下通过认证,即使某种型号已经获得认证,在飞机的全寿命周期内,都需要对改装、新加装设备和飞行包线进行测试。不管飞机是民用的还是军用的,新研制的还是改装的,也不管飞机的作用如何,要求都是如此。同时,也可能飞行一架未经认证的(可能是无法认证的)试验飞机,获得新的数据,进一步了解空气动力学知识。

因此,未经认证的飞机必须能够以满足以下3个要求的方式飞行,按照重要性降序排列:

(1) 在试验过程中没有第三方损坏或受伤的重大风险。
(2) 对试验飞机及乘员无重大损坏或伤害风险。
(3) 以允许带回有关飞机及设备状态足够数据的方式飞行。

因此,不可避免地需要一个系统来确定飞机是否可以进行安全和生产性的飞行试验。虽然这一要求是普遍的,但满足要求的方法却是多样化的。每个国家、每个部门以及在很大程度上每个组织和项目都有自己的方法和理念来满足这些需求。这并不奇怪,将同样的方法应用于新客机与新微型飞机的首次飞行是不恰当的。同样,测试单发战斗机与多发运输机上的新发动机方法也应该是不同的。唯一绝对的是,任何放行飞机进行飞行试验的系统必须主要依靠适航性(尤其是飞行试验)专家的判断和经验。

成熟的试飞系统可以用英国称为"B条件"的系统来代表,"B条件"是英国民航中使用的一个术语,用来定义一个组织可以在没有适航标准或其他同等正式放行的情况下驾驶飞机的机制。

"B条件"首先要求计划进行飞行试验的组织建立基础设施,能够对试验飞机或是原型飞机进行合理判断。这需要与飞机和项目的性质相适应,通常在国

家适航局批准的手册中进行定义,基本要素是:

(1) 设计组织,由负责的首席设计师管理。

(2) 适航性审查组织,或在较小的组织中,主管总设计师的共同签署人。

(3) 维护和检查机构,能够确保飞机和设备处于设计机构规定的状态。

(4) 能够计划和执行实际试验的飞行试验组织(通常也包括安全和培训机构)。

组织的规模取决于任务的性质。小轻型飞机制造商或独立飞行试验咨询公司可能仅由一名非常称职的专家(在某些情况下,将上述所有角色结合在一起)、由2名或3名"根据需要"设置的内部或外部顾问提供支持。一家大型飞机公司,如波音公司、空客或阿古斯塔韦斯特兰公司将有数百名专家担任这些职务,且存在一个极其庞大和复杂的管理结构。

2015年,英国引入了一种"B条件"的衍变,称为"E条件"。这使得有能力的人可以全权负责任何重量不超过2000kg的载人飞机飞行试验计划。作为一套程序,英国社会仍在学习如何使用"E条件",但它们已经为原型机试验和机载设备研究提供了一种有用的机制,而且已公布的程序和不断增长的经验可能也会证明对其他国家的飞行试验是一种有用的资源。

然而,负责设计、适航分析、维护和检查以及飞行试验4个主要领域的负责任的高级专家有足够的信息来决定他们是否满足于某一特定飞机(或机载设备)在特定状态和特定目的下的飞行。在这样做时,同样有一个绝对的要求,即记录飞机和系统的状态、试验方法,以及决定允许其飞行和如何飞行的依据。随后,同样保存试验结果。

当拥有这样一个系统后,再由足够称职的职能经理管理,就可以在足够安全的情况下进行飞行试验,并从中获得足够有价值的数据。也就是说,飞行试验永远是一个危险的活动,绝不能低估极度谨慎的重要性以及参与试验的所有个人能力的重要性。

值得注意的是,虽然法律上可能没有要求他们这样做,但大多数试验与鉴定(Test and Evaluation,T&E)组织在飞机及其设备的地面试验方面与飞行试验中都使用类似的管理实践。

1.6 改装说明

因为飞机是适航批准的基准,所以在所有制度下,本书集中讨论整架飞机的认证。然而,纵观大多数飞机,在其使用寿命的不同阶段都可能进行改装。批准改装的过程需要充分了解原型飞机最初认证的基础。要求管理飞机改装审批的工程师必须清楚地了解改装设计或方案,然后必须确定受飞机改装影响的原始认证依据的部分。在大多数情况下,这是用于认证的原始批准依据,但在某些情况下,所有相关方都可以接受使用当前标准。通常,可接受的方法是分析飞机的旧型号和改装后的型号,并证明"不比以前差",这是一种特别有用的方法,当考虑旧飞机时,可能是在改装前一代或几代得到认证,而认证的原始证据和依据可能极其有限。这一术语经常被用来形容这种古老的,已知状态良好,但记录不好的设计"遗产"。

1.6.1　冷油器漏油实例

作者是一架 1947 年产斯坦森 S108-2"旅行者"飞机的共同所有人,飞机上有一台过时的富兰克林 6A4 动力装置。冷油器出现多处泄漏,无法维修,也无法提供经过认证的更换零件,更不清楚原始动力装置安装批准依据的文件(图 1.13)。

图 1.13　斯坦森 S108-2"旅行者"号

在与有关管理机构(英国民航局)的讨论中,作者同意他们的意见,即现行的 FAR-23 表格是批准任何修改的可接受的基础,因为该等级的飞机目前按标准的现行版本认证。会议还商定了一套应适用于修改的段落,以改进这一结果。

然后,确定采用一个未经认证的部件,该部件满足动力装置内"形式匹配和功能"的要求,并制定了一个检查制度,将其作为一次性部件,代替正式发布文件。为了证明符合标准,进行了一套必要的检查和报告,其中包括物理负载试验(图 1.14)、由独立工程师会签的检测计数器、飞机的修订重量和平衡报告以及扩展和见证的发动机运转试验。

这些都提交给了有关管理机构,他们以此作为核准改装飞机的依据,然后飞机恢复正常使用。

图1.14 冷油器载荷试验

1.7 重新鉴定

在大多数情况下,飞机或系统的初始适航认证在其全寿命周期内保持有效。但是,在某些情况下,可以对其进行部分或全部重新鉴定。最常见的情况是事故或事件导致原适航认证的质量受到质疑。可悲的是,适航性鉴定中,这种偶尔发生的情况是不可避免的,尤其是在鉴定那些尚未完全理解其安全性影响的新技术和设计时。这当然不能成为初始适航团队未能全面履职的借口。

通常在这种情况下,事故调查机构(如英国的飞行事故调查局(Air Accidents Investigations Branch,AAIB)或美国的国家运输安全委员会(National Transportation Safety Board,NTSB))对飞机初始适航性的各个方面提出重新鉴定的建议。然后,监督适航管理部门(如英国的民用航空局(Civil Aviation Authority,CAA)、EASA或FAA)决定是否按照该建议采取行动,如果需要,则监督型号证书持有人(制造商或其组织继承人)完成重新鉴定。重新鉴定飞机,最有可能是采用一些商定的原始和现行标准的结合,并辅以军事形式的适用性考虑。在极端情况下,该型飞机可能会在过渡期间停飞,但这会产生很大的压力,需要尽快解决任何问题,但决不能允许降低标准。

1.7.1 巴黎协和式飞机坠毁实例

2000年7月25日当地时间16时43分,一架法航协和式飞机(AF 4590航班,注册编号F-BTSC,类似于图1.15)从巴黎戴高乐机场起飞。在起飞过程中,其中一个轮胎撞上了一个金属"异物",该"异物"后来被确认是从之前的大陆航空公司 DC10 客机上掉下来的。一个轮胎出了故障,并把 4.5kg/10lb 重的碎片甩到机翼上,这些碎片击穿了协和式飞机的油箱,引发了火灾和燃油泄漏。

图 1.15　一架现存的英国航空协和式飞机,在英国布里斯托尔航空公司展出

由此造成的事故导致 2min 后飞机坠入一家酒店,机上 109 人全部遇难,地面上 4 人遇难。事故的严重性导致整个协和式飞机机队停飞。当时飞机停飞的特殊原因是跑道碎片引发的单一事件导致了飞机的损失,而在现代适航性理念下这是不可接受的。

在接下来的一年里,飞机的设计机构空客公司重新鉴定了该型号飞机的适航性,并得出结论认为需要进行几项改进,包括更强的抗爆裂轮胎、凯夫拉(Kevlar)装甲油箱以及对飞机线路的一些修改。在整个机队中加入了这些设备后,恢复了型号适航证书。该型号于 2001 年 9 月重新投入使用,并继续服役 2 年,之后因经济原因退役。

第 2 章 大　　气

从来没有人与天空相撞过。

——匿名

摘要：大气是所有飞机飞行时需要通过的媒介。因此，任何关于适航的讨论都必须首先讨论大气的性质，以及在计算和试验中描述这种介质的方法。本章描述了大气的核心组成、不同的高度层以及它们的特征。介绍了国际标准大气（International Standard Atmosphere，ISA）的定义及参考纬度，以及国际标准大气对适航实践的影响。适航性的一个重要组成部分是人类在空中环境的生存性，因此本章还讨论了大气环境（压力、氧气含量和温度）对人类生存性的影响。

2.1　大气的基本概念

大气层是环绕地球的气态球体，它由人们称之为空气的混合气体组成。空气本身主要是氮/氧混合物，并含有许多微小的成分，如表 2.1 所列。

表 2.1　大气成分

气体种类	百分比/%
氮气	78.09
氧气	20.95
氩气	0.93
二氧化碳	0.03
氖气	1.8×10^{-3}
氦气	5.24×10^{-4}
氪气	1×10^{-4}
氢气	5×10^{-5}
氙气	8×10^{-6}
臭氧	1×10^{-6}
氡气	6×10^{-13}

实际上，表 2.1 的描述并不完全正确，因为空气中通常还含有一部分水蒸气

（通常在0～4%范围内），但它往往不被考虑到适航之中（除非考虑到湿气的化学影响，如腐蚀或质量增加）。

在所有飞机的不同飞行高度上，可以安全合理地假设这种混合是一致的。因此，几乎人类所有的努力，包括飞行器的制造和操作，都是在一种基本上由78%氮气、21%氧气和大约1%的"其他"混合气体组成的双原子气体混合物中进行的，并不会对大气性质产生很大的影响。

适航关注的是穿越大气层的飞行器。同时，大多数飞行器也是由人类操作的，特别是依靠21%的氧气来继续发挥作用（或全部）。因此，对气体混合物"空气"的理解是非常重要的。

凭直觉而且通常正确的是，当人们从地球表面向上部空间移动时，空气的压力（密度）会降低，因为当向上爬升时，空气柱的大小（重量）会减少——真实情况就是这样的。图2.1给出了大气压随高度①变化的一般情况。

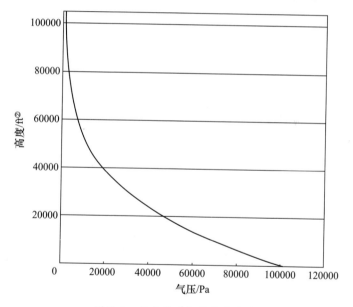

图2.1 标准气压与高度的关系

在确定了气压的变化性质之后，可以合理地假设大气的温度和密度也会发生变化。特别是温度随高度的变化，如图2.2所示。

---

① 术语说明：按照惯例，"地面以上高度（height）"指距地面或地面上的预先确定的点（如建筑物或跑道）的距离，而"海拔高度（altitude）"指的是高于平均海平面的距离。我们也可以指压力高度或密度高度，每一个术语都在不同的时间变得相对重要。

② 1ft = 0.3048m。

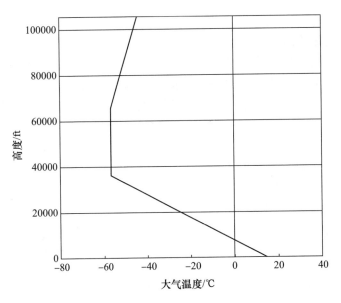

图 2.2　典型的温带气温随高度的变化

显然,大气的温度和压力发生改变,密度也会改变,如图 2.3 所示。

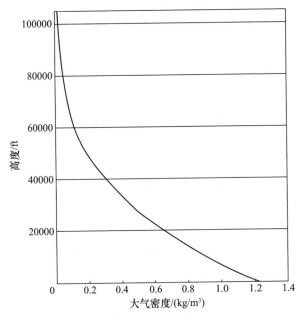

图 2.3　典型的温带空气密度随高度的变化

事实上,人们主要根据温度的变化,认为空气中可利用的大气分布于 3 个不同的层:从地表到标称 11000m(或 36069ft)为对流层,其中温度和压力下降。对流层的顶端称为对流层顶,从大约 11000m 到大约 20000m(或 65617ft),我们进入较低的平流层,气压继续下降,但温度保持不变,标称温度值 216.7K(56.5℃)。这一层的顶部称为下层层顶。在 20000m 以上,高达 32000m(104987ft),进入平流层中部,气压继续下降,但温度上升,直至在中层顶终止。

上面还有更多的层,上层平流层,然后是中间层。这些大气层都在后面章节提到,但实际上,人们只考虑到在气温停止不变的 65617ft 左右的下平流层顶部,因为几乎所有的航空活动都在这层以下进行。

2.2 国际(或美国)标准大气

自 19 世纪中期以来,虽然人们对地球大气层的普遍特征有了较全面的了解,但在二战后民航的发展过程中,由于若干原因,世界都采用了一种共同的大气模式(尽管自 20 世纪 20 年代以来已有不同的几个国家标准大气模式),这一点变得十分重要。这样做有许多很好的理由,例如,确保结构计算中采用一个共同标准,并确保所有的航空—铁路公司都使用高度计校准到一个通用比例。

在 1952 年,(美国)国家航空咨询委员会(National Advisory Council for Aeronautics,NACA)(美国国家航空航天局(National Aeronautics and Space Administration,NASA)的前身)公布了一套表格和数据,这些表格和数据被称为"国际民航组织标准大气",显示数据为 65800ft(20056m),即当时能够可靠探索的大气层的最大限度,它是基于大约纬度 40°的大气数据。尽管更多地被称为"美国标准大气",但这套大气标准在全世界内被广泛接受。

随着对大气数据的修订,NACA 和后来的 NASA 在 1958 年、1962 年、1966 年和最近的 1976 年对大气模型分别进行了多次修订,虽然低空模型没有变化,但仍做了大量的工作向上扩展模型。1976 年版美国标准大气(与以前的 NACA 和 NASA 生成的大气模型一样)是国际民航组织采用的,并被公认为目前仍然保持的世界标准,现在更普遍地被称为"国际标准大气"(International Standard Atmosphere,ISA)。

ISA 是以若干纬度(15°、30°、45°、60°和 75°)出版的,但除非另有说明(几乎所有适航工作),公布的数值相当于 45°纬度(名义上属于温带)(大约),中欧、美国北部、俄罗斯南部或南美洲和新西兰南部的平均情况。

本书将满足于对对流层和中平流层模型的考虑。更高的高度层仅是有非常特殊兴趣的人才会去研究,甚至很少有任何适航工程师会对较低的平流层顶感到担忧。

表2.1中的模型和阈值适当地模拟了20km以下任意高度的标准大气。更全面的推导过程请参考其他教科书,但为了内容完整起见,下面列出了温带ISA(纬度45°)的实际公式。

2.2.1 对流层

高度范围:0~36089ft(0~11000m)。

温度 T:

当海拔以ft计算时, $T = T_0(1 - h/145542)$;

当海拔以m计算时, $T = T_0(1 - h/44329)$。

在 $T_0 = 288.15K$ 时,密度为:

当海拔以ft计算时, $\rho = \rho_0(1 - h/145442)^{4.255876}$;

当海拔以m计算时, $\rho = \rho_0(1 - h/44329)^{4.255876}$。

式中: $\rho_0 = 1.225 kg/m^2$。

压力为:

当海拔以ft计算时, $P = P_0(1 - h/145442)^{5.255876}$;

当海拔以m计算时, $P = P_0(1 - h/44329)^{5.255876}$。

式中: $P_0 = 101325 Pa$。

2.2.2 平流层下部

高度范围:36089~65617ft(11000~20000m),温度 $T = 216.65K(-56.5℃)$。

当高度以ft计算时, $\rho = \rho_0(0.297076)e^{((36,089-h)/20,806)}$;

当高度以m计算时, $\rho = \rho_0(0.297076)e^{((10,999-h)/6341.4)}$。

当高度以ft计算时, $P = P_0(0.223361)e^{((36,089-h)/20,086)}$;

当高度以m计算时, $P = P_0(0.223361)e^{((10,999-h)/6341.4)}$。

2.2.3 平流层中部

高度范围:65617~104987ft(20000~32000m)。

当高度以ft表示时, $T = T_0(0.682457 + h/945374)$;

当高度以m表示时, $T = T_0(0.682457 + h/288136)$。

当高度以ft表示时, $\rho = \rho_0(0.978261 + h/659515)^{-35.16319}$;

当高度以m表示时, $\rho = \rho_0(0.978261 + h/201010)^{-35.16319}$。

当高度以ft表示时, $P = P_0(0.988626 + h/625600)^{-34.16319}$;

当高度以m表示时, $P = P_0(0.988626 + h/198903)^{-34.16319}$。

飞行员、设计工程师、性能工程师或适航工程师会发现，上述计算关系支撑着大量的航空工作。事实上，大气状况通常是由温度加/减 ISA 来描述的。然而，在这样做的同时，需要记住这只是一个标准化的数值集合，并且实际体验接近 ISA 条件是非常罕见的。值得注意的是，对流层顶并不是一个理论层面，最好把它看作是海洋的表面，完全是波（称为"折叠"[①]），而大气的化学性质取决于穿过海洋表面的物质。许多正在进行的气候学研究都建立在对各种化学物质（特别是所谓的"温室气体"穿越对流层顶的方式的理解上（图 2.4）。

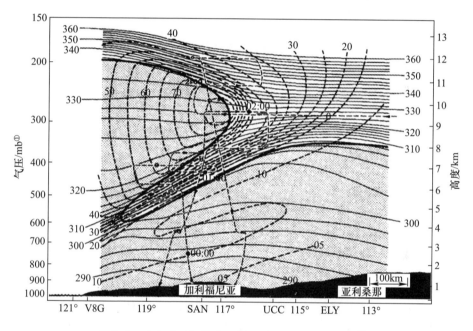

图 2.4　对流层顶折叠的图示（Shapiro,1979,见脚注[②]）

从单一的 ISA 相关参数来看，它也是常见的，也是有用的。因此，它通常被称为"标准气压高度（Standard Pressure Altitude, SPA）"或"标准密度高度（Standard Density Altitude, SDA）"，偶尔也可以用"标准温度高度"（Standard Temperature Altitude, SHT）来思考（作者曾有一次成功地将飞机的外界大气温度

[①] 描述对流层顶结构和折叠的"经典文件"是 Edwin F. Danielsen 在《1968 年 5 月大气科学杂志》上发表的《根据放射性、臭氧和潜在涡度的平流层-对流层交换》（第 25 卷，第 502–518 页）。最近发表的一篇内容极为丰富的论文是 MAShapiro 的《大气科学杂志》（1979 年 12 月，第 37 卷，第 994–1004 页），在对流层顶褶皱内的湍流混合，作为平流层和对流层之间交换化学成分的一种机制。

[②] 1mb = 100Pa。

(Outside Air Temperature, OAT)作为原始高度计,在唯一的气压高度计失效后成功地使用),但这只有在持续低于对流层顶的情况下才能使用,并且远离任何温度逆增(这是一个常见的大气特征,通常发生在几千英尺高度以上,在短时间的高度升高过程中,虽然温度升高,但仍然相对较低)。

关于术语的说明:大气参数通常用3个标量术语表示,分别是相对温度、压力和密度。并分别定义为:$\theta = T/T_0, \delta = P/P_0$ 和 $\sigma = \rho/\rho_0$。在每种情况下,"0"下标都说明了标准海平面状况。对于温带国际标准大气,它们分别是15℃(288.15K),1013.25hPa,1.225kg/m³。

2.3 高度的不同表示

实际上我们已经讨论过了4种高度,它们分别是:
(1) 气压高度。
(2) 密度高度。
(3) 位势高度。
(4) 气温高度。

还有一种在历史上并不容易看到的提法,但现在经常看到,那就是"几何高度"。
(5) 几何高度

几何高度显然是地球表面上方的距离,但这个概念提出了一个明显的问题——高于地球哪个表面的高度?因为即使是平坦的海洋也会受到潮汐的影响,所以地球并不是一个完美的球体,而且陆地很少是平坦的。因此,包括GPS接收器在内的大多数数据来源都显示高度高于标准化球体,目前最常见的是自1984年以来建立的WGS84球体[①],尽管建立在较早的模型上,并且自那时以来也进行了多次修改。WGS84假设一个以地球质心为中心的扁平球体,并使用零点子午线在格林尼治子午线以东5.3弧秒(格林尼治时间略超过100m)。[②]

上述不同的高度概念在适航实践和飞机运行中扮演不同的角色,在后面进行更深入的讨论,现在有必要了解它们的用途。

(1) 气压高度。在大多数飞行中,气压高度是用来作为高度参考的,通常通过气压高度表来确定。它也是决定人体吸氧能力的关键参数。增压飞机座舱通

---

① ICAO目前使用的是1998年2月V2.4版本的WGS84执行手册,由欧洲控制和大地测量与导航研究所(If EN)在德国编写。这些副本在网上很容易找到。

② 格林尼治子午线的历史和经度的测量是迷人的,但超出了这本书的范围。然而,作者推荐Dava Sobel的科普科学史"经度"(伦敦,Fourth Estate出版社,1996)。

常设置为等效压力高度,作为一个设计参数。

(2) 气温高度。与露点(开始形成云的高度)和冰点(当冰点开始形成,从而使机身结冰成为最关键的高度)相比,飞机运行中的气温高度是最重要的。从理论上讲,它也可以作为对流层顶高度的一种粗略的操作测量,但它很少被使用。

(3) 密度高度。密度高度是确定飞机性能时的基本参数,在等效空速和真航速之间转换时也是必要的,因此对确定巡航性能和校准仪器仪表都必不可少。

(4) 几何高度。几何高度与地形高度为飞行提供了高度参数,从而确保地形安全。同时,它还提供了计算其他3个高度的基线。从历史上看,位势高度基本上是一个与经纬度相关的值,精确的地形安全高度是通过直接目视或使用无线电高度计或雷达等系统来确定的。然而,现代导航系统使用 GNSS[①] 确定的位势高度和地形与障碍数据库的组合来提供这些信息。有越来越多的基于卫星的(GNSS)方法程序:由美国首创,但现在在世界各地广泛使用,正在使用卫星位置和高度数据。目前这些程序中仍然使用高度基准,但将来可能会发生重大变化,而且已经改变了一些非正式的做法,特别是在常规航空方面。几何高度最常见的是 WGS84 球体,但另外一些局部球体也在使用,特别可用于局部表面图,如英国的 OSGB36[②],或澳大利亚的地心基准(Geocentric Datum of Australia,AGD)[③]。

关于常规空中导航用几何高度(由 GNSS 系统提供)替换气压高度的问题在业界偶尔会发生争论。在可预见的未来,这项问题似乎很难得到令人满意的结果,但从长远角度来看,这可能对某些应用程序的利用有参考价值。对于低空飞行而言,几何高度加上存储的地形和障碍物图,正成为载人和无人驾驶飞机使用的参考标准。

(5) 位势高度。位势高度是基于重力强度变化而确定的高度,是基于大气定律估算大气行为的基础。人们很容易认为位势高度和几何高度是相等的,这可能适用于局部的小变化,但在全球范围内,两者有可能相差几百米。

2.4 对流层顶的变化

虽然国际标准大气(基于纬度45°)假设对流层顶高度为11000m,但实际上

---

① GPS 是最常用的 GNSS(全球导航卫星系统)技术,但俄罗斯的 GLONASS 和欧洲的伽利略系统,至少在理论上是可用的。GPS/GLONASS 组合接收机越来越普遍,在非常高纬度地区具有复制、可靠性、采集时间和可用性等优点。取决于当时的星座特征,GPS 星座在纬度80°范围内可能变得不可靠。

② OSGB36 由军械调查网站 www.ordnancesurvey.co.uk 管理。

③ AGD 由澳大利亚地理科学网站 http://www.ga.gov.au/管理。

它因纬度以及当地条件的不同而存在很大差别。典型的极地对流层顶比热带对流层顶低得多,温度也高得多,而且夏季对流层顶高度要高于冬季。

表2.2列出了不同纬度的典型对流层顶特征(预计当地夏季的高海拔和当地冬季的低海拔条件)(表2.3)。

表2.2 1976年模型的国际标准大气层

等级	名称	低空/km	高空/km	高空/ft
1	对流层	0	11	36089
2	平流层下部	11	20	65618
3	平流层中部	20	32	104987
4	平流层上部	32	47	154199
5	平流层上部	47	51	167323
6	中间层	51	71	232940

表2.3 典型的对流层顶特征

	典型高度	典型温度/(℃)
极地对流层顶	25000ft/7620m	-45
温带对流层顶	40000ft/12190m	-55
热带对流层顶	55000ft/16760m	-75

专为高空或远距离飞行的飞机设计的天气图通常会显示不同位置的对流层顶高度,也可能显示其温度。例如,图2.5摘自北欧预报天气图("Sigmet"),显示在大西洋北部英国北方地区,对流层顶在30000ft,而在意大利北部则在39000ft(390)处。显然,这些表中有更多的资料可供读者参考。特别是为空运飞行员执照(Air Transport Pilots Licence,ATPL)训练而出版的专用图表所含信息更多。

众所周知,气候变化正在显著地改变大气的各个方面——包括正在上升的平均表面温度[1]、同时也在上升的对流层顶平均高度[2]以及正在下降的平流层下部的平均温度。这种加速效应无疑需要在不久的将来某个时候对ISA进行修订,并且刚刚开始被认为是航空领域的一个令人关注的话题。

---

[1] 见 Letcher T. M.,《气候变化:观测到的对地球的影响》,爱思唯尔 2009 年[Ch7],以及国际气候变化专门委员会(International Panel on Climate Change,IPCC)通过 http://www.ipcc.ch/发布。

[2] 见 Seidel D. J.,Randel W. J.,根据无线电探空仪数据估计的全球对流层顶的变化和趋势,GeoR 杂志,第 111 卷,D21101(2006)。

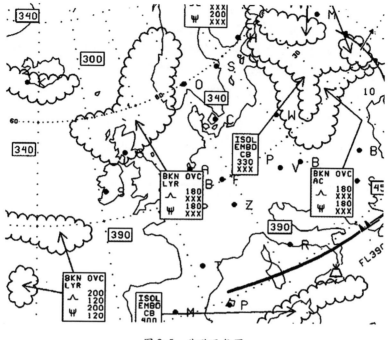

图 2.5　北欧天气图

2.5　大气状况对人类生存力的影响

大多数适航计算只考虑了飞机,而忽略了乘坐飞机的人。因此,这里简要地阐述一下与飞机相关的人类,他们通常是飞机的操作者和乘客(至少在那些适航性是最令人关注的飞机)①。

人体主要依靠环境中的两种物质来维持短期生存:①可接受的温度;②可接受的氧分压。就飞行员而言,大气中的氮成分是用于提供空气密度的物质,而不是维持生命的物质。

2.5.1　压力和供氧

显然,假设每个人在面对氧气环境都能表现出相同的行为是不符合常理的。

---

① 这本书只考虑了一些关键的适航相关的航空医学主题。对于那些希望进一步探讨这一主题的人来说,《恩斯特的航空医学和航天医学》这种定期更新杂志是不错的选择。然而,大多数用户发现罗恩坎贝尔和迈克巴格肖的著作《人的机能及其在航空中的限制》的描述更充分详细,且更便宜,更容易获取。许多简单化的文本也存在于各种形式的帮助私人和专业的试点理论研究中。

例如,一个20岁的非吸烟运动员肯定比60岁的久坐不动的人对低氧的耐受性要好得多(尽管一些研究表明吸烟者对高海拔条件更耐受),但可以发现,这其中有一个明显的对应关系,氧压越低,人体的各项机能表现越差。图2.6代表了一个普通成年人在不同的气压高度上保持有效意识的时间,也就是在他们失去意识之前,或者至少在完成任何合理的任务之前的时间。

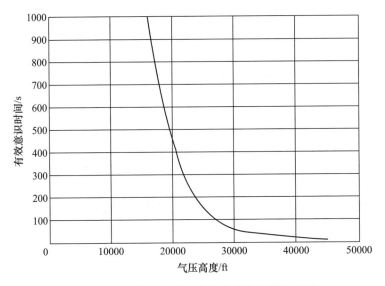

图2.6 不同气压高度下成人有效意识持续时间

可以看出,在大约15000ft以下,一个普通的飞行员或乘客在长时间的飞行中能够保持清醒。然而,在这高度之上,他们会开始进入缺氧状态。因此,在大多数国家,在不使用供氧系统的情况下长时间飞行在某一压力高度以上是不合法的,在欧洲允许持续飞行高度为10000ft,在13000ft最长可飞行30min,在16000ft最长可飞行10min①。在美国允许持续飞行的高度为12500ft,12500~14000ft则最长可飞行30min(变化只反映了航空医学证据解释的细微差异)②。

关于人类生存性数据可信赖性的说明:在许多教科书中都有关于人类生存性的标准曲线,可追溯到20世纪50年代,包含非常相似的值,但很少显示来源。原因是大部分源于西格蒙德·拉舍尔博士③的工作,他是德国1936—1944年的

---

① 参见 EASA SPO. OP. 195"补充氧气的使用"。
② 参见 14 CFR 91.211"补充氧气"。
③ 关于令人厌恶的拉舍尔博士的生活,在网络上有很多资源,包括一本电子书《拉舍尔之家的倒塌:党卫军医生西格蒙德·拉舍尔离奇的生死》,作者是巴尔。拉舍尔于1945年被自己的纳粹上级处死,因为他捏造实验结果来培育一个改良的"优等民族"。

一名激进的医学研究员。他的实验工作主要是在集中营的囚犯身上进行的,许多人在他的实验中死亡。除了任何有理性的人在道德层面上对这些工作感到反感之外,他的实验对象的身体状况很可能比大多数现代成年人要差得多。因此,使用该数据可能是极其保守的。在对有限数量的现实世界中生存事件的分析研究论文中可以找到更多最新数据,比20世纪40年代的数据显示出更好的生存机会。

供氧系统(图2.7)可以对此有所帮助;例如,参考ISA表(记住空气中只有21%的氧气)表明,在10000ft处的氧分压约为$0.688 \times 0.21 = 0.144$。因此,在这个分压下的100%氧应该简单地给出人体的等效机能水平。在这个例子中,大约相当于45000ft(图2.6)的水平。

图2.7 典型的氧气面罩与头盔组合

在实践中,确定人体对氧气的需求要复杂得多,而且取决于肺的特征。可以认为,人类的肺在空气中加入了水蒸气和二氧化碳。更确切地说,当有人吸气时,导管(或气管)增加了大约 $6.26 \times 10Pa$①的水蒸气的部分压力。当混合气体进入肺泡时,气体随着血液的流动发生了变化,增加了约 $5.33 \times 10Pa$ 的 CO_2 部分压力。

因此,考虑到海平面气压为 $101.3 \times 10^3 Pa$ 的情况,吸入的空气中包括关键的氧气(O_2)含量为21%。假设空气干燥的并还有少量的CO_2,我们可以假设在吸入空气之前,空气中的成分包括:

(1) $0.21 O_2$[简称大气氧分压$_f O_2(atm)$]。

---

① 为了与大气计算保持一致,这里使用 Pa(帕斯卡或 n/m)。但是,如果更详细地参考医学教科书,请注意,那里最常用的气压单位是 mmHg,1mmHg = 133.3Pa。飞行员的生理学教科书(通常称为人类的机能和局限性)也通常使用 mmHg。

(2) $0.79N_2$[简称大气氮分压$_fN_2(atm)$]。

进入气管后,加上气管内水蒸气的分压,大气氧分压转化为气管的氧分压,即

$$pO_2(tr) = [P_{ATM} - pH_2O(tr)] \times {}_fO_2(atm)$$

插入值:

$$P_{ATM} = 101.3 \times 10^3 Pa$$

$$pH_2O(tr) = 6.26 \times 10^3 Pa$$

$${}_fO_2(atm) = 0.21$$

因此(这适用于道尔顿的分压定律),有

$$pO_2(tr) = [101.3 \times 10^3 - 6.33 \times 10^3] \times 0.21 = 19.9 \times 10^3 Pa$$

在这之后,这种气体混合物进入肺泡,在那里稳态维持先前提到的 $5.33 \times 10^3 Pa$ 的 CO_2[pCO_2]的分压。类似的计算使我们能够确定肺泡中的氧分压($pO_2(alv)$)为

$$pO_2(alv) = pO_2(tr) - pCO_2(alv)$$

插入值:

$$pO_2(tr) = 19.9 \times 10^3 Pa$$

而且

$$pCO_2(alv) = 5.33 \times 10^3 Pa$$

因此有

$$pO_2(alv) = 14.6 \times 10^3 Pa$$

这是一个有用的数字,因为它告诉我们肺泡中的氧分压大小。例如,在空中搜救病人氧气系统中可能需要氧分压大小,以确保病人需要的模拟海平面的情况。然而,更常见的计算是使用这些信息以及现有的知识(图2.6)计算人类可以有效地在10000ft范围内保持有效意识的时间。

根据标准大气表(见本书的附录),我们知道10000ft(ISA)的相对压力是0.6877,并且可以假定氧气的比例仍然是21%。因此,肺泡的氧分压计算方式可表示为

$$pO_2(tr) = [P_{ATM} - pH_2O(tr)] \times {}_fO_2(atm) =$$

$$[(0.6877 \times 101.3 \times 10^3 Pa) - 6.33 \times 10^3 Pa] \times 0.21 = 13.3 \times 10^3 Pa$$

(2.1)

$$pO_2(alv) = pO_2(tr) - pCO_2(alv) = 13.3 \times 10^3 Pa - 5.33 \times 10^3 Pa = 7.97 \times 10^3 Pa \tag{2.2}$$

式(2.1)~(2.2)提供了一个临界值,式(2.1)为应该保持的肺泡氧分压。这个值可以反过来使用,以确定一个人在100%氧气压力的环境中飞行的最大高度(即在没有增压的驾驶舱中,氧气面罩提供纯氧)。因此有

$$pO_2(alv) = 7.97 \times 10^3 Pa$$

$$pO_2(tr) = pO_2(alv) + pCO_2(alv) = 7.97 \times 10^3 Pa + 5.33 \times 10^3 Pa = 13.3 \times 10^3 Pa \tag{2.3}$$

$$P_{ATM} = [pO_2(tr)/_fO_2(pure)] + pH_2O(tr) =$$
$$(13.3 \times 10^3 Pa/1.00) + 6.33 \times 10^3 Pa = 19.6 \times 10^3 Pa \tag{2.4}$$

$$P_{ATM}/P_0 = 19.6 \times 10^3 Pa/101.3 \times 10^3 Pa = 0.193 \tag{2.5}$$

这相当于一个大约39070ft的标准气压高度。所以在理论上,一个人在这个高度上可以靠100%的纯氧生存(欧洲规定的限制为39500ft,通常从33700ft引入100%氧气;其他国家条例也类似)。

实际上,这还不一定考虑到其他人为因素,如"弯道"的风险,因此在某些情况下,不加压舱内的实际安全限度可能较低。或者,军事空勤人员通常可以通过改善呼吸系统在更高的高度飞行。这种情况是将氧气面罩紧紧地固定在佩戴者的脸上,氧气是在压力下引入的。这样的系统通常是由压力运动来平衡的,有一种穿在胸部上的膨胀的衣服,它抵消了肺部和胸部外部之间的压差。压力呼吸是一种极不舒服的体验,身体的动作发生了逆转(飞行员必须努力呼气,然后放松吸气)。因此,除了专业人员外任何人不愿意使用,他们的健康状况受到定期监测。即使在这种情况下,也有一些系统经常使用加压服导致慢性手臂疼痛,导致空勤人员通常不愿意使用它们。支撑压力呼吸的系统也是沉重和复杂的,因此除非绝对必要,否则不会在任何飞机上使用。

注:道尔顿简介

约翰·道尔顿(1766—1844)是一名英国的博学多才学者,在数学、物理、化学、生物学、气象学和语法方面多有建树。他最出名的成果是他的原子理论,它描述了物质是由称为原子的不可分割的单位组成的。然而,他也广泛地研究色盲,在他死后,他自己的眼睛(应他的要求)被切开进行研究。最终,在1990年,发现他色盲的原因是因为缺乏对绿色敏感的色素。

如前所述,与供氧不足相关的医学症状称为缺氧症。在高空缺氧,可称为

"氧分压过低性缺氧",是适航实践最感兴趣的形式。然而,为了完整起见,列出可能发生的3种其他形式的缺氧:

(1) 贫血性缺氧,由血液中的含氧量减少引起,如由于CO中毒,或损伤后失血。

(2) 停滞性缺氧,由于血液循环减少,如由于大正向过载机动①,或循环系统的医学问题等。

(3) 组织中毒性缺氧,由机体对氧气的干扰引起,最可能是由于使用麻醉品或酒精等药物所致。氰化物中毒是组织缺氧的一种极端形式。

运输机、部分军机和通航飞机使用增压来达到类似的效果,但方式不同。通常,增压空气来自发动机(与压气机后的增压)或电动压缩机(很少见的增压活塞式发动机),通过增压活塞发动机和/或热交换器冷却并膨胀到适当的条件,然后以恒定的速度引入机舱。座舱空气压力保持在一个可呼吸的状态,但在发生系统故障或其他紧急情况时仍然必须提供应急氧气源。在大多数情况下,进入座舱的气流是恒定的,压力由压力座舱底部自动控制的溢流阀控制(在底部的原因是CO_2比空气的密度更大,确保可以去除)。驾驶舱的控制可能包括进入座舱的气流速度(可能相当粗糙,也许有两种设置:①提神(称为"刷新");②再循环空气)和座舱最大高度。在大多数此类飞机中,座舱最大高度设置为6000~9000ft范围,然后自动系统可能将其保持在高于实际高度一半的较高/较低高度和预先设定的最大值。适航考虑显然集中于这些系统的操作和健壮性、备用氧气系统的可用性和可靠性(很可能是装瓶氧气),以及乘客和机组人员的化学制氧特性。需要进一步考虑的是客舱结构上的结构箍应力(类似于压力容器的结构),这通常是对给定最大舱室压差的初始设计考虑的,这可能会使此类飞机的服务上限问题极其严重,最可能需要加强结构。

2.5.2 温度效应

由于短期暴露于高温或(更有可能的是)低温对人体没有显著影响,所以对温度影响的定义就不那么容易了。

长期暴露在极端温度下会降低身体的机能表现(包括在低温下更容易缺

---

① 在大过载操纵导致视力丧失的情况下,通常非训练人员在3~5G的过载下视觉出现"中心视力丧失",在适应的机组人员中,可以使用"抗荷服"进一步改进,这是一种特殊的服装,它能使下半身保持更多的血液。在中心视力丧失后大约1.5G过载后,空勤人员可能会遭受"过载引起的意识丧失",通常简称为"G-LOC"。年轻飞行员在得到良好训练的情况下可以很容易达到5G过载,但在没有抗荷服的情况下,在大约6.5G就会丧失意识。他还指出,将过载从2G快速转换到4G可以导致极快发生G-LOC。他不推荐这种体验,但这是在高速飞行的机组人员或特技飞行的飞行员工作生活中的例行风险。

氧)。在极端情况下,可能发生低温(冻伤)或高温(中暑),对身体造成永久性损伤,在非常严重的情况下可能导致死亡。同时,即使局部暴露在高温或低温下(即,不加保护的皮肤接触一些非常热或非常冷的东西时)也会立即对皮肤造成伤害,身体机能受到限制。

因此,重要的是,除短期紧急情况(例如,从军用快速喷气式飞机中弹射出来)外,飞机乘员不受一般(大气)或当地极端温度的影响,并尽可能保持20℃左右的正常"室温"条件。显然,这并非总能实现,航空人并不打算建议将数千架安全而令人愉快的老式飞机、敞开式驾驶舱或轻型飞机停飞,同样也曾在一架被迫承受超过35℃的舱室气温的研究飞机上工作。但在设计或认证这种飞机时,往往要考虑这些因素,以确保某些部件不与人接触,或提供适当的衣服(此外,一些传感器或电子设备在极端温度下也会变得不正常)。

2.6 练 习

2.6.1 标准大气练习

利用下列边界条件和公式,推导出大气层表,从海平面以下2000ft到下列大气层条件下的FL400对流层顶

$$T_0 = 30℃$$

$$环境失效率 = 2.2K/1000ft$$

2.6.2 生命保障练习

假设我们正在为一架空中救援直升机设计氧气系统。虽然直升机永远不会在10000ft以上飞行,因此并不需要机组供氧系统,但伤亡人员往往需要在压力环境下实施供氧,而且更为重要的是,他们的肺泡氧水平不能低于他们在海平面呼吸时正常的氧气水平。

确定伤者呼吸100%氧气的最大标准压力高度,在此高度以下是安全的吗?

2.7 对练习的示例答案及评注

2.7.1 标准大气练习

(1)标准答案(从电子表格中显示,没有显示计算过程)。

		非标准大气方案						
		递减率 =	2.2	C/1000ft	=	0.0022	K/ft	
		海平面 T =	30	℃	=	303.15	K	
			R =	287	J/(kg·K)			
H/ft	H/m		T/K	P/Pa	Rho/(kg·m^−3)	Theta	Delta	Sigma
−2000	−609.6		307.55	126741	1.436	1.014514	1.250833	1.232937
−1000	−304.8		305.35	113368	1.293	1.007257	1.118857	1.110796
0	0		303.15	101325	1.164	1.000000	1.000000	1.000000
2000	609.6		298.75	80741	0.942	0.985486	0.796856	0.808592
4000	1219.2		294.35	64123	0.759	0.970971	0.632843	0.651763
6000	1828.8		289.95	50748	0.610	0.956457	0.500847	0.523648
8000	2438.4		285.55	40020	0.488	0.941943	0.394967	0.419311
10000	3048		281.15	31443	0.390	0.927429	0.310323	0.334606
12000	3657.6		276.75	24611	0.310	0.912914	0.242893	0.266064
14000	4267.2		272.35	19188	0.245	0.898400	0.189370	0.210786
16000	4876.8		267.95	14899	0.194	0.883886	0.147044	0.166361
18000	5486.4		263.55	11521	0.152	0.869372	0.113701	0.130785
20000	6096		259.15	8870	0.119	0.854857	0.087539	0.102401
22000	6705.6		254.75	6798	0.093	0.840343	0.067095	0.079842
24000	7315.2		250.35	5187	0.072	0.825829	0.051188	0.061984
26000	7924.8		245.95	3938	0.056	0.811315	0.038865	0.047904
28000	8534.4		241.55	2975	0.043	0.796800	0.029363	0.036851
30000	9144		237.15	2236	0.033	0.782286	0.022070	0.028212
32000	9753.6		232.75	1672	0.025	0.767772	0.016500	0.021490
34000	10363.2		228.35	1243	0.019	0.753257	0.012267	0.016285
36000	10972.8		223.95	919	0.014	0.738743	0.009068	0.012274
38000	11582.4		219.55	675	0.011	0.724229	0.006663	0.009200
40000	12192		215.15	493	0.008	0.709715	0.004865	0.006855

（2）提交的工作中的常见错误。

① 没有正确的表头,引用和显示支持计算(重要的是可以检查工作,因为它将在工作环境中应用)。

② 没有计算校正后的海平面密度值，而是使用了 ISA 值。以气体混合物作为空气，然后最好的纠正方法是根据已知的 ISA 条件进行调整，即

$$\rho_0 = \rho_{0,\text{ISA}} \left(\frac{P_0}{P_{0,\text{ISA}}}\right)\left(\frac{T_{0,\text{ISA}}}{T_0}\right) = \rho_{0,\text{ISA}} \left(\frac{101325}{101325}\right)\left(\left(\frac{288.15}{303.15}\right)\right) = 1.164 \text{kg/m}^3$$

2.7.2 生命保障练习

海平面气管状况

$$\text{pO}_2(\text{tr}) = [P_{\text{ATM}} - \text{pH}_2\text{O}(\text{tr})] \times {}_f\text{O}_2(\text{atm})$$

插入值：

$$P_{\text{ATM}} = 101.3 \times 10^3 \text{Pa}$$

$$\text{pH}_2\text{O}(\text{tr}) = 6.3 \times 10^3 \text{Pa}$$

$${}_f\text{O}_2(\text{atm}) = 0.21$$

因此有

$$\text{pO}_2(\text{tr}) = [101.3 \times 10^3 - 6.3 \times 10^3] \times 0.21 = 95 \times 10^3 \text{Pa}$$

海平面肺泡状况

$$\text{pO}_2(\text{alv}) = \text{pO}_2(\text{tr}) - \text{pCO}_2(\text{alv})$$

插入值：

$$\text{pO}_2(\text{tr}) = 95 \times 10^3 \text{Pa}$$

从上面

$$\text{pCO}_2(\text{alv}) = 5.33 \times 10^3 \text{Pa}$$

因此有

$$\text{pO}_2(\text{alv}) = 89.7 \times 10^3 \text{Pa}$$

现在，从这个值向后工作，我们可以计算出使用 100% 呼吸氧的高度：

(1) $\text{pO}_2(\text{alv}) = 89.7 \times 10^3 \text{Pa}$

(2) $\text{pO}_2(\text{tr}) = \text{pO}_2(\text{alv}) + \text{pCO}_2(\text{alv}) = 89.7 \times 10^3 \text{Pa} + 5.33 \times 10^3 \text{Pa} = 95 \times 10^3 \text{Pa}$

(3) $P_{\text{ATM}} = [\text{pO}_2(\text{tr})/{}_f\text{O}_2(\text{pure})] + \text{pH}_2\text{O}(\text{tr}) = (95.3 \times 10^3 \text{Pa}/1.00) + 6.33 \times 10^3 \text{Pa} = 101.6 \times 10^3 \text{Pa}$

(4) $P_{\text{ATM}}/P_0 = 101.6 \times 10^3 \text{Pa}/101.3 \times 10^3 = 0.2591$

与标准大气表相比,0.2591 的相对压力与大约 32900ft 的标准气压高度相当。因此,仅从这个角度考虑,携带伤者的安全程度应该为 10000ft 呼吸纯氧。但是应当记住,可能有其他因素会使这一情况被忽视,但仍然会造成高度限制。

第3章 总静压系统

空速,高度,或大脑;你总是需要至少两个。

——匿名

摘要:空速测量是适航性测定的重要组成部分。空速有很多不同的定义,测量空速的方法也有很多。然而,最普遍的方法是总静压系统,它应用伯努利的不可压缩流动方程,通过测量压力来确定空速。本章讨论各种不同的空速、不同类型的总静压系统测量,并用于计算空速的方法,以及常用的校准总静压系统的方法。

3.1 空速测量

在适航实践中,可以认为工程师做的很多事情,以及飞行员在操纵飞机时所做的一切,都围绕着空速进行。在适航工作中,空速决定了适用于结构的气动载荷,决定惯性载荷的升力和阻力也都是空速的函数。在飞行中,飞行员必须能够准确地确定自己的飞行时间及位置,确保在飞行时不超过安全操作限制。然而,没有一个词可以完全衡量和定义"空速",在不同的应用中使用许多不同的速度定义。它们分别是:

(1) **地速**(Groundspeed, G/S):飞机相对于地面上固定点的飞行速度。

(2) **真空速**(True Airspeed, TAS):飞机在其周围空气中的飞行速度。在水平飞行时,只需根据风的情况对地速进行简单修正;在爬升或下降飞行中,根据风的情况和坡度对地速进行简单修正。或者,通过纠正高度误差从等效空速(反之亦然)获得。如果发生颤振,一般也是在固定的真空速值。

(3) **指示空速**(Indicated Air Speed, IAS):空速表(Airspeed Indicator, ASI)的读数。因此,所有的操作限制都需要在 IAS 中声明。

(4) **校准空速**(Calibrated Air Speed, CAS):根据已知的位置和仪表误差对指示空速的校正。在美国的出版物中,校准空速也被称为 Rectified Air Speed。

(5) **等效空速**(Equivalent Air Speed, EAS):对校准空速修正了压缩性(一

般不需要低于0.6mach① 或FL100,在这里可以假定等效空速约等于校准空速)。等效空速是结构计算中最常用的值。

因此,可以看出,在结构计算中使用了等效空速,在获得可用作操作限制的指示值之前,有必要对这个值进行修正。反过来,飞行员必须从驾驶舱内的指示空速修正到真空速,然后修正风向以提供一个地速,这样就可以用于飞行计划。所有这一切都使得对几种不同形式飞行速度的理解,并对飞行和适航实践都至关重要。

有多种方法可以用来测量空速,包括激光和超声多普勒风速计、热线风速仪,甚至是古老的杯风速计。然而,出于设计飞机的目的,几乎所有实际的空速测量方法都依赖于动态压力的直接测量(而不是空气分子速度的测量),因为$q=1/2\rho V^2$。从现代标准来看,在早期的航空时代发明的一些非常简单的装置依然能够很好地发挥作用。例如,安装在虎蛾式飞机的空速表就是一块被动压推动的扁平弹簧。

即使在现在,在一些轻型飞机上,这种不寻常的设备仍在使用。然而,现在几乎所有的固定翼和旋转翼飞机都使用总静压系统来测量空速。

3.2 总静压系统设计

大多数工程师和飞行员都会熟悉伯努利方程的不可压缩形式,即

$$p - p_\infty = \frac{1}{2}\rho V^2 \tag{3.1}$$

从这个方程中可得到总静压方程为

$$V = \sqrt{\frac{2(p - p_\infty)}{\rho}} \tag{3.2}$$

然后根据两个压力来估计空速:动压和静压。在飞机(以及许多其他类型的机器)上,这是通过定位两个小孔来完成的,一个朝前的孔(用来测量动压,称为空速管压力)和一个(通常是几个)靠近静止空气的孔(如在"静坝"后面或飞机侧面)用来测量静压。这些孔可以放置在单个设备上(通常称为组合压力头),也可以放置在整个总静压系统前面部分的不同地方(图3.1)。

---

① 1mach = 340.3m/s

图3.1　全比例复合材料"proteus"研制样机上的巨大空速管向上铰接以保证地面安全

注：皮托简介

亨利·皮托(1695—1771年)是法国液压工程师。皮托对河流和运河中的水流进行了研究，发现当时的许多理论都是错误的。为了确定实际发生的情况，他设计了一个面对水流的开口管来测量水流的流速。这种装置在飞机设计的早期就被用于测量气流，并且仍然是解决飞行速度测量问题的最常用的方法(皮托的另一个出名的主要原因是他在法国蒙彼利埃设计了令人印象深刻的圣克莱蒙特教堂)。

注：伯努利简介

丹尼尔·伯努利(1700—1782)是一位荷兰出生的数学家，尽管他大部分的工作时间都在瑞士度过。他学习数学和医学，1725年成为圣彼得堡的数学教授。1732年，他成为巴塞尔大学解剖学教授，继续成为植物学教授，最后成为物理学教授。他在许多领域工作，包括三角学、力学、振动和流体力学，包括预测气体的动力学理论。他对气体性质问题的解答被称为伯努利方程，并于1738年发表。

在最简单的情况下，总静压系统与BAe-146(标号为A)相似，如图3.2中所示。动压源是一个简单的管道，从飞机侧面伸出，而静压源则由一对匹配的位于驾驶舱两侧的通风口组成(标号为B)，它通常很小。较大的贴纸警告不要对其进行涂漆或堵塞(图3.3)，因为静压系统堵塞会破坏整个飞行仪表的读数。

飞机在地面停放时，为了防止水或昆虫进入狭窄的管道并导致堵塞，通常会将空速管、静压系统或两者都覆盖，在两个管道上都可以看到覆盖物。显然，在飞行时这些覆盖物需要被移除，因此图3.2中显示非常大而醒目的彩色飘带，这是最常见的方法。许多飞机还会有一个排水沟，以便在飞行前将空速管和静压

图3.2　BAe-146驾驶舱外的侧视图(见彩图)

图3.3　道格拉斯F-4鬼怪Ⅱ飞机静压端口

线路附近的水排出,避免发生结冰、堵塞或破坏飞行线路的风险。

同样,图3.4给出了F-16战斗机具备类似的配置。在机头清晰可见飞机的动压头,而静压管(在图3.4中不容易看到)分布在两侧机翼前缘。

图3.4　F-16型飞机

虽然上述图片显示了"经典"的设计,但取决于不同飞机的具体设计,动压管和静压管实际上可以定位在飞机上的任何地方。ICAO 标准要求民用适航标准通常不允许超过 5kn/3% 的空速指示误差(两者以较大的为准),因此设计时往往考虑其位置用来确保整个飞行包线的定位。通常发现可以将动压管和静压管组合在一个单一的压力头上,如 PA28 轻型飞机所显示的那样(图 3.5)。

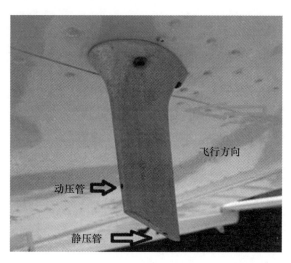

图 3.5　PA28 轻型飞机的动压管和静压管

不管飞机上的动压管和静压管的物理位置和外观如何变化,基本设计思路几乎是相同的,如图 3.6 所示:"静压管"(管道或软管①)由一个或多个静压源(飞机两侧的匹配静压)提供,以便在正常情况下减少侧滑测试的影响。皮托线由空速管或空速头供给信号。

通常会通过 3 个仪表连接在这些线路上。仅在静压管上还连接有高度表(绝对压力测量或气压计)和垂直速度指示器(也称为 VSI 或变阻器),用以测量静压的变化率。与静压管和空速管连接的是空速表(ASI),它是用来校准读取指示空速的压差表(马赫表在稍后讨论,但如果安装有空速表,也会在空速管线和静压管之间,类似于 ASI)。

由于动压直接影响到飞机的载荷,因此可以将操作极限声明为等效空速(EAS),无论高度如何,它都是恒定的。这总是以 $\rho = \rho_0 = 1.225 \text{ kg/m}^3 (0.076 \text{lb}/\text{ft}^3)$

---

① "管道"和"软管"这两个词经常混淆在一起。管子是硬的,而软管是灵活的。想到排水管或花园水管就能帮你解决这个问题。

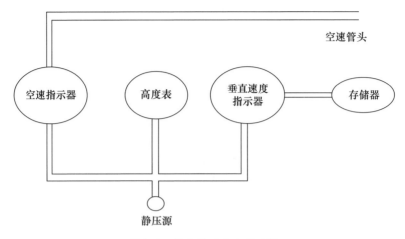

图 3.6 简易静压系统原理图

的标准海平面值为基础,因此任何空速表都在读取前实施校准(在仪表和压力误差允许的情况下),真空速(TAS)只能是在 ISA 海平面的情况下。在海拔较高的地方,$\rho < \rho_0$,因此 TAS > EAS(飞机通常以很大的高度飞行的几个原因之一)。

从 TAS 与 EAS 之间的关系可以看出,真空速与等效空速之间的关系可以表示为 TAS = EAS $\sqrt{\rho_0/\rho}$,虽然这个关系在正常情况下更多地表现为:TAS = $\dfrac{\text{EAS}}{\sqrt{\sigma}}$,其中 σ 代表相对空气密度 ρ_0/ρ。这种关系对许多应用实践都很重要,最常见的是飞行员必须将等效空速调整到真空速,然后进一步修正风向,才能够准确地预测飞机的航向和地面速度(图 3.7)。

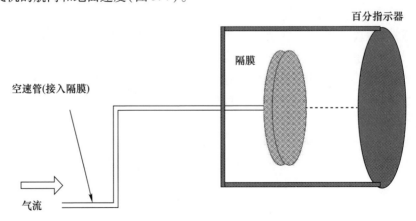

图 3.7 空速表的典型结构

3.3 计算空速值

3.3.1 指示空速

指示空速是从空速表读取的速度值。可以通过如下计算方式来预测（如在确定操作限制时）。

3.3.2 校准空速

如前所述，指示空速必须对系统误差进行修正，从而得出校准空速，这反过来又（在条件要求的情况下，0.6mach 或 10000ft 以上）修正了可压缩性对 EAS 的影响。

事实上，理想情况下，指示空速应该和校准空速是相同的，也就是说，如果有完善的系统，二者会被定义为 $V_C = \sqrt{\dfrac{2(P_D - P_S)}{\rho_0}}$。但事实上，在实际应用中，由于信号泄漏、机械误差，尤其是飞机周围存在的压力场等原因会导致系统出现误差，这意味着测量的动压和静压都不是绝对正确的，特别是静压读数往往不准确。

能够确定指示空速和校准空速之间关系的唯一可靠方法就是通过实验证明。数据通常以指示空速与校准空速图表的形式出现在飞机手册中，现在，越来越多的数据也可以电子方式提供。

大多数适航标准对独立飞行器系统的最小精度定义为从 $1.3V_S$ 到最高航速 3% 或 5kn 以上的航速，在大多数飞行中通常可以确保假定指示空速约等于校准空速，尽管对于特别精确的飞行任务（如远程或穿越沙漠）而言，飞行员仍然需要进行必要的校正。对于许多轻型飞机和业余制造的飞机来说，不需要采用最低精度，因此静压通风口可以设置在驾驶舱内，这种情况下意味着指示空速和校准空速之间存在着较大差异，但飞行员并不一定了解。因此在大型飞机上，这是很难接受的。

无论飞机属于哪个级别，出于工程和飞行测试的目的，进行数据缩减是至关重要的。这适用于任何形式的性能或处理分析，或在确定时使用指示空速操作限制必须始终以指示空速的形式提供给操作人员。有许多方法用来校准空速指示系统，其中最常见的方法如 3.4 节所述。

一旦《操作人员手册》公布了空速指示系统校准曲线（实际上，大多数适航标准都需要这样做）是正常的，这也可以称为压力误差修正（Pressure Error Correction,PEC)曲线——尽管这不是真正准确的描述,因为如果已知存在任何内置仪表误差,也应该在PEC曲线中说明。

图3.8显示了第23部适航标准飞机的操作手册中公布的PEC曲线。对于这个信息的表示没有严格需求,但这个示例是典型的样式。

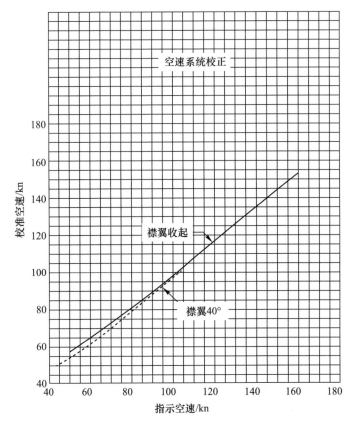

图3.8 典型第23部适航标准飞机的空速表校准图(见彩图)

3.3.3 等效空速

对于大多数适航和飞行任务而言,校准空速与等效空速之间的差异可以忽略不计。但如果飞机的马赫数超过0.6,或飞行高度高于10000ft,那么通常必须考虑这两个空速值之间的差异,特别是在与应力有关的分析中,结构载荷是等效空速的函数,而不是校准空速的函数。

产生这种差异的原因主要是空气不能再被认为是不可压缩的,这就使得伯努利方程的简单形式失效,而伯努利方程是由它导出的总静压方程。因此,我们需要一种更复杂的形式,允许可压缩性。

马赫数与总静压的关系式为

$$M^2 = \frac{2}{\gamma-1}\left(\left[\frac{P_D}{P_S}+1\right]^{\frac{\gamma-1}{\gamma}} - 1\right) \tag{3.3}$$

或,等效空速与全静压等效空速公式为

$$V_E^2 = \frac{2a^2}{\gamma-1}\left(\left[\frac{P_D}{P_S}+1\right]^{\frac{\gamma-1}{\gamma}} - 1\right) \tag{3.4}$$

这本身并不允许校准空速到等效空速的随时修正,但如果我们考虑一个简单的修正公式,即

$$\text{CAS} + \Delta\text{CAS} = \text{EAS} \tag{3.5}$$

这也可能经常被写为:$V_C + \Delta V_C = V_E$。图3.8 显示了典型的校正图,可重新编排为

$$\text{EAS} - \text{CAS} = \Delta\text{CAS} \tag{3.6}$$

由于校准空速和等效空速的概念已知,因此

$$\Delta\text{CAS} = \sqrt{\frac{2a^2}{\gamma-1}\left(\left[\frac{P_D}{P_S}+1\right]^{\frac{\gamma-1}{\gamma}} - 1\right)} - \sqrt{\frac{2(P_D - P_S)}{\rho_0}} \tag{3.7}$$

此外,我们可以从这个方程中去除动压,方法是

$$P_D = P_S\left(\left(a + \frac{\gamma-1}{2}\frac{V_E^2}{\gamma RT}\right)^{\frac{\gamma}{\gamma-1}} - 1\right) \tag{3.8}$$

从这可以看出,式(3.8)中插入了 T 和 P_S 的值,这些值来自实际数据或(更常见的)标准大气,然后可以创建校正的图表或电子表格。但它并不容易适应理想的代数解决方案,因此通常的做法是使用计算机生成的标准图(应该独立于飞机设计),如图 3.9 所示。

飞行员和工程师都可以使用的另一种方法是采用道尔顿飞行计算尺(如图 3.10所示,通常称为惠兹轮[①]),其中更先进的版本包括能够对飞行速度进行修正的能力,可能是 3 个重要参数的标尺(CAS/EAS),这可能需要花费一些时间学习使用,但它依然是一种简单的数据约简方法。飞行计算尺只是一个专业的圆形滑尺,虽然现在滑尺很少用于日常计算,但仍然经常用于专家(或复杂的)计算。

---

① 年轻一代伴随着电子产品长大的飞行员们的不礼貌用语。

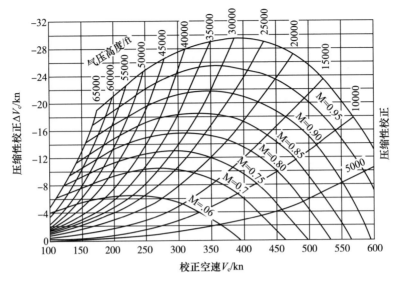

图 3.9　ASI 比例尺高度修正图

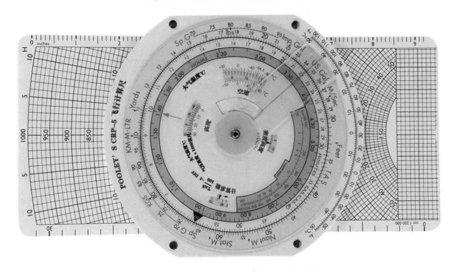

图 3.10　典型飞行计算尺（见彩图）

注：道尔顿的飞行计算尺

菲利普·道尔顿（1903—1941）是一位美国科学家、飞行员和工程师，他在 20 世纪 30 年代开发了飞行变型计算尺，也就是通用的、在美国被称为"E6b"的计算尺。在成为美国海军飞行员之前，他曾在康奈尔大学、普林斯顿大学和哈佛大学学习过。1941 年 7 月 24 日，在华盛顿区的阿纳科斯蒂亚海军航空站当飞行教官时,在一次坠机中丧生。

3.3.4 真空速

记住,在 0.6mach 和飞行高度 10000ft 以下,可以合理地认为校准空速与等效空速相同,而等效空速和真空速之间的关系可表示为

$$V = \frac{V_E}{\sqrt{\sigma}} \tag{3.9}$$

这是真空速(V)和等效空速(V_E)之间的标准转换。σ 为相对空气密度,它可以从大气数据表中得到,尽管在许多工作中,只需要 ISA 就足够了。

3.3.5 地速

从历史上看,地速的测量是困难的,也是不准确的,通常需要利用地标并使用计时方法,或者使用基于磁航向和参考无线电信标的复杂几何计算(也可能是错误的)(一战前后的另一种方法是沿弹壳喷出的烟柱飞行,这种方法的这些风险更大)。幸运的是,自20世纪80年代以来,这些方法在很大程度上并没什么必要,因为美国政府有全球定位系统(Global Positioning System,GPS),俄罗斯和欧洲也提供了全球导航卫星系统(Global Navigation Satellite System,GNSS)、GLONASS 系统和欧洲伽利略系统。借助一个便宜的小装置现在可以精确地测量地速,其精度高于 0.1kn,这对于任何工程或飞行任务都是足够精确的。在较大的飞机和价值较高的直升机上,导航系统很可能被纳入飞行管理系统(Flight Management System,FMS)(图 3.11),而在较小的飞机上,它可能只是一个安装仪表或便携设备。

这种随时可用的地速对试飞员具有很高的价值,并且极大地简化了许多关键值的确定,包括压力误差修正、起飞和着陆距离以及位势高度等。

然而,在地速和真空速之间进行转换仍然十分重要。主要原因是 GPS 在使用(可能是派生的)地速值作为空速表校准的"真实数据"时,必须使用风数据来生成真空速值,将其转换为等效空速,并最终将(如果条件要求)等效空速转换为校准空速。第二个原因是为了导航目的。虽然可以从空中的 GPS 产生瞬时地速,但导航规划仍然是必不可少的,因为预测的地速可以从不同高度的估计风速来确定(更重要的是,风向和航向很少一致,以计算航向的差异)。

飞行员通常会使用飞行计算尺(图 3.10)(或者越来越多地使用电子产品,或者在多用途平板上使用同样的应用程序)来修正地速和真空速之间的误差,虽然这不属于一般的做法,但对于从事飞机性能开发的工程师来说,获得一个计

图 3.11　PC12 驾驶舱的 FMS 控制和显示,包括在下中控台的 GPS(见彩图)

算尺并学习如何使用它是一个好主意。飞行用品店或网上商店通常备有各种大小和规格的商品。

如果把飞机的航向(即飞机机头所指的方向,而不一定是称为航迹的飞行方向)作为 Φ_{AC},风的方向是 Φ_{W},真正的空速和风速分别为 V 和 V_{W},那么基于真空速和风速计算,通过简单的检查就可以看出

$$地速 = V - V_{W}\cos|\Phi_{AC} - \Phi_{W}| \tag{3.10}$$

3.4　空速表校准方法

对于一个空速指示系统,从未证明能够准确地预测压力误差修正,即使这种方法被开发出来,仍然需要对实验结果进行检验。现在已经开发了许多技术,允许飞行测试团队校准空速表的实验。由于等效空速、校准空速、真空速和地速之间的关系是众所周知的,而且是可以预先确定的,因此这个任务在理论上应该是相当简单的,但实际上很少这样做。

空速表校准任务可以通过两种方法来完成:①通过精确测量风矢量和地速的方法;②通过与已知精度的空速指示系统进行比较。使用多种方法进行校准是很常见的,每个方法的结果都可以是交叉的,特别是对于原型机或性能测试飞机而言,高精度要求是必不可少的。

应当指出的是,本节只提及校准空速表的方法,被称为"总压力误差修正校准"(Total PEC Calibration,TPEC)。其他方法单独用于校准静压源,稍后讨论这些方法,而且对于任何仅用仪表飞行的飞机来说也是必不可少的。因为对这些飞

机来说,高度表的精度同样重要。标准[1]通常要求高度表精确到大约每100kt空速为30ft,尽管这可能会有所不同,特别是在通过北大西洋等繁忙航线进行远距离空运必需的缩小垂直间隔(Reduced Vertical Separation Minima,RVSM)[①]情况下。

3.4.1 基于风矢量和地速的方法

3.4.1.1 GPS 跑道法

以下方法是在1999年左右制定的,自那时以来,已在一些项目应用中产生良好的效果[②]。需要的是无湍流条件(任何ASI校准任务的基本条件)、精确的外部空气温度信息、一个GPS装置和近似的风航向数据。

飞机被准确地对准风向,就像天气预报说的那样。在保持恒定的速度和高度的同时,通过稍微改变航向来获得精确的风向。已知飞机在获得GPS地速的最低指示时完全进入风区,注意到这一航向。

飞机的飞行速度范围从稍大于失速速度(FAA 在飞行试验指南 AC23-8 中规定为 $1.2V_S$,本指南实际上是一个世界标准)到至少 V_H(通常是 V_{NE}),GPS 的地速以每增加的指示空速为准。如果空速超过 V_H,则飞机必须下降高度,则记录两个高度之间的时间(通常约200ft,高度变化可能导致真空速与校准空速的关系显著变化),以便在随后的分析中进行修正。

飞机保持恒定的高度,然后(使用 GPS 航向以不受任何磁异常的影响)转到对向航向,并重复这一练习。如有必要(可用空域的局限限制了飞行路径),多圈飞行采用"跑道"法(图3.12)。然后使用如表3.1所列的表来减少数据。

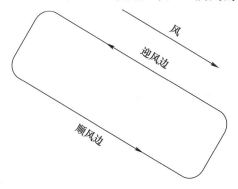

图 3.12　跑道法飞行路线图解

---

① 有关 RVSM 授权的信息库可参阅 https://www.faa.gov/air_traffic/separation_standards/rvsm/documentation/。

② GB Gratton,"使用全球定位系统速度的输出来确定空速测量误差",《航空杂志》第111卷,第1120期(2007年6月),第381-388页。

表 3.1 ASI 校准数据简化表

国际标准大气	迎风地速/kn	每200ft的时间/s	调整的迎风地速/kn	顺风地速/kn	每200ft的时间/s	调整的顺风地速/kn	真空速/kn	等效空速/kn
(a)	(b)	(c)	(d)	(e)	(f)	(g)	(h)	(i)
	GPS	计时表	$\sqrt{(b)^2+\left(\dfrac{118}{c}\right)^2}$	GPS	计时表	$\sqrt{(e)^2+\left(\dfrac{118}{f}\right)^2}$	$\dfrac{(d)+(g)}{2}$	$(h)\times\sqrt{\sigma}$
			或者(b)如果没有下降			或者(e)如果没有下降		
30								
40								
等								

然后将这些数据绘制成 ASI 校准图。人们发现,在合理可行的情况下,至少使用 5 个点,使其尽可能接近失速(因为可能出现低能不连续性,因此希望尽可能少地外推到该潜在不确定区域)。在较高的速度下,上述曲线形态的不连续或显著变化一般都不会出现在 V_H 以上,而且这个区域可以不那么严格地处理。

3.4.1.2 GPS 三角法

GPS 三角法使用了与上面描述的跑道法相似的地速测定方法,但使用了 3 条边,分别相差 120°。当飞机在 3 个航向(而不是航迹),如 50°、170°和 290°上飞行时,必须使用 GPS 装置测量地面速度,因此航向必须使用误差修正罗盘(非GPS)来测量。这些速度称为 V_1、V_2 和 V_3。

V'^2 的平方速度的平均和被计算为

$$V'^2 = \frac{V_1^2 + V_2^2 + V_3^2}{3} \tag{3.11}$$

我们现在对这 3 种地速无量纲化,并将它们分别命名为 a,可以得到

$$a_n = \frac{V_n^2}{V'^2} - 1 \tag{3.12}$$

同样定义另一个工作变量

$$\mu = \frac{a_1^2 + a_2^2 + a_3^2}{6} \tag{3.13}$$

真空速可以表示为

$$V = V'^2\sqrt{\frac{1}{2} + \sqrt{\frac{1}{4-\mu'}}} \tag{3.14}$$

风速可以表示为

$$V_W = V'^2 \sqrt{\frac{\mu}{\frac{1}{2} + \sqrt{\frac{1}{4-\mu'}}}} \tag{3.15}$$

3.4.1.3 盒式航线法

上述三角形方法的一种变换方法是由 J. T. Lowry[①] 独立设计并发表的,称为"盒式航线法"。它在 90°间隔的航向上飞行三边(一条是正北),然后通过三角学(使用 Lowry 的术语,但又没有证据,这可以在参考文献中找到)来确定每一个速度下的真空速。

每个指示空速值记录 3 个地速:g_1(正磁北极飞行)、g_2(磁航向 90°飞行)和 g_3(磁航向 180°飞行)。变量 p、q、α 在计算中使用,并且没有物理意义。

$$p = \frac{g_1^2 + g_2^2}{2} \tag{3.16}$$

$$\alpha = \tan^{-1}\left(\frac{2g_2^2 - g_1^2 - g_3^2}{g_3^2 - g_1^2}\right) \tag{3.17}$$

$$q = \frac{g_3^2 - g_1^2}{4\cos\alpha} \tag{3.18}$$

$$\text{TAS} = \sqrt{\frac{p + \sqrt{p^2 - 4q^2}}{2}} \tag{3.19}$$

风的强度 V_W 可确定为

$$V_W = \left|\frac{q}{\text{TAS}}\right| \tag{3.20}$$

这是一种有效的方法,盒式航线法使用 3 个而不是 2 个速度(通过计算可以减少单个数据中的错误),虽仍然需要比跑道法花费更多的飞行时间,但是不存在三角法意外造成紧急情况的风险。与 GPS 三角法一样,它的缺点是可能由于磁控异常而容易出错。

所有这些基于 GPS 的方法都依赖于飞行在一个恒定的风场内——在测试区域内明显变化的风矢量都会引入一些误差,而这些误差在后期很难消除。对于性能较差的飞机,如大多数轻型飞机和直升机而言,这通常不是问题,但对于

[①] J. T. Lowry,《轻型飞机性能》,ISBN 1-56347-33A-5。

高性能的飞机来说,这是个重要问题。因此高空喷气式飞机的测试,或者几乎任何作战飞机的测试,都必须通过使用专家的气象建议来确保在测试区域内没有明显的风矢量的变化。一般来说,这意味着在压力图上等压线必须是平行的,并且在整个测试系统前方区域内没有干扰。

3.4.2 非 GPS 校法

在 GPS 出现之前,还有其他各种方法,这些方法基本上是上述 3 种方法的演变和前身,这些方法使用了其他的速度测量方法,如地面上的时间、运动经纬仪测量或地面雷达。尽管与更现代的 GPS[①] 使用相比,它们在时间和资源上的准确性和成本都较低,到目前为止都仍然是有效的技术。另一种经常使用的方法是基于空速管引起的压力误差修正(Pressure Error Corrections due to the Pitot,PPEC),所有的显著信号误差都是由静压管引起的。只要空速管保持在飞机前方的干净流场,并且局部迎角较小的情况下,这种假设已经被普遍接受。

3.4.3 方法比较

除了将 PPEC 或 TPEC 作为绝对值来计算之外,另一种方法是将结果与静压的 PEC 系统的结果进行比较,总静压系统的精确度和可信度都很高。这里有两种方法。

3.4.3.1 尾部或前置总静压系统

在风洞中安装校准组合的静压系统,使其尽可能完全避免飞机周围的任何气流影响。这通常意味着要么用电缆和软管把它拖到飞机后面很远的位置,要么把它安装在飞机前面。不管是在什么情况下,空速管和静压管必须与气流对准。这种方法目前仍然广泛使用,从客机到各种轻型飞机都有采用,对许多试验中心,特别是那些涉及战斗机和采用第 25 部适航标准的试验中心来说,这种方法仍然是最常用的方法,在飞机后面的几米甚至几百米处都会放置一个静压圆锥。

在直升机飞行试验中,由于上方的旋翼,很难在飞机上找到一个位置,使动压或静压保持一致的误差。在这种情况下,采用的总静压系统通常被称为炸弹(或有时被校准的直升机称为航空日志)被拖到飞机后面,远离旋翼的下

[①] 已知最早的关于使用地面课程方法的出版物是 F・L・汤普森(Langley 纪念实验室,NACA),《飞机飞行速度测量》,NACA 技术说明,第 616 号,1937 年 10 月。虽然显然不是最近发表的论文,但它所发表的方法与在便携式 GPS 单元出现之前所使用的方法是一致的。

洗影响。显然,这只对具有一定的平飞速度时有用,而在悬停时并不特别有用①。

对于直升机和飞机的测试,通常需要回收尾置的日志、炸弹或圆锥体,还需要满足工程费用和技术的挑战。

这种装置有时使用,特别是用于前置组合式总静压系统的装置是基尔探针(也称为基尔管),它将空速管放置在通风的喇叭形外管内(类似于开放截面风洞的进气口)②。这保证了空速管的优点,即空速管不应该受到大迎角或侧滑值的影响。图3.13显示了X-31飞机上的基尔探针,该探针将其用作主要空速参考,因为该飞机迎角变化范围大,但当基尔探针结冰导致无信号输入到飞行控制系统并引起飞控失效③时,飞机本身就会失去控制。

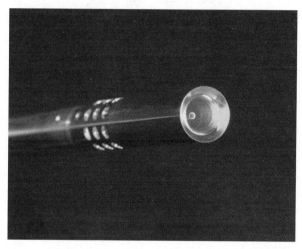

图3.13　X-31飞机上的基尔探针(封闭的空速管)(由NASA提供)(见彩图)

3.4.3.2　编队方法

这种方法很简单,但很贵。要求待校准飞机与另一架校准状态良好的飞机组成编队飞行。在20年中,XT597,麦登纳-道格拉斯幻影 II FG1 飞机在位于英国博斯坎普城的航空与飞机实验研究所(Aeronautical and Aircraft Experimen-

---

① 对直升机飞行测试有浓厚兴趣的读者可参阅阿拉斯泰尔·库克和埃里克·菲茨帕特里克的著作《直升机试验和鉴定》(威利2002)国际标准书号 978-0632052479。

② Keil G,《对偏航敏感度较小的全头测量仪》,NACA技术备忘录第775号,华盛顿1935年8月。

③ 美国宇航局2012年出版的《打破灾难链:人为因素的教训——研究、飞行试验和开发中的航空航天事故和事件中吸取的教训》(ISBN 978-1782662464,也可从美国宇航局网站免费获得)一书对这一事故和其他几个值得借鉴的事故进行了描述。

tal Establishment,A&AEE)用于校准,参加了大多数英国军用飞机或类似的超音速计划,尽管它在20世纪90年代退役(其发动机最终用于超音速"推进者"赛车)。但该方法仍在使用,特别是用于超音速飞机的SPEC校准。

有一个住在空中的恶魔。人们说,谁挑战他,谁就会死。他会让控制装置冻结,飞机会剧烈震动、解体。这个恶魔以1mach的速度生活,700mile/h,空气再也无法离开。他住在一道屏障后面,人们说任何人都不可能通过。他们将其称之为音障。

——汤姆·沃尔夫,《正确的东西》

3.5 马 赫 表

对于性能较高的飞机,空速的另一种表示方式是相对于音速的比值,称为马赫数,可表示为

$$M = \frac{V}{a} \tag{3.21}$$

就像空速表一样,马赫表同样依赖于动压和静压。该装置本身在物理上类似于空速表,但包含2个压力囊,能够确定绝对的动压和静压,然后通过机械传动机构将这两个值转换为马赫数的刻度指示(图3.14)。越来越现代化的航空公司和高性能的军用飞机现在以电子方式模拟这种效果,但整个系统的基本工作方式并没有改变。

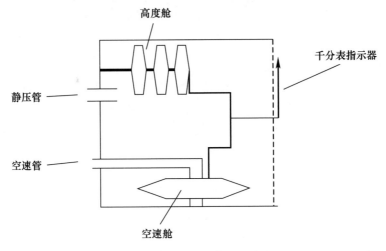

图 3.14 机械式马赫表的工作原理

注:马赫简介

恩斯特·马赫(1838—1916),捷克出生的物理学家,他早年的工作是研究光的影响,尽管后来他在研究声音的传播方面取得了进展。在1877年高速投影设备问世之前,马赫采用数学方法预测了激波的存在,激波的形式取决于被称为马赫数的比值V/A。马赫同时也是有关物质构成块的原子理论的积极反对者。

3.6 显示空速限制

即使使用玻璃座舱(阴极射线管或液晶显示器),空速也可以使用模拟显示(图3.15),试飞经验表明,虽然空速的数字显示可能是一个有用的补充,但这种显示方式需要更长的时间来转换,而且也不能直观地反映空速的变化,更不能明显地说明当前空速和限制空速之间的裕度。那个更经典、标记更清晰的刻度盘或刻度条却能做到。

图3.15 典型的空速表(见彩图)

可以看出,通常的惯例是单针指示,从垂直向上位置的零位向顺时针方向旋转。指示单位标记在刻度盘上(最可能遇到的单位是kn、m/h或km/h。理论上用"kn"表示空速是世界范围的航空标准,但实际上只有在西方国家的大型商用飞机才是如此)。

通常,表盘上还包括一个显示空速限制的标牌。显然,这些值可能会随飞机的重量、配置或飞行高度而变化,正常的情况是显示出最保守的限制,尽管对于那些可能在各种构型或不同重量下内运营的飞机(主要是客机或者高速喷气式飞机)来说,会使用更为复杂的仪表,用来显示限制值随重量或者构型而变化的数值。现代电子飞行信息系统(Electronic Flight Information System,EFIS)或"玻璃座舱"系统使这一过程变得相对容易。

表盘上还有各种颜色的标记分别对应于飞机在指示空速下的操作限制,主要包括:

(1) 白色弧线:显示襟翼的安全范围,从 $1.1V_{SO}$ 到襟翼最大速度(V_{SO} 是在着陆构型下最大起飞重量(Maximum All Up Weight,MAUW)的失速速度)。

(2) 绿色弧线:显示了巡航构型的速度安全范围。从 $1.1V_{S1}$ 开始的巡航状态(在 MAUW 这种情况下,V_{S1} 是在巡航状态下的失速速度)到在扰动气流中的最大推荐速度(通常是 V_A、V_B 或 V_{NO} 取决于飞机和设计原则)。

(3) 黄色(或琥珀色)弧线:显示了空速范围,应谨慎操纵——精确的操纵取决于飞机的类型和级别。

(4) 红色径向线:用于定义 V_{NE},表示允许的最大空速,用于特定飞机的设计。

(5) 蓝色径向线:对于大多数多发飞机来说,蓝色的径向线是当关键发动机失效后的最佳的爬升速度(或者更确切地说,满足单发爬升的适航性能要求的速度)。

(6) 第二条红色径向线:对于滑翔机或者动力滑翔机而言,这是最佳的爬升速度 V_Y。在其他一些飞机上也可以使用标记,也表示为 V_Y。但在这种情况下,认证团队的成员通常是自行酌定的,而不是通常由条例规定。对于许多多发飞机来说,这是最保守(最高)的 VMC 值——最关键发动机失效时的最小控制速度。

最后,应该指出,如图 3.15 所示,ASI 显示的这些彩色标记是在表盘上的,而不是覆盖玻璃上的。这是减少由于视差误差引起的仪表误读最常见的方法,尽管对于单人制座舱而言,相对于飞行员设计眼睛位置仔细地定位标记是一种可接受的替代选择。同样,EFIS 也忽略了这个问题,但大多数飞机仍然使用模拟表盘作为主要参考,而且如果只是作为计算机故障的应急备份的话,几乎所有飞机都在驾驶舱中使用模拟表盘。然而,这些刻度盘很可能被放在驾驶舱的任何角落,所以视差往往是一个严重的问题。

3.7 气压高度表

与空速测量相比,高度测量相对简单。连接到静压管的高度表只是一个绝对压力计(或气压计)。通常情况下,机壳内部与静压管相连,在机壳内是一个真空膜盒(类似于以前讨论的机械表),该真空膜盒是密封的,并随静压变化发生膨胀或收缩。该装置连接到一个齿轮机构和一个或多个指针。图 3.16 给出了两个已安装的双指针高度表示例。机械装置类似于时钟:"大针"显示百英尺,"小针"显示千英尺。而在一些飞机上(即那些预计在 10000ft 以上飞行的飞机),第三和更小的指针可能显示数万英尺。虽然某些国家可能用"米"(m)来表示高度,但几乎总是以"英尺"(ft)来表示高度。

图 3.16　典型的高度表(见彩图)

值得注意的是,这里的高度表(与大多数这样的仪表一样)也有一个小的"亚尺度"窗口,这是为非 ISA 条件允许的。实际上,海平面气压很少等于 1013.25hPa。高度表在飞行中设置,允许不同的标准压力的设定,视当时的情况而定。在世界大多数地方,这种设置是在 hPa(或 mb,两者相同),但在一些国家,要么是毫米汞柱(mmHg,标准值 760mmHg),要么是英寸汞柱(in·Hg,标准值 29.92in·Hg)。这些设置指的是"Q 码",它是早期航空时代的遗留物,当时莫尔斯电码传递了大量信息,特别是导航信息是以"Q"开头的 3 个字母代码描述的。与高度表设置有关的是:

(1) 标准气压高度(Query Normal Elevation,QNE):标准的 ISA 高度表设置(1013.25hPa,760mm·Hg,29.92in·Hg)。通常是由那些在过渡高度以上运营的飞机选择,也用于定义飞机的飞行高度。

(2) 标准机场高度(Query Field Elevation,QFE):它对于飞行试验结果也是常见的,除了使用 QNE 来表示机场相关的性能外,在查看这些结果时,通常可以假设,除非另有说明。

(3）机场修正海平面气压高度（Query Normal Height，QNH）：这是在一些国家（主要是英国）使用的机场高度表设置，显示在活动跑道的最高点为零。

这是一个本场的高度表设置，以便高度表能够正确地读取响应机场的平均海平面以上高度（AMSL）。这通常被简单地称为"QNH"或在北美称为"高度表"，通常会以"英寸汞柱"（inHg）表示。

（4）区域气压设置（Regional Pressure Setting，RPS）：地理区域的 QNH 值，通常用于过渡高度以下的飞行分离。例如，在两个机场之间，飞行在 2000ft 的飞机使用同一高度设置，其中转换高度设置为 3000ft，而在跨区域气压设置中设置区域 QNH。

对于电子高度表来说，所有这些变化，除了传感、指示和子刻度设置为电子形式以外，其他的都还是机械式的。

高度表设置的主要适航性影响（除了 5.9 节讨论的精度之外）是从飞行员的设计眼位上必须保持对子刻度窗口清晰可见，旋钮设置必须可由一名固定在他的座位上的飞行员快速而有规律地操作（此外，它必须坚固到足以让那个飞行员快速且偶尔笨拙地操作）。图 3.17 给出了高度表的典型机制。

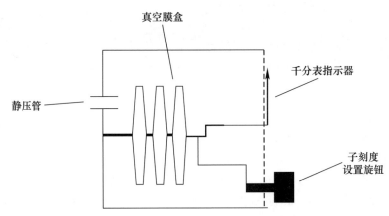

图 3.17 高度表内部机制图解

3.8 高度表/静压系统校正方法

有多种方法可以用于校准高度表或静压系统（实际上，用来确定静压误差修正（Static Pressure Error Correction，SPEC））。其中包括：

(1)地面校准。地面校准可以作为单点校准(针对已知良好的高度表),或使用连接到仪表的静压端口的校准测试集进行多点校准。然后确定高度表本身和设备中存在哪些误差可以被接受、调整或拒绝。

但如果整个飞机系统的误差已知,地面校准仅用于确定飞机静压误差修正。实际上,它只提供了关于座舱仪表本身的有用信息。尽管如此,这是对所有经认证的飞机在持续适航范围内的例行行动。

(2)无液/飞越法。将灵敏和校准的压力计(通常是膜盒式气压计)放置在一个绝对已知高度的塔架上(通常是机场控制塔)。然后飞机尽可能接近塔架,并以一定的速度和构型飞过。显然要求飞行具有很高的精度。因此在飞行认证的早期阶段可能不适合进行此类低空飞行试验。

从一个已知点(或者更好的情况为两个已知点)用高速摄像机拍摄飞机飞过塔架。通过对胶片的分析(并通过三维三角分析确定飞机的确切位置),可以精确地确定飞机相对于塔架上气压计的高度。将飞机的已知高度(即通过摄影分析调整的塔上气压计高度)与座舱仪表显示的高度(以及非常准确的 SPEC 测定,与飞机静压管连接的精确膜盒式气压计高度)进行比较。通过简单的数据简化就可以确定 SPEC。也可以通过假设 PPEC 可以忽略不计,使用这种方法来确定 TPEC。但可能需要一些理由来说服主管认证机构 PPEC 实际上是零。对于仅通过参考仪表而获得飞行认证的飞机来说这种方法不太可能被认为是可靠的。

(3)编队飞掠法。编队方法已在前面介绍过,可作为一种 PPEC 测定方法。如果有一架 SPEC 是已知的高度可信的飞机,那么就有可能使用编队飞掠法来确定 SPEC。

具体使用的方法是,两架飞机中速度较慢的一架在静止的空气中保持稳定的飞行高度,同时提供一些信号,使较快的飞机(最初定位在较慢飞机的后面)在烟雾、差分 GPS 或空对空塔康(VOR/DME 的一种军用变种)的信号引导下能够在空中形成编队。保持(视觉上通过编队参考)相同的高度,但横向分离,确保周围的气流不影响另一架飞机的静压信号源。

在飞越点,每架飞机记录显示的高度(或最好是与每架飞机的静压数据相连的准确膜盒式气压表读数)。因此,通过以不同的速度(如果合适的话,也可以用不同的构型)进行测试,就有可能构建出两者 SPEC 差异的图表。然后,可以调整已知飞机的 SPEC 数据,为正在鉴定的飞机提供 SPEC 数据。

这种方法既昂贵又费时,但几乎是确定超音速飞机 SPEC 的唯一可靠方法。

(4)尾随静压方法。这属于 3.4.3.1 节所述的尾部或前置总静压方法。与其他比较方法一样,数据缩减是基于与已知的尾随静特性的比较(通常使用风洞进行校准)。

注:GPS

GPS测量几何高度,而高度表测量气压高度。除了小的修正外,假设GPS高度与气压高度之间具备一致性或可预测的关系是不恰当的。因此,不要试图使用GPS直接校准高度表,或作为备用高度表。但结合良好的地图数据,GPS对于地形的规避是非常有价值的。

3.9 最低精度的考虑

大多数适航标准(当然,所有飞机的适航标准都可能仅参照仪表进行飞行,其中包括第25部适航标准和第23部适航标准),要求对静压系统和高度表的组合进行最低精度论证。这是为批准有关飞机型号而采用的适航标准[①]。然而,以下应当是对大多数适航要求的合理指南,而且所有这些都可能需要作为适航批准程序的一部分进行测试:

(1) 静压源不应受到舱门或窗户(可能在飞行中打开)的影响,也不应受到如减速板、襟翼、机舱增压、防冰设备或可收放起落架等装置操作的影响。

(2) 在 $1.3V_{S1}$ 以上,任何初级测高系统必须精确到每 100kn EAS ±30ft 以内,或 ±30ft,以较大者为准。

(3) 如果提供备份高度表或静压系统,则主系统的精度必须在 ±50ft 以内,除非生成校正卡并可用。

(4) 如飞机获批准在仪表气象条件(Instrument Meteorological Condition, IMC)下飞行,那么上述规定也必须适用于机身上的积冰情况。

(5) 在静压管的最低点,应该始终有一种方法来排掉积聚的水分。

3.10 关于电子设备的说明

上述关于空速和高度测量的描述都采用了机械装置,其中大多数装置在至少70年内保持不变。慢慢地,电子革命产生了效果——现代的客机如767或A320,甚至是最新的塞斯纳172型,主要是使用电子传感器来模拟静压系统,而最新版本的F-16战斗机第60批次,也完全用电子系统取代了以前型号的经典静压系统。同样,许多轻型和微型飞机也越来越多地使用低成本(更为重要的是低重量)电子飞行仪表。

---

① 在民用适航标准中,大概是在第1325段。

然而，IAS、CAS、EAS 和 TAS 以及高度表子刻度设置等经典概念仍然同样有效，这些系统正在模拟机械仪表，它们在数据来源和分析方面没有做任何新的工作。因此，在评估这些仪表时，应同样对待。

虽然如此，新的适航问题也将在这些设备上出现，如电子显示器在明亮的阳光下的可见性，意味着提供航速限制的颜色标记、设备本身及其电源的可靠性。虽然电子装置提供的重量和灵活性的优点很有吸引力，但我们必须记住，电子系统的日益复杂和相互关系意味着适航批准任务变得更重，而不是更小。

3.11 实例问题

3.11.1 TPEC 的测定

分两部分介绍：①适合于普通飞行员使用的方法；②类似于赛马场方法的相关数据约简表。

3.11.2 SPEC 的测定

为悬停到 120kn、机身安装静压端口和可收放起落架的直升机，生成用于塔式飞掠/无翼 SPEC 确定的方法、指令和数据简化表。

3.11.3 一般静差系统问题

图 3.18 给出了法恩伯勒 F-1 飞机的设计草图，这是一架预计的 6 座涡浆通勤飞机。

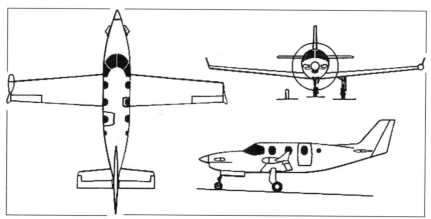

图 3.18　法恩伯勒 F-1 飞机设计草图

估计性能如表 3.2 所列。

表 3.2 估计性能

最大运行速度(V_{MO})	285kn
FL300 高速巡航	324kn
FL300 的远距离巡航速度	225kn
设计操纵速度(V_a)	150kn
失速速度(襟翼和起落架放下)	59kn
到 FL250 的时间	10min
使用升限	35000ft

资料来源:简式飞机大全。

(1) 绘制构型草图,并指出适用于该飞机的单工主总静压系统的适当仪表范围。

(2) 有必要校准该飞机的总静压系统。描述执行此操作的适当程序,列出需要的设备。无需显示计算结果,但必须简要说明在每个阶段需要进行的计算。

(3) 对于(2)中描述的方法(或者如果您已经编写了几个部分,方法的单个部分,如 TPEC 校准),请编写机组人员应遵循的程序,包括需要手动记录的数据列表(假设没有自动数据记录)。

3.12 实例问题的解决方案

1) ASI 的双边机载校准方法

需要的资源:

(1) 一个工作的 GPS,可以读取地速,并以 kn 和(°)为单位跟踪磁北方向。

(2) 当前校准中的飞机罗盘。

(3) 罗盘校准卡。

(4) 室外空气温度计。

为了采用这种方法,飞机必须在稳定的空气中定位,在高度表上设置 1013.25hPa(29.92inHg),并建立在一个稳定的航向上。然后,飞机应以可维持受控水平飞行的最低速度建立飞机初始状态。

然后,使用一个表格,如表 3.3 所列,在此速度下记录数据,并以 10kn 的增量提高空速,直到记录最大速度数据,而在这段时间内高度损失不会超过 200ft,如果高度损失,则在每下一个测试点之前返回到原始高度。

表 3.3 数据记录表

飞机:		日期:	飞行员:
测试高度:(1013.25)	OAT:	ASI 单位:	正磁航向:
IIAS	GPS 地面速度/kn	GPS 轨道/(°)	下降 200ft 的时间/s
			等…

接下来,将飞机转向另一个航向,重新稳定速度和高度,并以相同的指示空速重复试验。

飞行后,必须使用表 3.4 和表 3.5 压缩数据。

表 3.4 数据简化表

ISA	RAW 数据			计算		RAW 数据		计算	
	Hdg_1	GS_1	Trk_1	$Hdg_1 - Trk_1 = \delta_1$	$\cos\delta_1$	Hdg_2	GS_2	$Hdg_2 - Trk_2 = \delta_2$	$\cos\delta_2$
kn	(°)	kn	(°)	(°)		kn	(°)	(°)	

注:1. Hdg:航向,地磁度;
   2. GS:地速,节;
   3. Trk:航迹,地磁度。

表 3.5 开发数据简化表

(a)	(b)	(c)	(d)	(e)	(f)	(g)	(h)	(i)
IAS	GS1 − GS2	$\dfrac{GS1}{\cos\delta 1}$	$\dfrac{GS2}{\cos\delta 2}$	(c) ~ (d)	地上 TAS = (b)/2(e)	空中 $TASr = \sqrt{(f)^2 + \left(\dfrac{118}{(t_{200})}\right)^2}$	CAS = (g)*$\sqrt{\sigma}$	EAS = (h) + 从表中得出的修正数据
kn	kn				kn	kn	kn	kn

相对密度 σ 应该使用 ISA 表,从相对压力 δ 和 OAT 计算,它被计算为

$$\sigma = \delta \frac{\text{OAT}(K)}{\text{OAT}_{\text{standard}}(K)}$$

式中:$\text{OAT}_{\text{standard}}$ 为在测试标准压力高度的 OAT 值,如 ISA 表所列。

这应该被绘制出来:列(a)为 IAS,列(h)为 EAS,以生成 ASI 校正图。

2) SPEC 的测定

应查明影响这一程序的主要问题,这些问题是:

(1) 该飞机具有可收放起落架,可能影响静压误差。

(2) 飞机的速度在 0~120kn 之间。

(3) 正在测定的静压系统。

还应查明所需的特殊设备,即

(1) 飞机:总静压系统完全可用并具有代表性。

固定在静压管上的精准膜盒式气压计。

(2) 塔架:在已知高度上的精准膜盒式气压计。

(3) 外部:安装一个摄像机(或多个摄像机),明确区分和缩放直升机相对于塔架的垂直位置。现场勘测信息,使摄像机数据准确地用于确定摄像机和直升机的相对垂直位置。

注:可接受的替代办法是使用摄像机来确定摄像机和塔的相对位势高度,即在每个和/或一个 DGPS 联合系统中使用单独的 GPS 接收器,或只要保证差分 GPS 系统的精确度和足够高的记录频率,以及同步和确定塔的飞越点的方法。

首先,学生应该制定与下面列出的程序类似的程序(测试的确切顺序和间隔不是关键,但数据要求是关键的)。

步骤1 在起落架放下的情况下,将飞机悬停在塔架附近(平稳风),记录以下信息:

(1) 直升机膜盒式气压计读数(在飞机上)。

(2) 塔架膜盒式气压计读数(塔架)。

(3) 温度(通常在塔架上,以便确定密度)。

(4) 使用照相机拍摄塔架及直升机的照片,或塔架和直升机的 GPS 位势高度。

步骤2 飞机从塔架上飞离,然后定位并以 10kn 的速度飞越,在数据采集点(膜盒式气压计读数)传输(与塔架和摄像机同步,摄像机还必须记录步骤 1 中的数据)。

步骤3 以 20kn、30kn、40kn、50kn、60kn 指示空速重复上述步骤。

步骤4 收起起落架,重新在塔架旁盘旋,重复步骤 1。

步骤 5 以 20kn、40kn、60kn、80kn、100kn、120kn 指示空速重复步骤 2。

然后,学生应该正确识别数据压缩的程序(教师可能更愿意要求提供示意图,或者完整的数据压缩表)。下面是一个示意。

对于每一个 IAS/起落架收放,应提供下列数据:

(1)塔式膜盒式气压计标准高度(sHpT)——通过颠倒 ISA 压力高度公式获得。

(2)飞机膜盒式气压计标准高度(sHpA)——同上。

(3)塔架和飞机之间的相机角度校正(或 GPS 位势高度的差异)——后面的三角测量是微不足道的,这里没有给出。

计算每个数据的 SPEC:

(1)在 SHpA 中增加/减去塔架和飞机之间的高度修正,给出标称指示压力高度 SHpA′。

(2)计算 $\delta H_{IND} = sHpT - SHpA'$。

现在画两个图,分别与 IAS 和 δH_{IND} 相联系,一个为起落架收起,一个为起落架放下,说明"在任何给定空速下的实际气压高度",将 δH_{IND} 增加到高度中。

如果这两个图是重合的,它们可以组合在一起。

(1)一般的静压系统问题。

如图 3.19 和图 3.20 所示。

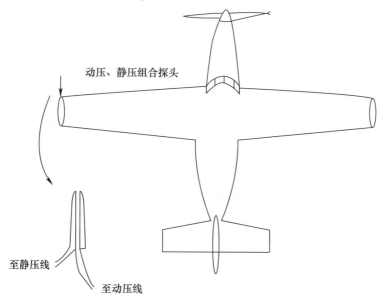

图 3.19 静压系统位置

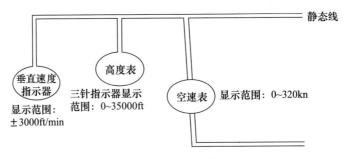

图 3.20 静压系统构型设计

注:机械表,$V_{MO} = 285\text{kts} = 146.5\text{m/s}$ CAS

飞行上限 = 35000ft

在 ISA 表格中,$T \approx 219\text{K}$。

$$c = \sqrt{\gamma RT} = \sqrt{1.4 \times 287 \times 219} = 297\text{m/s}$$

$$M_{MAX} \approx \frac{146.5}{297} = 0.49$$

由于压缩性效应开始发生在 0.6M 以上,所以在这架飞机上可能不需要一个机械表。

(2) 总压误差修正的确定。

跑道法。飞机是建立在迎风方向(如最低 GPS 地速所示),调整到恒定高度。然后,以一系列的空速飞行,从稳定飞行中可能达到接近 V_S 到至少 V_H(水平飞行中的最高速度)。对于原型系统而言,空速应该扩展到 V_{NE}。在速度范围内均匀分布的每一个速度值(至少 5 种,也可能是 7 种以上的条件)上取标准压力高度,即室外空气温度(Outside Air Temperature,OAT)、指示空速(Indicated Airspeed,IAS)、GPS 的地速等应该被记录。然后,飞机应该(使用 GPS 航向)转到相反航线上,并使用相同的高度/IAS 条件进行顺风飞行。如果超过 V_H,那么必须使用秒表和高度表来确定下降率。

对于每一个 IAS 条件,应该平均 2 个地速,给出真实的空速(TAS)。这应该乘以相对空气密度的平方根($\sqrt{\sigma}$)。如果飞机超过了 V_H,就应该进行校正,使用下降率给出飞行路径 CAS。然后针对 CAS 绘制 IAS,为 TPEC 绘制一条曲线。

(3) 静压误差修正的确定。

塔架飞越法。飞机静压系统要连接到一个精确的膜盒式气压计上,该装置能够在飞行员确定的时间内进行读数。一个类似的膜盒式气压计被放置在一个已知高度的塔架上,定位于飞机可以飞越的地方。飞机以一定的速度(与飞行试验安全相称的最大速度)飞过塔架,使飞机和塔架尽可能接近同一高度。在每一次飞行中,都必须使用远程摄像机来测量塔架和飞机之间的角度差,然后用三角学知识将其转换为高度差。对于每个试验条件,都要计算塔架——膜盒式气压计和飞机——膜盒式气压计的指示高度差。由此,可以根据高度误差得到SPEC,并作为空速的函数。

第 4 章 飞 行 包 线

当涉及测试新飞机或确定某型飞机的最大性能时,飞行员喜欢谈论如何推动飞机飞行。所以,他们总是试图将飞机飞向飞行包线的右上角。每个人都尽量不去想的是,这也是飞机失去正常姿态的区域。

——瑞克·亨特上将,美国海军

摘要: 飞行包线是衡量飞机速度—法向加速度的一个区间范围,它定义了飞机在没有重大结构故障风险的情况下安全飞行的条件。它由突风包线以及其他一些操作限制条件决定。其中,突风包线定义了在湍流条件下操作的空速和法向加速度的安全范围。本章介绍为任何给定的飞机计算这些条件的方法,以及相关民用适航标准认为的最大可接受值。

4.1 引　　言

飞行包线(或 V-N 图)表示飞机在飞行过程中不出现操纵问题或过载风险的情况下,可能的速度和法向加速度的范围。实际上,在"飞行包线"这个通用术语的括号中,可以看出有 2 个主要的包线需要考虑,它们分别是"机动包线"和"突风包线"。

机动包线是指飞机在静止的空气中可以在不过载的情况下进行操纵的条件范围。实际上,设计团队可能需要根据现有构件(襟翼、前缘缝翼等)的数目来设计多种这样的包线,这些条件的组合可能会影响飞机的升降特性。但是,在这里只假设一个包线对于讨论如襟翼等高升力装置的影响就足够了。

一旦确定了机动包线,就必须进一步计算出突风包线,这是一系列的情况。突风包线不可避免地比机动包线窄,飞机可以安全地操作,而不会因可能发生的任何合理的可预测突风而承受很大过载或失去控制的风险。

当飞机投入使用时,最终施加在飞机上的操纵限制主要基于机动包线和突风包线的组合,但其他限制也包括在内,如 V_{RA}(在恶劣空气中的建议飞行速度),或滑翔机的设计起飞速度,V_T 和 V_W 等,这些在本章的最后讨论。

4.2 构建机动包线

如图 4.1 所示,全飞行包线是垂直轴上的法向加速度和水平轴上的等效空速关系图。包线通常是基于最大起飞重量设计的,但是如果需要一系列包线,也可以根据不同的重量设计不同的包线(一些军机制造商已经尝试将其自动化,并取得了不同程度的成功)。

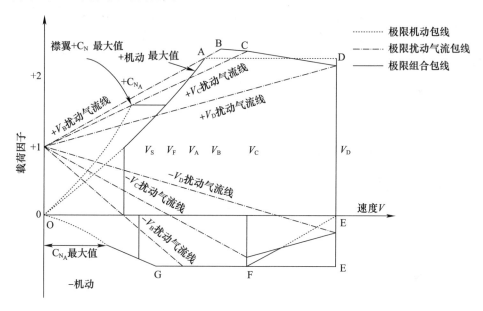

图 4.1 典型的基本飞行包线图(摘自 CS-23)

在包线的设计中,最重要的任务是定义法向加速度限制和最大设计速度(V_D)。

除了在特技飞机或战斗机中,为了寻求特别高的法向加速度限制,设计师可能会在对其进行特殊设计之外,将法向加速度(n_Z 或 g)极限设置为适航标准允许的最小加速度(表 4.1)。有 4 个法向加速度限制,即

(1) n_1 为在最小速度下最大正法向加速度。

(2) n_2 为在最大速度下最大正法向加速度。

(3) n_3 为在最大速度下最大负法向加速度。

(4) n_4 为在最小速度下最大负法向加速度。

(通常,$n_1 = n_2$,$n_3 = n_4$,但这种情况并不是普遍的)。

表 4.1 通航适航标准中的飞行包线需求

	$n_{1\min}$	$n_{2\min}$	$N_{3\min}$	$N_{4\min}$	$V_{D\min}$	V_A	注释
第 25 部适航标准(335,337)	大于 2.5,或等于 $2.1+\left(\dfrac{24000}{W+1000}\right)$,但不超过 3.8		-1.0	0.0	$1.25V_C$	$V_{S1} \cdot n_C$,不超过 V_C	W 为最大起飞重量,单位为 lb, V_{S1} 为收襟翼,具体见注解(1)和(5)
第 23 部适航标准,特技飞行(333,335,337)	6.0		$-0.5n_1$	-1.0	$1.25V_C$,$1.55V_{C\min}$	$V_{S1}\sqrt{n_1}$,不超过 V_C	具体见注解(1)~(4)
第 23 部适航标准,典型的通勤飞机(333,335,337)	大于 2.5,或等于 $2.1+\left(\dfrac{24000}{W+1000}\right)$,但不超过 3.8		$-0.4n_1$	0.0	$1.25V_C$,$1.40V_{C\min}$	$V_{S1}\sqrt{n_1}$,不超过 V_C	W 为最大起飞重量,单位为 lb,机翼面积单位为 ft^2,具体见注解(1)~(4)
第 23 部适航标准,通用(333,335,337)	4.4		$-0.4n_1$	-1.0	$1.25V_C$,$1.50V_{C\min}$	$V_{S1}\sqrt{n_1}$,不超过 V_C	具体见注解(1)~(4)
CS.VLA	3.8		-1.5		$1.25V_C$,$1.40V_{C\min}$	不小于 $V_{S1}\sqrt{n_1}$,不超过 V_C	V_C(单位为 kn)最低为 $4.7\sqrt{\dfrac{Mg}{S}}$ $[V_{C\min}]$
第 22 部适航标准,通用(333,335,337)	5.3	4.0	-1.5	-2.65	$18\sqrt[3]{\left(\dfrac{W}{S}\right)\left(\dfrac{1}{C_{d\min}}\right)}$,动力滑翔机为 $1.35V_H$	$V_{SI}\sqrt{n_1}$	重量单位为 $daN^{①}$,速度单位为 km/h,具体见注解(6)
第 22 部适航标准,特技(333,335,337)	7.0		-5.0		$3.5\left(\dfrac{W}{S}\right)+200$,动力滑翔机为 $1.35V_H$	$V_{SI}\sqrt{n_1}$	重量单位为 daN,面积单位为 m^2,速度单位为 km/h
BCAR 适航要求 S 节(335,337)	4.0		$-1.5^{①}$	-2.0	$1.4V_C$	$V_{SI}\sqrt{n_1}$	重量变化受控的轻型飞机不能维持反向过载,因此需要单独考虑。他们同样表现为 O-A 曲线的非平方律

① 1 daN = 10 N。

续表

	n_{1min}	n_{2min}	N_{3min}	N_{4min}	V_{Dmin}	V_A	注释
① 为简单起见,假设所有的设计者使用 BCAR 适航要求的第 S 章,并假设 $n_3 = -0.2$							

注:1. 在不超过一个较小值的情况下,第 23 部、25 部适航标准分别允许较小的载荷因子;

2. 第 23 部适航标准要求 V_C(单位为 kn)至少为 $X\sqrt{W/S}$,其中 $X=33$(对于特技飞行为 36);机翼载荷(单位为 lb/ft^2)为 20,X 可以随 W/S 的增加线性减小,当 $W/S=100$ lb/ft^2 时,$X=28.6$;

3. 在第 23 部适航标准中确定 V_D 的最小值时,因子系数从机翼载荷 20lb/ft 的标称值减少到 100lb/ft 时的 1.35;

4. 第 25 部适航标准和 FAR-23 部适航标准允许根据 20s、7.5°下降俯冲的马赫数增加和 1.5G 过载拉起满足另一套标准,不考虑 V_D 的最小值要求。当发动机小于 75%(往复式)或 MCP(涡轮)或 PFLF 在 V_C 时,V_C 和 V_D 之间的最小差别必须至少为 0.05mach(或通勤飞机为 0.07mach)(第 23.335 (b)(4)段);

5. 第 23 部适航标准允许根据 20s、7.5°俯冲马赫数的增加和 1.5G 的拉升满足另一套标准,不考虑 V_D 的最小值要求。V_C 和 V_D 之间的最小差别必须至少为 0.07mach(或不少于 0.05mach,其中包括自动系统的分析显示不会超过 V_D)(第 23.335(b)(4)段);

6. 第 22 部适航标准进一步要求设计气动牵引速度 V_T 不应小于 125km/h 和设计绞车起飞速度 V_W 不应小于 110km/h。由于没有其他标准适用于绞车或牵引,因此如果需要证明滑翔机适合 FAR-23 部标准,这些将是有用的工作价值

最大设计速度 V_D 通常是飞机的一个设计参数,其计算不在本书的范围之内。然而,定义最大设计速度 V_D 的因素值得适航工程师了解。作者在下面列出的清单是必须了解的,但不是全部问题:

(1) 计算出的机翼扭转发散速度(应用了一个大的安全系数,至少 1.5)。

(2) 鸭式(或偶尔尾翼)扭转发散速度(同样的因素)。

(3) 将纵向静态稳定性降低到几乎不能接受的水平。

(4) 机翼阻力。

(5) 前座舱盖的破裂载荷。

(6) 副翼翻转速度。

(7) 预期的抖振发作。

(8) 飞机的阻力特性根本不会让它飞得更快(通常取决于支撑飞机的支柱或缆索)。

(9) 抗鸟击的极限。

(除了数字限制外,这些图表在适航性标准之间并没有变化,可以被认为同样适用于大型(第 25 部适航标准)飞机,或小型(第 22 部适航标准和超轻型)飞机以及军用飞机。对于轻型飞机或者超轻型飞机而言,除非性能比较好,否则不会考虑突风载荷。)

另一个术语,即设计巡航速度 V_C,可能与确定包线的形状有关。V_C 的值本身并不在于飞机在飞行中的巡航速度,尽管它可能被适航性限制,但它只是一个设计参数,它与 V_H 之间的关系如表 4.1 所列。

这些初始设计限制是在 $g(N_Z)$ 与空速(EAS)的比例上绘制的,如图 4.2 所示。

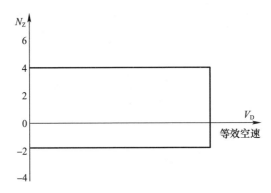

图 4.2　初始飞行包线,标出了法向加速度限制和最大设计速度

下一个要确定的值是失速速度 V_S。在设计阶段,这是基于空气动力学方法估计的,而且

$$V_S = \sqrt{\frac{2W_{max}}{\rho_0 S C_{Lmax}}} \tag{4.1}$$

式中:C_{Lmax} 为整架飞机,而不仅仅是机翼(两者都是飞机设计的函数)。

简单地从升力方程出发,假设最大失速速度(V_S,EAS 中的最大失速速度)发生在 MAUW(W_{max}),且当机翼俯仰姿态为 $C_L = C_{Lmax}$ 时。为了当前的目的,我们把这个称为 V_{S1},意思是在巡航构型时的失速速度,它是操纵包线中最重要的部分。

将失速速度显示在 V – N 图上,如图 4.3 所示。

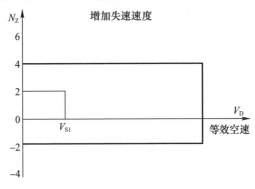

图 4.3　包含最大失速速度的 V – N 图

现在,这个失速速度值必须使用外推法求得,最常用的方法是

$$V_S = V_{S1MAUW.1g} \left(\frac{W}{W_{max}} N_Z \right)^{1/2} \tag{4.2}$$

这又是一个升力方程的简单修订形式。应该指出的是,实际上式(4.2)只适用于完全刚性的机翼,而这种机翼是不存在的。在大多数情况下,式(4.2)仍然有效,但对于特别柔性机翼(如罗加洛翼轻型飞机或悬挂式滑翔机),它是不适用的。在撰写本书时,理论上并不存在这种关系,但尽管如此,可接受的经验表明,对于这种柔性机翼,在失速速度随飞机重量呈非平方律变化的情况下,使用的关系(恢复为文登 - 沃尔特斯方程)可表示为

$$V_S = V_{S1MAUW.1g} \left(\frac{W}{W_{max}} N_Z \right)^{C_{Ae}} \tag{4.3}$$

式中:C_{Ae}为机翼的启动弹性系数,对于一个有效的刚性机翼,它的值是 0.5,对于一个随着载荷的增加而 $C_{L\,max}$ 减小的机翼,它的值在 0.5 ~ 1.0 之间;典型的罗加洛机翼的值在 0.65 ~ 0.82 之间。小于 0.5 的值意味着机翼随着载荷的增加而 $C_{L\,max}$ 增加的飞机,这可能适用于具有中等机翼负扭转的前掠翼飞机,如 X - 29 试验喷气式飞机(图 4.4)或 ASK - 13 滑翔机(图 4.5)。请注意,如果有理由怀疑 O - A 扇区有一条非平方律曲线,那么就有必要在尽可能大的载荷范围内进行失速试验,同时利用不同的飞机重量、不同法向加速度下的失速,共同修正关系并针对特定的飞机决定飞机机翼的启动弹性系数。

图 4.4　X - 29 试验喷气式飞机(机头在左边)(由 NASA 提供)

图4.5 施莱谢尔ASK-13型滑翔机

计算飞机的重量,以及在各种法向加速度(通常是平衡转弯)上的失速速度,都是为了证明对于特定的飞机的,这种关系并确定C_{Ae}的值。

注:罗加洛简介

弗朗西斯·罗加洛,出生于1912年,他的妻子Gertrude也是他的同事,出生于1914年。弗朗西斯·罗加洛于1935年从斯坦福大学获得航空工程学士学位,1936年在美国国家航空咨询委员会工作。20世纪30年代后期,罗格列斯研究了一项个人研究方案,采用灵活的升力结构,并在1948年申请了专利。1961年,NACA(后来的NASA)作为研究从轨道回收载荷的替代方案的一部分,搭载了Rogallo类型的载人飞机。后来,虽然这一方案被NASA放弃,但直接产生了现代的悬挂式滑翔机。

注:文顿-沃尔特斯简介

罗伊·文顿-沃尔特斯是英国早期的罗格列翼轻型飞机设计师,以斯普林特和乌鸦飞机而闻名。文顿-沃尔特斯在20世纪80年代初对普马斯普林特飞机的失速速度与机翼载荷之间的关系进行了假设,该理论由英国微轻型飞机协会在20年后进行了开发并通过了试验验证。

在建立了V_S和$W.N_Z$之间的关系之后,如图4.6所示,在图被绘制出来。现在,在这个图上标记了4个关键点:A、D、E和G,所以失速速度曲线现在被标记为O-A曲线。

对于飞行试验而言,这个包线的信息是足够的(例如,如果飞机有各种各样的襟翼和缝翼,则有可能改变N_Z限制和空速限制(见4.2.1节襟翼部分),因此需要几个不同的包线)。

不过,在飞行试验计划期间或之后可能需要对飞行包线进行一些修订。造成这种情况的2个主要原因是:①V_S的理论预测值不可能是完全准确的,需要修改O-A曲线的形式,因此需要V_A和/或V_F的值;②一旦飞行试验计划得到充分推进和发展,人们就会发现并接受最大安全空速低于最初预测的安全空速的情景,这一修正值被标记为V_{DF}。设置这个较低的V_{DF}值的实际原因各不相

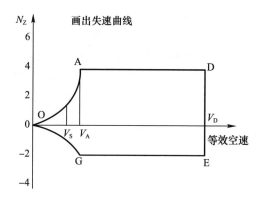

图 4.6 修正后的飞行 V–N 图,显示失速曲线

同,但可能包括:

(1) 颤振(一般情况下不太严重,或实际设计方案中不存在或无法承受的速度)。

(2) 飞机根本不可能飞得更快。这种情况在外支柱或缆索支撑的飞机中很常见,但是也可能发生在高度俯仰变化有限的飞机上。或者作战飞机虽然设计为高速,但不可能达到这些速度,除非大量利用势能转换为动能。

(3) 表观的纵向静态稳定性开始明显变差且不可接受。

(4) 在气动载荷作用下不可接受的座舱变形。

(5) 即使油门全收,在当前速度下也不可能防止螺旋桨超速(通常是发动机或螺旋桨的转速超过额定最大值的 110%,但在这种情况下,检查使用中的适航性标准,如果必要,与有关管理机构确认认为适当的限制)。

最后,对飞机的最大飞行速度设定了限制。这个限制(在作者所知的所有现行标准中)不能被设置为大于 $0.9V_{DF}$,而且在实践中通常被设置为正好这个值,即 V_{NE},"永不超越的速度"(Never Exceed Speed),如图 4.7 所示。

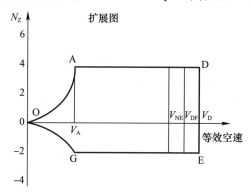

图 4.7 显示 V_{NE} 和 V_{DF} 的机动包线

关于反向过载失速。曲线 O-G 是反向过载失速线，在左上角为零空速零过载，在右下角为反向过载失速点。要注意，有时在空气动力学教科书中提出的假设为反向过载失速曲线的形状是正过载失速曲线的镜像。事实上，只有机翼和机身的气动外形基本对称时才是正确的。对称的或半对称的机翼有时被使用——它们可以在某些战斗机、专用的特技飞行飞机上应用，如 Su-26 或 S-1，或者偶尔出现在一个非常粗糙的业余设计的平翼飞机上，但它们不会被用于大多数飞机的设计，因为其在更关键的巡航设计中并没有太大价值。

4.2.1 飞行包线中的襟翼

对于飞机来说，通常必须确定的机动包线之一是放襟翼时的机动包线，可能包括在不同的襟翼设置下的多个包线。对于带襟翼飞机来说，至少有可能包括 2 种构型：①着陆——起落架放下和全襟翼；②带动力进近——定义为起落架放下，襟翼中立。要研究的飞机构型必然由飞机的操作方式驱动，可能需要驾驶和工程输入。更复杂的飞机会有更多种类的构型，波音和空客都会对任何类型飞机的至少 5 种构型进行测试。

几乎无一例外，这个包线的限速明显小于干净构型的飞机，并以结构分析和基于计算偏转的空气动力负荷的襟翼系统测试为基础。因此，可以定义襟翼限制速度 V_F，也可以称为 V_{FE}（限制襟翼延伸的速度）。最常见的方法是在所有襟翼的位置上使用单一的保守值——可能是基于最大的襟翼偏转。但这并不普遍，可能需要对每一襟翼采用不同的空速限制，表示为 V_{F1}、V_{F2} 等，称为一级或二级襟翼；或者称为 15°襟翼、30°襟翼等，并没有统一的标准。客机最有可能使用自动系统来确定和显示限制，或者使用一系列的翻盖卡，通过压缩和重量来定义限制，而轻型飞机则可能张贴一系列限制，或者在手册中提供更多信息的限制范围。

这些交错的限制可能是：飞机接近跑道，并使用中立襟翼，作为降低飞行速度和处理襟翼引起的变化过程的一部分，选择适当的着陆襟翼（事实上这是正常的飞行实践，在很大程度上取决于飞机襟翼的变化）。

在选择襟翼的情况下，飞机需要进入法向加速极限范围，这可能是需要"干净"构型的。因此，通常（并允许）使用一组降低的法向加速度限制。例如，CS.VLA，欧洲非特技飞行轻型飞机标准通常使用 $n_1 = n_2 = 3.8$，而襟翼选择 $n_1 = n_2 = 2.0$ 是允许的。对于任何类型的飞机而言，这都是典型的取值，但与许多事情一样，CS.VLA 的相对简单性提供了一个有用的解释环境。

4.2.2 其他部件

显然,襟翼不是影响飞机飞行限制的唯一系统。其他部件包括可收放的起落架、减速板、可开启或可移动的门窗等。

当这些装置突出到气流中时,几乎总是需要对其进行结构鉴定,因此确定低于 V_{NE} 的安全限速是很常见的。在这种情况下,限制通常是通过操作手册、标语牌和可能的自动警告来实现的。适用于这些问题的关切和结构安全因素可能与襟翼相似,但除了襟翼(或前缘缝翼)以外,很少有装置会影响失速速度。因此,允许发布一个简单的限制,而不是单独的 V-N 图(或相关限制)。

4.2.3 转换和显示限制

在操纵范围内确定的所有限制都根据等效空速 EAS 来确定。

重要的是要记住,很少有飞机直接显示 EAS,大多数显示指示空速(IAS)(通过校准空速 CAS),因此必须在指示空速 IAS 和 EAS 之间进行转换。这适用于所有提供给飞机操作人员使用的飞行速度。如果一架飞机在较宽的高度和/或重量范围内飞行,这可能意味着提供了几套指示空速限制来应对这些变化的条件,或者仅仅提供最保守的指示空速限制也是适当的。关于应采取何种办法的决定可能取决于操作环境,以及机组人员的人数、作用和最低能力,在作出这一决定时,应征求空勤人员的意见。

然后应颁布限制:

(1)在空速表和/或马赫表上。
(2)根据飞机型号而定,通常在标语牌或检查单中。
(3)总是在操作手册中。

4.3 构造突风包线

当遇到垂直突风时,飞机的法向加速度必然会发生变化。这种变化将取决于下列因素:

(1)突风的"形状"(即它的强度是时间的函数)。
(2)飞机的等效空速(EAS)。
(3)飞机在遭遇突风时的重量(或更准确地说,机翼载荷)。
(4)主翼面和水平安定面的升力曲线斜率。
(5)主翼面和水平安定面的相对位置。(通常,在非锐角突风的情况下,水平尾翼会导致突风减弱,而鸭翼则会加重突风的影响)。

考虑到这一点,在没有数学的帮助下,传统的水平尾翼——单翼飞机在向前飞行时,一般会遇到突风。突风是一列向上移动的空气,它有阶跃、锯齿或正弦(或更精确地说,1-cosine)形状(在它的中心处具有最大的向上速度,在它的边缘处具有零向上速度,如图4.8所示。当飞机穿越突风时,机翼的迎角增加,法向加速度和载荷增加。当飞机深入突风时,法向加速度的强度增加,但水平尾翼也进入突风,引起俯仰运动,从而减小了法向加速度增加的幅度。

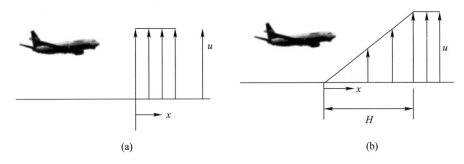

图 4.8 简化的突风形状
(a)阶跃型;(b)锯齿型。

相反,如果飞机带有鸭翼,那么当气流最初流经鸭翼时,迎角增加,然后是主翼载荷变大。由于主翼也遇到了突风,这种影响被放大,造成更大的载荷增量。

4.3.1 突风响应的简单模型

为适航目的考虑的"经典"突风是飞机飞行时上升的空气柱。第一种方法是最简单的形式(图4.8(a))。在计算这种突风引起的法向加速度时,假定飞机瞬间从(垂直方向)静止的空气进入上升的空气柱。在大多数情况下,这会导致对突风载荷的过度估计,在安全意义上也是如此,但过于保守。

第二种方法如图4.8(b)所示,更正确的假设是,突风强度(空气的上升速度的幅度)随着飞机的进入而线性增加,直到达到一个稳定的状态值。

修正后的突风方法意味着不再可能假设飞机在飞行路径上没有任何变化,因此必须计算飞机的俯仰角姿态响应。

计算飞机对任何形状的分级突风的响应通常采用的方法是将增加的突风强度视为一系列步骤,在进入下一次迭代之前计算飞机对每一个步骤的响应。

第三种方法也是假设1-cosine突风,形式如图4.9所示。这也可以通过分级处理,有效地将其分解成离散的时间切片,作为突变突风处理。

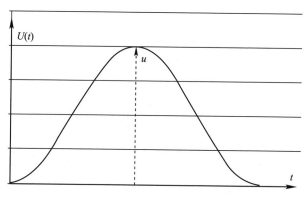

图 4.9 1-cosine 突风形状的图示

4.3.2 突变突风响应

对于大多数适航的目的,突变突风仍然是计算突风载荷的标准(无论是离散的,还是步进的)。要计算飞机对突变突风的响应,可以考虑飞机以真空速 V 飞行。迎角为 α_0,当飞机进入垂直突风时,迎角增加了 $\tan^{-1}(u/V) \approx u/V$。同时,飞机的前进速度从 V 增加到 $(V^2+u^2)^{\frac{1}{2}}$。

因此,梯度的增加为

$$\Delta L = \frac{1}{2}\rho V^2 S \frac{\partial C_L}{\partial \alpha} \frac{u}{V} = \frac{1}{2}\rho V S \frac{\partial C_L}{\partial \alpha} u \tag{4.4}$$

式中:$\frac{\partial C_L}{\partial \alpha}$ 为升降曲线斜率。忽略水平尾翼上升力的变化,这种变化产生的突风载荷系数为

$$\Delta n_Z = \frac{\frac{1}{2}\rho V S \frac{\partial C_L}{\partial \alpha} u}{W} \tag{4.5}$$

式中:W 为飞机重量。然而,就机翼载荷而言,表示这种情况是很方便的,因此这种关系变为

$$\Delta n_Z = \frac{\frac{1}{2}\rho V \frac{\partial C_L}{\partial \alpha} u}{(W/S)} \tag{4.6}$$

当然,对于假定的平飞姿态 $n_Z = 1$。因此,进入突风时的总的法向加速度可表示为

$$n_Z = 1 + \frac{\frac{1}{2}\rho V \frac{\partial C_L}{\partial \alpha} u}{(W/S)} \tag{4.7}$$

通过检查,在下突风中,等效方程为

$$n_Z = 1 - \frac{\frac{1}{2}\rho V \frac{\partial C_L}{\partial \alpha} u}{(W/S)} \tag{4.8}$$

然而,如果以 EAS(V_E)修订的形式给出结果,那么这些更有用,并且突风强度也在 EAS 中表示,所以就成了 u_E。同样,与其他标准化的空速方程一样,我们应将密度表示为标准(通常是 ISA 海平面)值 ρ_0。因此,这些方程以标准形式重写。

水平飞行中快速上升突风的标准突风响应(忽略水平尾翼)为

$$n_Z = 1 + \frac{\frac{1}{2}\rho_0 V_E \frac{\partial C_L}{\partial \alpha} u_E}{(W/S)} \tag{4.9}$$

水平飞行中快速下降突风的标准突风响应(忽略水平尾翼)为

$$n_Z = 1 - \frac{\frac{1}{2}\rho_0 V_E \frac{\partial C_L}{\partial \alpha} u_E}{(W/S)} \tag{4.10}$$

以上公式表明,有几个因素影响到突风的响应:

(1) 具有大机翼载荷(W/S)的飞机突风响应要比机翼低载荷的飞机低得多。例如,像 F-16(图 4.10)这样的小型有翼重型军用飞机对突风的响应很小,而带有大机翼的小轻型飞机,如 Cessna152 显示出更大的响应,大多数客机位于两者之间。

(2) 以高速飞行的飞机比低速飞行的飞机会有更大的突风响应。

(3) 有较小升程曲线斜率的飞机比一个坡度更陡飞机具有较低的突风响应。

(4) 突风响应与突风强度成线性关系。

然而,如前所述,这种方法忽略了水平尾翼的影响——它只有在考虑无水平尾翼飞机时才是真正有效的。但是,由于机翼的下洗作用,尾翼的垂直入射变化与主翼机身的垂直入射变化并不相同。人们可以把水平尾翼载荷的变化看作是

$$\Delta P = \frac{1}{2}\rho_0 V_E^2 S_T \Delta C_{L,T} \tag{4.11}$$

式中:S_T 为水平尾翼面积;$\Delta C_{L,T}$ 为水平尾翼升降系数,它本身定义为

图 4.10　通用动力的 F-16 战斗机

$$\Delta C_{L,\text{T}} = \frac{\partial C_{L,\text{T}}}{\partial \alpha} \frac{u_\text{E}}{V_\text{E}} \tag{4.12}$$

同样,可以定义

$$\frac{\partial C_{L,\text{T}}}{\partial \alpha} = \frac{\partial C_{L,\text{T}}}{\partial \alpha_\text{T}}\left(1 - \frac{\partial \varepsilon}{\partial \alpha}\right) \tag{4.13}$$

式中:$\dfrac{\partial C_{L,\text{T}}}{\partial \alpha_\text{T}}$为水平尾翼升力与局部迎角的变化;$\dfrac{\partial \varepsilon}{\partial \alpha}$为机翼迎角下洗角的变化。

现在,将 $\Delta C_{L,\text{T}}$ 的内容插入到 ΔP 中,我们可以写为

$$\Delta P = \frac{1}{2}\rho_0 V_\text{E} S_\text{T} \frac{\partial C_{L,\text{T}}}{\partial \alpha} u_\text{E} \tag{4.14}$$

(请注意,这显示出一个信号,因为它也可以用来估计由于突风而增加的水平尾翼载荷,以评估水平尾翼结构)。

现在,对于机翼升力和尾翼载荷的正增量,我们可以写出 $\Delta n_Z W = \Delta L + \Delta P$。因此,结合上述关系,可以说考虑水平尾翼的突变突风的法向加速度为

$$n_Z = \frac{\dfrac{1}{2}\rho_0 V_\text{E}\dfrac{\partial C_L}{\partial \alpha}u_\text{E}}{(W/S)}\left(1 + \frac{S_\text{T}}{S}\frac{(\partial C_{L,\text{T}}/\partial \alpha)}{(\partial C_L/\partial \alpha)}\right) \tag{4.15}$$

式中:$\dfrac{\partial C_L}{\partial \alpha}$为主平面升力曲线斜率。

然而,在实践中出于大多数适航目的,都使用了这一模式的修正版本,表

示为

$$n_Z = 1 + \frac{K_g \rho_0 U_{de} V_E \alpha}{2(W/S)} \quad (4.16)$$

式中：K_g 为水平尾翼突风缓和因子；U_{de} 为最大突风速度；$\alpha = \partial C_{L,T}/\partial \alpha$；$W$ 为用 kgf 或 lbf 表示的重量，具体取决于使用的重量单位。

尽管在式(4.16)中使用了常数，但只要整个计算过程中都使用一个系统，这个方程和下面的方程都可以与 kg·m·s 或 f·p·s 一起使用。

突风缓和系数 K_g 是经过多年的实际经验确定的，可表示为

$$K_g = \frac{0.88 \mu_g}{5.3 + \mu_g} \quad (4.17)$$

反过来又被定义为另一个术语，也就是"飞机质量比"，即

$$\mu_g = \frac{2(W/S)}{\rho_0 \bar{C} a g} ① \quad (4.18)$$

式中：$\bar{C}$ 为飞机的平均空气动力弦；g 为重力加速度。

这些公式是通用的，各类适航报告无需任何证明，大多数都可以引用，只需要指出其在相关适航标准中的位置。然而，突风的近似说法只适用于具有尾翼的飞机，在这种情况下，考虑突风缓和是正确的。而鸭式飞机则会加重突风的影响，因为这是一种不常见的情况，但在这里并没有探讨。不过，从作者的个人经验来看，这是一个更趋向于实践的问题。

利用这些公式，通常计算 4 种情况下的突风载荷：

(1) 在设计巡航速度 V_C 时，计算最大上升突风。
(2) 在最大速度 V_D 时，计算最大半突风。
(3) 在最大速度为 V_D 时，计算最大下风高度半值。
(4) 在设计巡航速度 V_C 时，计算最大下风。

最大突风强度通常由适航管理部门在适用的适航标准中规定，但最常见的是 V_C 为 50ft/s(15.24m/s) 和 V_D 为 25ft/s(7.62m/s)。然后假设突风载荷在这些点之间外推，将这些线绘制到机动包线上，如图 4.11 所示。

最后，飞机在使用中应该看到的最宽的包线(假设在严重的湍流中，飞机适当减速——通常在恶劣空气中达到名义上的最大速度，通常被称为 V_B 或 V_{RA})

---

① 原文误，译者改。

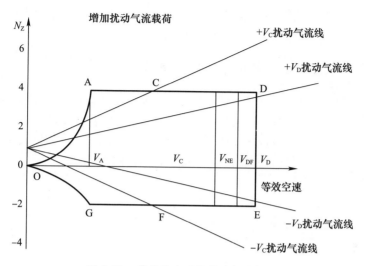

图 4.11 带覆盖突风载荷的机动包线

通过将这些操纵和突风载荷图表组合成一个组合飞行包线来定义。在更高速的飞机中,通常情况下,突风包线位于机动包线的外面,增加了必须满足的载荷,而在性能较低的飞机中,它可能不会在性能较低的微型飞机突风载荷中被完全忽略。这导致组合 $V-N$ 图(图 4.12),其与图 4.1 的相似性应该是清楚的。

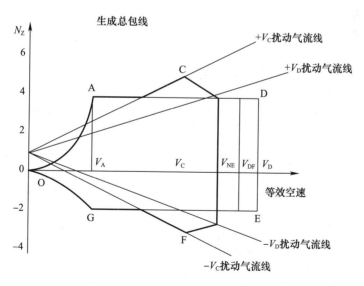

图 4.12 组合机动和突风载荷的完整 $V-N$ 图

85

这个最终的包线描述了极限结构要求——即飞机在使用过程中可能被认为具有的载荷,因此必须在结构认证中加以考虑。

4.3.3 民用适航标准中的突风载荷要求

表 4.2 列出了在编写本报告时世界范围内使用的主要民用适航标准的一般突风载荷要求。应该指出,由于特殊条件或上层权利的不可避免性,这只能是一个一般性的指南,不应该被视为权威。军用飞机的要求有时可能基于民用标准,但更常见的情况是根据合同规格或专家根据飞机的作用作出判断,因此笼统地加以概括是不严谨的。

表 4.2 主要民用适航标准的一般突风载荷要求

	V_C 突风力	V_D 突风力	突风外形①	V_{Bmin}^{b} ②	V_{Bmax}^{c} ③	$N_{.max}^{d}$ ④
第 25 部适航标准 (333, 335, 341)	在平均海平面 17.07m/s(56ft/s), 15000ft 后线性减少到 13.41m/s (44ft/s), 50000ft 后线性减少到 7.92m/s(26ft/s)	0.5	$U = \dfrac{U_{DE}}{2}\left(1-\cos\dfrac{2\pi S}{25C}\right)$	见注释	V_C	无限制
第 23 部适航标准 (333(c) 和 (d), 335(d), 341)	20000ft 以上为 50ft/s,随后线性减少到 50000ft 的 25ft/s	20000ft 以上为 25ft/s,随后线性减少到 50000ft 的 12.5ft/s	$U = \dfrac{U_{DE}}{2}\left(1-\cos\dfrac{2\pi S}{25C}\right)$	V_B	V_C	无限制
超轻型飞机认证标准 CS.VLA (333(c),341)	15.24m/s	7.62m/s	$U = \dfrac{U_{DE}}{2}\left(1-\cos\dfrac{2\pi S}{25C}\right)$	V_B 无定义		无限制
第 22 部适航标准 (333(c) 和 (d), 335(d), 341)	15m/s	7.62m/s	突风外形无定义,作者建议如需要则使用 CS.VLA 标准	V_B 无定义		无限制
BCAR 第 S 章	BCAR 第 S 章不使用突风载荷,但是在实践中如果 V_D 超过 140kn(等效空速),则使用 CS.VLA 标准的相关部分					

续表

	V_C 突风力	V_D 突风力	突风外形①	V_{Bmin}^b ②	V_{Bmax}^c ③	$N_{.max}^d$ ④

① 一般情况下，只有在考虑空气弹性对飞行器的影响时才考虑突风的外形。这是设计部门，而不是适航部门的工作。但是对于特定飞行而言，使用表格内计算公式预测飞行器的载荷对时间的函数还是有意义的；
② V_B，设计突风的最下值；
③ V_B，设计突风的最大值；
④ 不考虑其他公式，这是法向加速度的最大值。

注：1. V_B 和 V_{RA}：V_B 是最大突风强度的速度，是飞机不应该在严重的乱流中飞行的速度（通常只适用于较大的载客飞机）。它通常也是 V_{RA} 的最大允许值，这是在湍流中飞行的推荐速度（通常两者重合）。两者都是半任意性的，并且在经过处理鉴定后被选中——它足够高，以确保在这种情况下，由突风引起的失速是极不可能的。它还需要在低速失速告警和任何高速操控效果（有时称为低速和高速颤振边界）之间的两端提供足够的裕度；

2. V_B/第 25 部适航标准：V_B 的最小值为 $V_{SI}\sqrt{1+\dfrac{K_g U_{REF} V_C \alpha}{498(W/S)}}^2$，其中 W/S 为飞机上的平均机翼载荷，单位为 lb/ft²；

3. 第 25 部适航其他突风个案：第 25 部适航标准亦包括其他必须加以考虑的较为复杂的突风个案，但不在这一基本卷的范围之内。在这一领域工作的任何工程师都可能在一个已经有相当多的专门知识和先例的公司工作，这应该与实际标准以及任何相关的解释性材料（如欧洲航空安全局 AMC 或联邦航空管理局 AC）一起参考。

4.4 抖振与共振

在所有适航标准中，CS.23 文件是具有代表性的，包括以下粗略的说明：
杂项飞行需求
CS23.251 抖振与共振
在任何适当的速度和动力条件下，不得有严重到足以导致飞机结构损坏的抖振和共振，并且飞机的每一部分都必须避免过度的振动，至少达到 CS23.335 允许的 V_D 的最小值。此外，在任何正常飞行条件下，都必须没有足够严重的抖振以干扰对飞机的满意控制或对飞行人员造成过度疲劳。在这些限制范围内的失速告警抖振是允许的。

它的含义很简单——在飞行包线内，飞机上任何东西都不允许振动到足以产生安全问题的程度。因此，这是一个关于共振的问题。

共振发生在两件事情同时发生的条件下：①一个结构件的共振频率（所有工程动力学教科书都会有经典的质量弹簧—阻尼系统）；②共振源发生的共振频率。实质是共振源激发了质量弹簧—阻尼系统。这种情况经常发生在各种工程系统中,而共振本身并不是一个问题。但是如果共振源产生的能量超过阻尼元件消耗的能量,那么振动就会变得发散——至少运动的振幅会增大,直到阻尼增加,并与激励运动的能量相匹配。

有希望的是,这个问题很明显——中性共振可能会导致不适和控制问题,同时几乎肯定会通过某种形式的疲劳机制导致材料性能退化。发散共振几乎会导致灾难性的故障。在工程上最著名的例子是塔科马·莱恩斯大桥——不是飞机,而是每个高中物理学生都知道的。塔科马·莱恩斯演示了飞机抖振的经典机理,如图 4.13 所示。在流体流动的任何形状的背后,都会有对流动的破坏,这通常是以振荡涡旋的形式出现的——冯·卡门涡街。涡街从流体流动中获取能量来创造自身,但可以将这种能量以与流体流动垂直的循环力的形式回到创造结构中。

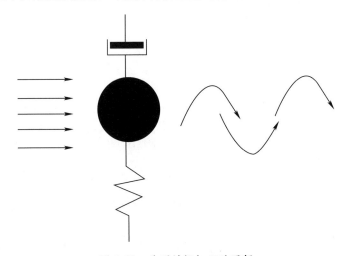

图 4.13 典型抖振机理的图解

旋涡脱落并不是强迫共振的唯一来源——几乎所有的飞机动力装置都有可能通过机身产生这种运动,通常频率是发动机转速的线性系数:典型地每转速 1 次,每转速 2 次,等等。

注:冯·卡门简介

西奥多·冯·卡门(1881—1963)是匈牙利裔美国研究工程师,曾在匈牙利、德国和美国的航空航天工程领域广泛工作。他的早期作品是关于结构屈曲的,他一生都在研究这个问题,但他对这个问题越来越感兴趣。在看到亨利·法尔曼在 1907 年的飞行后对空气动力学产生了兴趣。作为一名研究人员,他受到了很高的评价,但影响他声誉的是在有时会导致明显破坏的机器控制上伪造了结论。冯·卡门会说流利的匈牙利语、德语、法语、意大利语、伊迪迪什语和"糟糕的英语",他称之为国际语言。他和众多航空学领域的学者共事,包括普朗特

(冯·卡门的博士导师)、兰彻斯特和德莱顿等。在 1951 年突然去世之前,他的妹妹约瑟芬·"皮普诺"·德卡门博士是他最亲密的合作者。

设计人员的目标是必须努力确保任何一个具有轻微阻尼共振特性的结构不能被相同频率的强迫共振激发。但这并不容易,因为它需要对 3 件事进行详细的了解,而它们的复杂性各不相同:

(1)动力装置和其他部件的强迫共振频率——这通常是最容易估计的,因为即使在设计阶段,发动机的转速和特性通常也是很容易理解的。

(2)结构质量—弹簧—阻尼组合的共振频率——这些可以用现代有限元方法来预测,但结果将有相当大的误差。

(3)预测在任何给定结构后面的冯·卡门涡街产生的频率。这个频率,主要是 TAS 的函数,雷诺数和形状是极不精确的估计。

因此,虽然在飞机设计的更高价值端进行大量的分析,特别是第 25 部适航标准和更高性能的军用飞机,但最终无法取代旨在建立共振特性的物理测试工作。这不得不覆盖整个飞行包线,然而经验表明,特定的问题具有最大的潜在"兴趣":这些问题包括潜在的升降舵和/或迎角配平共振,可以与纵向 SPO 共同出现(见第 10 章)。任何延伸表面的后缘(如固定式起落架及其整流罩、撑杆和所有可移动的操纵面),发动机附件支架,以及直升机起落架在起飞或着陆阶段的载荷都会随着旋翼桨距的变化而变化。在理论和实践中,在任何发动机功率或任何飞行速度上都可能发生共振。然而在实际中,高发动机功率和高空速是最可能被证明是有问题的,因为对其共振来说,这种状态下能量更大。

在每次飞行之前,通常任何新的或修改过的机身/发动机组合都要接受几种类型的测试,其严密性取决于飞机的价值和新颖性。在地面发动机运行期间(见第 9 章)监测机身共振,大多数仪表通过快速傅里叶变换(Fast Fourier Transform,FFT)分析仪进行分析,或类似于确定可能发生共振的区域。另一个常见的测试是对凸起、控制表面进行测试,类似于"Bonk 测试",该测试将自动脉冲施加到结构的各个区域,随后还使用快速傅里叶变换分析仪对随后的运动进行分析,确定潜在关注的区域。

随后,飞机当然必须经过试飞。一般来说,只有一小部分飞行试验方案明确地用于抖振和振动分析,最有可能的是,飞机的行为由机组人员或(从第 23 部适航标准中向上)在整个飞行计划中得到积极的监测——尽管在任何试验中,当飞机进入到 V–N 图中未飞行过的区域时,机组人员都会特别感兴趣和小心,随着速度和载荷的增加,对于任何给定的 EAS 值,当达到更高的高度时,TAS 随着高度的增加而增加(见第 4 章)。通常,当飞行包线展开时,飞机控制被故意地施加尖锐的正弦输入,以尝试(并希望失败)激发抖振。这通常被认为是高风险的飞行测试。

如果在试验过程中的任何时候发生抖振或共振,最直接的优先事项总是通过改变飞机的动力或飞行条件来保护飞机。一般来说,良好的措施是尽快终止飞行,以便开展地面调查和分析,因为在飞行中通常不可能知道原因,即使是一次抖振事件会造成什么损害。项目小组有几种可供选择的办法可以消除共振现象。这些办法包括:

(1) 对于动力装置引起的轻微共振,创造发动机"避免"的速度带。

(2) 对于共振的惰性结构,几乎可以肯定是机械性的重新设计以调整共振或改变涡街特性。

(3) 飞机操纵面受到影响的地方:改变形状、内部质量分布或移动摩擦力。

(4) 对于超高速特性,限制飞机的最大运行速度。

作者自己的经验说明了这几点。以下是纯粹的轶事,但所有的直接经验和例子都很好地说明了问题和问题的范围:

(1) 维克斯VC-10(一种后置发动机的/T尾运输机)两个吊舱发动机之间的"海狸尾巴"挡板会发生较大横向位移。通过增加挡板后缘重量改变了谐振频率,从而解决了共振问题(图4.14)。

图4.14 存在问题的VC-10"海狸尾巴"

(2) CFM"影子"飞机的纵向SPO与升降舵的抖振一致,这是一种带有可逆控制的轻型飞机(图4.15)。通过在升降舵中引入额外的摩擦来解决这个问题,这既增加了阻尼,又提高了谐振频率。

图 4.15 CFM"影子"微型飞机

（3）单操纵索配平调整片抖振,调整片顶住弹簧,弹簧强度增加。

（4）某轻型飞机机翼与机身间的座舱蒙皮结构的共振通过加强内部结构而解决。

（5）在大型研究飞机的外部仪器的凹槽周围的共振。解决这个问题的办法是改变凹坑的形状,但只有在将仪器送回风洞进行重新分析和明显的延迟后才能使用这些仪器。

（6）碳纤维螺旋桨在玻璃钢结构中发生高速共振,导致加热,最终自燃。经过广泛的地面测试,改变发动机转速和燃料类型的限制,对其进行修改,以避免可能造成这种情况的条件。

4.5 示例问题

4.5.1 构建机动包线实例一

使用 CS.VLA 要求,确定使用最低限度法向加速度的无襟翼固定翼/固定起落架飞机的机动包线,$V_{S0}=40\text{m/h}$ 指示空速 550kgf 测试,使用最大授权重量 600kgf 计算巡航构型的包线。$V_D=140\text{kn}$ 等效空速,在飞行测试中,虽然试飞员注意到了纵向不稳定的初步趋势,在指示空速 150m/h,谁又能拒绝探索更大的飞行速度呢？

据此,根据动压误差修正(Pitot Pressure Error Correction,PPEC)值确定操作员手册中指出的操作限制,这些限制是从 ASI 校准到指示空速 90m/h,并在上面用最佳二次曲线外推（图 4.16）。

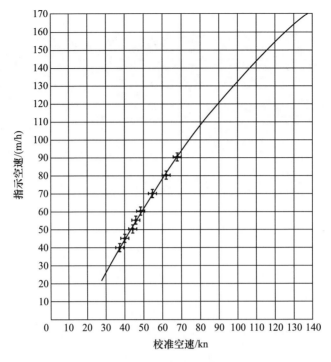

图 4.16 TPEC 曲线

4.5.2 构建机动包线实例二

使用 CS.VL 的最低保守要求和以下数据:带有平尾的常规布局单翼飞机的机动飞行包线,这种飞机有固定式起落架和两段式襟翼(上下两段),只用于着陆状态;飞机结构可以被认为是刚性的。忽略突风载荷,您可能会认为,对于等效的正负载荷,失速速度是相同的。飞机的 TPEC 图,如图 4.16 所示。

$$MAUW = 750 kgf$$

$$V_D = 130 knEAS$$

失速速度:襟翼收起、指示空速 50kn,襟翼放下指示空速 45kn,在 700kgf 测试。

飞机开始显示俯仰不稳定,被试飞团队认为是不可接受的,但不容易解决超过 120kn 指示空速。

以图形方式显示结果,用基本点标记并支持计算(65%)。

还提出了驾驶舱的操作限制,不要使用缩写或缩写为空速限制(20%)。

根据 CS.VLA 的适航性要求,考虑这架飞机是否适合于目前使用的标准。

描述任何困难(15%)(图4.17)。

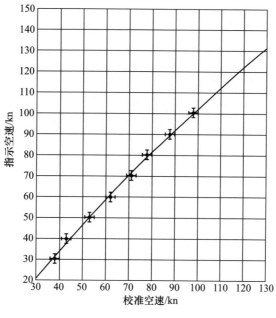

图 4.17　TPEC 图

4.6　示例问题的解决方案

4.6.1　构建机动包线实例一

留给读者练习。

4.6.2　构建机动包线实例二

根据 CS.VLA.337(a)，$n_1 = n_2 = +3.8g$。

根据 CS.VLA.337(b)，$n_3 = n_4 = -1.5g$。

$V_D = 130\text{kn}$，等效空速等于校准空速，如下列问题所示，分别决定失速速度。

	襟翼收起	襟翼放下
指示空速,700kg	IAS 50kn	IAS 45kn
CAS,700kg	CAS 53kn	CAS 49kn
CAS,750kg	$53\sqrt{750/700}=54.9$	$49\sqrt{750/700}=50.7$

$V_{DF} = 120\text{kn IAS} = 117\text{kn CAS}$

$V_{NE} = 0.9 V_{DF} = 105 \text{kn CAS}$

$V_A = 54.9\sqrt{3.8} = 107 \text{kn CAS}$

由于飞机基本上是在低速（<0.6M）运行。因此，可以视为 IAS 等于 CAS。

参照 CS.VLA.345(b)，全襟翼的最大速度 V_{FE} 必须不少于：

（1）$1.4 V_S = 1.4 \times 54.9 = 76.9 \text{kn}$。

（2）$1.8 V_{SF} = 1.8 \times 50.7 = 91.3 \text{kn}$。

参考 CS.VLA.345(a)，襟翼的法向加速度限制是 +2/0g，也可以看到（使用标准结果），在 +2g 的法向加速度限制下，全襟翼的失速速度是

$$50.7\sqrt{2} = 71.7 \text{kn}$$

这些结果显示在 $V-N$（飞行包线）图中（图4.18）。

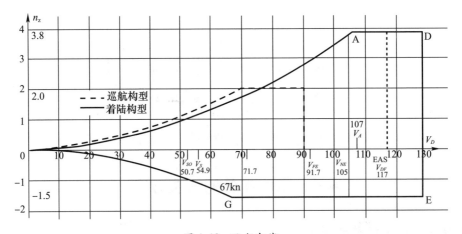

图 4.18　飞行包线

第 5 章 结构认证的首要原则

当时(1909 年),飞机的首席工程师几乎总是担任首席试飞员。幸运的是,这种体制保证了航空领域能够在早期消除不良工程结果。

——伊戈尔·西科斯基

摘要: 飞机结构审查和正式认证是确保初始适航性和持续适航性的必要步骤。虽然可以使用分析工具来预测各系统组件,但最终的飞机结构必须在飞行条件下进行试验。由于机体重量的限制,大量的过度设计是不可接受的。因此,本章通过理论分析和试验相结合的方法,阐述飞机结构认证的主要原则。

5.1 引　言

任何工程产品在使用寿命周期内都会受到载荷的影响,工程师的作用之一是尽可能准确地(或至少保守地)预测这些载荷,然后确保该产品的结构能够承受所有这些设计载荷,在整个使用寿命周期内不会发生故障——除非在设计的某些特定条件下发生故障。

要做到这一点,工程师必须确定 3 件事:

(1) 系统组件在服役期间能够遇到的最大载荷是多少?

(2) 以相同的方式加载项的强度。

(3) 在可施加的最大载荷和组件的强度之间,最小可接受的安全裕度是多少?

虽然认证任务的复杂性取决于待鉴定组件的复杂性,而且这项任务远远不是确定组件安全性的唯一任务,但这无疑是使工程师有别于所有其他职业的技能之一。可以想象的是,即使人们认为最简单的工程结构,如跨越沟渠的单板桥,仅仅凭直觉并不能保证得到正确的解决方案,因此有必要进行计算或试验(或两者都进行),以确保木板足够坚固。

当人们遇到飞行器这样的复杂问题时,任务就变得极其复杂,即使对最简单的飞机进行理论上可能的分析,也会得到无限资源的支持。因此,必要的做法是使飞机结构能够以可容纳的方式进行分析,同时确保适当的结构保证水平。

更复杂的是,在飞行器设计认证工作中,对任何机体结构进行严重的过度设计是难以接受的。这主要是由于重量的原因,任何飞机的重量都不能超过绝对必要,因为每一克多余的结构要么减少可用的有效载荷,要么降低飞机的性能,从而降低系统组件完成设计任务的能力。

本章介绍飞机结构认证的主要原则,目的是帮助读者(如果他们已经是一个称职的工程师)理解任何飞机结构认证的主要原则。然而,很明显,理解现代客机适航认证涉及的具体细节在一本书里中无法面面俱到,尽管很少有工程师具有这样程度的理解(如果有的话,那也是来自于几十年的经验,而不是书本)。但这通常也不是问题,因为大多数从事大型复杂飞机(无论是民用还是军用)设计和认证工作的工程师只需要详细了解他们自己专业负责的飞机其中一小部分内容。但即使是这样,他们仍然必须了解整个过程的某些内容,以及证明认证的机制。

5.2 结构适航工程师的作用

有几种方法可以用于对飞机进行结构认证,从完全基于试验的认证,再到完全基于代数分析的认证,以及完全基于计算机分析的认证。实际上,所有这些方法并不都是完全令人满意的,为了全面阐述一架飞机(或其任何部分)的完整性,几乎总是需要至少2种方法的组合,通常都是3种方法。

因此,结构适航工程师(或者更多的是工程团队)的作用是三重的。他们必须:

(1) 选择能够确定结构是否令人满意的最适当方法。
(2) 提供这方面的相关证据。
(3) 撰写独立的报告,证明提出的方法是令人满意的,而且该结构符合要求的情况得到了令人满意的证明。

因此,即使只在这个非常狭窄的领域工作,工程师需要的技能也是3倍的:

(1) 载荷预测。
(2) 结构试验和/或分析(通常称为"强调")。
(3) 撰写报告。

5.3 结构认证中的概念和术语

结构分析的目的是确保飞机强度大、重量轻、刚性强、寿命长。

——约翰·坦佩斯

飞机结构设计中最基本的事情是必须确定飞机在使用过程中期望看到的最

大载荷。在全尺寸飞机中包括如第 4 章所述的标准飞行包线。这些载荷称为限制载荷。

然而,唯一可以接受的设计(或证明)完全是限制负载的情况为当它实际设计在该负载下失效时(如负载吸收的"压碎结构"的一部分),这是极为罕见的。在大多数情况下,设计的目的是永远不会出现故障。我们必须承认,在预测载荷以及任何部件的计算强度或测量强度方面都存在不确定性。因此,在限制载荷中通常应用安全系数的概念,目的是确保这种预期的不失效。

在飞机设计的最初阶段,安全系数的确定是任意的,取决于飞机首席设计师的想法和意见(对于那些熟悉历史的人来说,R101 飞艇的损失调查报告提供了许多这方面的见解)。目前,经过多年的开发和检验,安全系数的最小值是适航标准或综合设计手册的组合。然而,表 5.1 列出了在民用适航工作中最常用的值(显示了在英国适航标准、欧洲适航标准和美国大多数适航标准中找到详细的段落编号)。

表 5.1 民用适航标准中的典型安全系数

段落	原因	最小因子
303	正常极限安全系数	1.5
619	复合主梁	1.5
621	铸型零件	2.0
623	螺栓连接或固定连接的轴承	2.0
625	连接件(螺栓或铆接接头)	1.15
657	引脚	总因子不小于 6.67
693	旋转接头(电缆、球轴承或滚柱轴承除外)	总因子不小于 3.33
626 和 693	电缆系统,包括接头	总因子不小于 2.0

这些系数之间通常是相乘的关系。例如,在考虑 3.8g 飞机的复合材料机翼主梁(如图 5.1 所示,Beech"星际飞船"就是这样的例子)时,总安全系数为 $1.5 \times 1.5 = 2.25$。因此,飞机主体能承受的总载荷与 $3.8 \times 2.25 = 8.55g$ 成正比。

限制载荷乘以总安全系数称为极限载荷。这个概念并不意味着飞机在更高的负载下可能会失效,但能够确保在低于这个载荷条件下不会失效。已被证明或预测出现失效的负载为故障负载。

另一个概念是验证载荷,即极限载荷乘以验证系数。对于大多数飞机(和本书的目的)而言,验证系数是 1,因此验证载荷等于极限载荷,然而工程师应该

图 5.1 Beechcraft2000A"星际飞船"大型主要复合材料第 23 部适航标准飞机

知道这可能并非总是正确的。

在要求飞机结构不发生永久变形的情况下,必须承受反复载荷,在短时间内(通常是 3s 内)承受极限载荷而不发生灾难性变形。最后一项要求得到满足的程度是由储备因数 R_F 决定的。

5.3.1 储备因数的定义

$$储备因数 = \frac{故障载荷}{极限载荷}$$

在美国的适航实践中,通常用安全边际来表示与储备因数(Reserve Factor,RF)类似的概念,即安全边际 = 储备因数 − 1。这 2 个数据都只被引用到 3 个图表中,因为更精确的数据会引起误解,而且材料数据在任何情况下都很少被精确到更高的准确度。

因此,任何飞机的结构报告都必须保证 $R_F \geqslant 1$。根据证据的性质,在何种程度上 R_F 必须大于 1 可能是主观的,必须在提议和认证工程师之间达成一致。例如,如果它旨在通过使用有限元(Finite Element,FE)模型证明复杂组件的强度,那么有限元模型的有效性必然存在不确定性(通常是作为一种设计,而不是一种适航认证工具)。在极端情况下,储备因数必须有更大的、超过 2.0 的取值。这就是为什么在实践中有限元(或其他分析方法)几乎总是得到测试计算机模型支持的原因,如果计算机模型可以在选定的点(或至少在最安全的关键点)上验证,那么这就允许将 R_F 更接近 1.0 的值用于良好的操作。可以将其解释为主观性的,而且常常是。除非有可能提出明确的先例(工程上相当于判例法),那么,不论采用何种方法,所有各方都必须在发生太大支出之前,同意为结构的每一部分接受的 R_F 的最小值。

当然,搜索结果(至少设计者是这样)始终努力将 R_F 的值尽可能接近 1.0,因为任何大于这个值(或大于可以与有关当局商定的值)都不可避免地表示了飞机超重,这几乎肯定会降低飞机在设计中的性能。

注解:上述术语在英国民用飞机的适航认证中应用非常普遍。在其他国家或地区难免会使用略有不同的术语,读者应始终确保在理解学习和工作中使用的术语,因为没有绝对准确的术语。

5.4 结构报告

严谨的教科书要求测量材料对载荷、冲击、压力的承受力(让所有的飞机建造者小心谨慎),所以,当屈曲的主梁降低了跨度,会将损失或是谋杀的责任强加于出具报告的人身上。

——拉迪亚德·吉卜林,1935

结构适航工程师的最终交付成果是结构报告——一份表明考虑的结构足以胜任这项工作,同时已经清楚地表明,任何其他称职的工程师都可以检查这项工作,必要时重复或核实这项工作的文件。任何工程师都应该清楚,如果在证明资料不完整或不准确的情况下,他们作为提交人或作为授权的第二签字人提交签名,他们将面临谋杀指控。因此,对任何工程师来说,不能过分强调结构报告的完整性和清晰度,在任何工作领域都是如此。

结构报告的数量和复杂性取决于项目的性质,而且总是有一个限度,在这个限度之外,必须承认某些事实是真实的。例如,如果机翼肋是由未修订的 6061-T6 铝合金制造的,那么它就可以合理地接受(由于制造质量控制在任何材料的正常位置进行),该合金供应商提供的数据就可以安全地使用;而当使用一种没有普遍接受的数据结构或材料时(例如,制造商的复合材料强度数据很少独立鉴定)情况完全相反。然而,通常情况下,任何此类报告都可能是复杂的,包含有许多层次的信息以及相当多的参考标准和数据表。这使得这样一份报告必须清晰,并具有系统性;否则,提交人和检查工作的人都可能忽视错误或发生遗漏,这就变得十分危险。

结构报告的内容通常大致如下:

(1)页眉和页脚,显示报告的地址、作者和签名者、发布日期和发布状态(最后两个是特别重要的,因为这样的报告经常经过几次修改迭代)。

(2)要求遵守的结构需求说明。

(3)对如何证明遵守情况的解释。

(4)证据(可能是测试结果、代数分析和计算机(有限元)分析的组合),通常包括组件和负载情况的每个组合的 R_F 值(或安全裕度)。

（5）报告结论摘要。

在叙述这些报告签署人时,曾多次提到一种通常的做法,即在编写此类报告时,一旦主要提交人完成了其部分工作,第二个工程师通常会在飞机飞行或获得批准之前对任何此类报告进行检查和核对。实际上,英国的民用条例也要求这样做,大多数其他国家和环境也是如此。一般程序通常如图5.2所示。

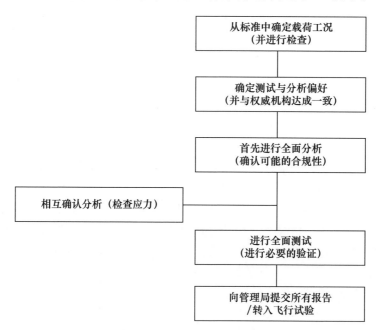

图 5.2　典型压力报告的提交过程

5.5　示 例 问 题

图5.3[①]给出了一个拟议的军事侦察飞机肩带附件的部分设计,类似于OV1C莫霍克飞机(图5.4)。这包括3个要素(加接头)(图5.3):

（1）A-B是一个2.5m长的无支撑管,由6061-T6铝合金制成,直径100mm,壁厚1mm。

（2）B是一个螺栓连接在中心的管,已知失效负载与任何附加电缆的相同。

---

① 原书误,译者改。

（3）B－C 是一个长 2m、直径 1/8inch 的 7×19 不锈钢电缆。在使用中,它与 A－B 管的角度为 20°。

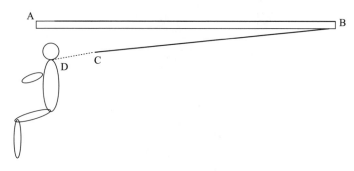

图 5.3　肩带装置

图 5.4　OV1C 莫霍克侧面图

C 处是一个特殊的"Y 形"关节的类型,已知其实质上强于任何部分连接。

C－D 是两个"救援技术平面织带",如图 5.5 中的广告所示:围绕飞行员的每一个肩膀。平行延伸(在侧视图中)到 B－C,在计划视图中考虑时,每一边与中心线的角度为 30°。

该结构的关键设计案例是体重为 100kg 的飞行员前向限制碰撞载荷为 6g 的情况(假定它与管 A－B 平行)。假设在这种情况下,肩带必须承受飞行员体重的 2/3,其余的由安全腰带承受。

确定每个组件(管 A－B、接头 B、电缆 B－C 和织带 C－D)提出如下问题：

是否需要重新设计结构储备因数？

需要什么测试技术来提供适当的结构保证？

图 5.5 "救援技术"织带广告(见彩图)

第6章 飞机主体结构认证

摘要：本章基于分析和试验，说明飞机主体结构适航的认证方法。解释了作为一种工具，数值方法(有限元法)通常不适合于飞机主体结构认证的原因。描述了仅使用试验认证的特殊案例，基于说明结构抗疲劳的原理介绍了材料疲劳问题。

6.1 载荷和系数分析

我们可能会给那些想要进入这个诱人领域的发明家增加一些暗示，但是我们只能再做一个结论。新发现的金属材料铝，由于独特的比强度，成为制造飞机的合适材料。

——科学美国人，1860年9月8日

如图6.1所示，速度—载荷($V-N$)图代表了飞机的极限载荷，即飞机在预期寿命内能承受的最大载荷(假设它在极限范围内运行)。

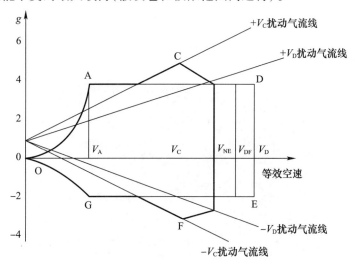

图6-1 典型的飞机速度—载荷图

然而,如前所述,安全系数必须适用于飞机结构的极限载荷,以便确定结构必须能够承受的最大载荷,而不会发生灾难性的后果。这些安全系数在整个结构中不是恒定的,因为没有任何工程结构(除了前面提到的单板桥例子)用的全是相同的材料、相同的结构类型,且没有接头。

通常的做法是对整个受影响的结构列出所有的材料和接头类型等,并针对它们列出适用的安全系数,详情见表6.1和图6.2。

表6.1 机翼支柱的安全系数分析

序号	类别	材料	安全系数/s
#1	前机翼支柱	6061-T6	1.5
#2	支柱底座螺栓连接	6061-T6 航空标准螺栓	1.5×1.15=1.725
#3	前柱顶螺栓连接	6061-T6 航空标准螺栓	1.5×1.15=1.725
#4	后机翼支柱	6061-T6	1.5
#5	支柱间电缆和连接件	1/8"非弹性7×7不锈钢	1.5×1.15=1.725 但最小值取2.0
#6	机身支柱安装底座的铸造外壳	2024-T0	1.5×2.0=3.0
#7	前应急支柱	6061-T6	1.5
#8	后应急支柱	6061-T6	1.5
#9	前应急支柱顶接头	6061-T6 航空标准螺栓	1.5×1.15=1.725
#10	前应急支柱底接头	6061-T6 航空标准螺栓	1.5×1.15=1.725
#11	后应急支柱顶接头	6061-T6 航空标准螺栓	1.5×1.15=1.725
#12	后应急支柱底接头	6061-T6 航空标准螺栓	1.5×1.15=1.725

图6.2 机翼支柱总成(奥斯特星)

（注意这个例子和照片并不完全相符，因为奥斯特星上的内支柱是一根杆子，而不是一根缆绳。加固机翼现在主要是用在轻型和老式飞机上，但也有例外——如dHC-6双水獭，甚至还有21世纪初由马歇尔航空航天公司改装的用于测试空客400M飞机TP400-D6发动机的C-130大力神飞机用的支柱）

接下来，必须考虑在最坏的极限情况下进行结构载荷分析。在这种情况下（机翼支柱结构），可能有2个单独的载荷，分别是最大正法向加速度与最不利的空速，或最大的负法向加速度与最不利的空速的联合作用。当然可能会有更多的情况（如在硬着陆或设计速度极限下），适航团队必须考虑到所有的这些可能，并努力降低这种可能。因此，关于这个支柱组件载荷描述的第一部分可能看起来如表6.2所列。

表6.2 载荷分析（部分机翼支柱组件）

序号	项目	材料	安全系数/s	+ve g 限制载荷	+ve g 极限载荷	-ve g 限制载荷	-ve g 极限载荷
#1	前机翼支柱	6061-T6	1.5	-12000N	-18000N	+6000N	+9000N
#2	支柱底座螺栓连接	6061-T6 航空标准螺栓	1.5×1.15=1.725	-14000N	-24150N	+7000N	+12080N
#3	前柱顶螺栓连接	6061-T6 航空标准螺栓	1.5×1.15=1.725	-16800N	-29000N	+8400N	+14500N
#4	后机翼支柱	6061-T6	1.5	-7800N	-11700N	+3900N	+5850N
#5	支柱间电缆和连接件	1/8"非弹性 7×7 不锈钢	1.5×1.15=1.725 但最小值2.0=2.0	0	0	-3000N	-6000N

6.2 试验认证

如果要通过试验来证明机翼支柱总成是否符合适航要求，可以通过计算整个支柱总成上的载荷来确定是否符合适航要求。先进行限制载荷试验，再乘以最大安全系数，这里取3，并实施在通过最大安全系数乘积而得到的极限载荷条件下稳定承受3s以上的极限载荷测试。然而，为了通过这一试验，许多结构必须是经过过度设计的，实际上支柱本身作为总成的最大部件，承受的载荷是严格所需性能的2倍，这会导致严重的结构超重，因而极不受欢迎。

然而，以这种方式来看待这个问题，确实使我们能够看到如何通过试验来建立结构的证据。例如，这个结构可以分为3个部分，通过试验获得简化的认证标准，具体情况：

（1）第一部分，主支柱和应急支柱组合，最大安全系数为1.725。
（2）第二部分，铸造基础接头，安全系数为3.0。
（3）第三部分，支柱间电缆，安全系数为2.0。

因此，通过分析确定基础接头和支柱间电缆的最高极限载荷，然后再分别试验这些部件的载荷，根据总体结构试验结果确定通用的安全系数，这是一种适当的做法（如果有证据表明支柱本身在一定程度上是超限设计的则可取1.725）。

因此，可以将飞机结构作为一系列大型组合来进行试验，从而尽量减少所需的昂贵的试验次数。这种方法基于载荷分析，但实际上只能证明是通过了试验。在认证费用方面，这种方法往往对一些轻型和微型飞机最有效，同时依赖于试验机身的可用性（由于后续飞行中机身部件会受到极限载荷的影响，因此可能不太合理），但能够大大减少试验花费的实际时间，并能在分析中节省相当多的费用。

例如，图6.3给出了常规飞机机翼结构上的6G（N_Z方向极限）的载荷试验。正在试验的部件是金属机翼支柱框架，安装在模拟机身的试验夹具上（图6.3右侧）。通过载荷分配器（本例中的尼龙绳网格），机翼用分布沙袋来模拟加载飞行中的气动力。对于某些标准，一个简单的载荷分布可作为一部分解释内容来发布。

图6.3 飞机支柱机翼+6G载荷试验

然而，在试图确保尽可能轻的结构时，通常更倾向于进行更有意义的分析。

这种方法的主要缺点是，对硬件来说，除了必需的试验之外，几乎没有将飞机结构加载到高于极限很小百分比的载荷上的动机。因此，经证明的结构储备系数通常是接近统一值（尽管结果非常高）的，这使得工程团队对现有的实际结构储备量知之甚少，可能会导致在以后的飞行中出现问题，尤其当作为极限扩大行动的一部分，飞机可能被要求增加载荷时。

6.3 分析认证

表6.2中的试验示例显然不是认证的唯一方法,也不一定是认证的最佳方法。工程师们掌握了大量的分析工具,可用来估计任何部件的强度。虽然重要的是这种结果只能是估计,但最好的分析工具能够产生足够精确的估计,即人们可能会认为,一个适当的构造试验会在预估失效载荷的很小一部分内产生效果,而且几乎总是预估的失效模式。这种精确度肯定适用于在许多教科书中明确描述的框架应力分析的经典方法。

然而,许多结构分析方法,特别是那些计算机强化或处理特别复杂形状的方法并不属于这一类。有限元法主要是作为一种设计工具,很少能完全取代传统的"纯手工"分析,也不能取代一定数量的试验。

然而,由于分析通常比试验要经济,加上允许将适航认证和结构设计工作结合起来,因此分析一直是结构认证工作的核心,而且仍然是结构认证工作的核心,因此基于前面例子,考虑如何将其向前推进:

如果通过分析证明其可接受性,通常做法是接下来为每个组件生成一系列的单独报告。因此,以第一部分前翼支柱为例,可能类似的示例如表6.3所列。

表6.3 单一组件的结构报告样例

结构支持报告		
作者 G. B. 格兰顿	问题编号 1.2	问题日期 2006.02.23
组件 序号:#1	前支柱(左侧机翼支柱装置)	DWG 中的定义/飞机/#1 问题1.1
除了另有说明外,所有尺寸数据来自于设计图		
材料数据		
由 6061-T6 制造,材料特性		

材料	密度	弹性模量	拉伸强度	屈服强度	剪切强度
	$kg/m^3 \times 10^3$	$N/m^2 \times 10^9$	$N/m^2 \times 10^6$	$N/m^2 \times 10^6$	$N/m^2 \times 10^6$
6061-T6	2.70	68.9	290	255	186

分析	
载荷	考虑两种载荷: (a)最大 +ve g,拉伸载荷:限制 1200N,极限 1800N (b)最大 +ve g,压缩载荷:限制 600N,极限 900N

续表

载荷(a)分析	机翼支柱的最小横截面为 $350\text{mm}^2 = 3.5 \times 10^{-4} \text{m}^2$。基于 UTS 和屈服载荷,将失效拉伸载荷定为 $290 \times 10^6 \times 3.5 \times 10^{-4} = 101,500\text{N}$。类似地,屈服拉伸载荷定为 $255 \times 10^6 \times 3.5 \times 10^{-4} = 89250\text{N}$。$R_F(\text{极限}) = 101500/18000 = 5.63$。限制条件下,$R_F(\text{限制}) = 89,250/12000 = 7.44$,故载荷(a)条件下的最小储备系数为 $56.3 \gg 1.0$
载荷(b)分析	支柱在每个末端采用了销接方式,采用未修改的欧拉屈服方程 $\pi^2 E/L^2$。根据提供的数据,接触面的最小二阶矩 $I = 0.8 \times 10^{-4} \text{m}^2$。无支承长度为 2.3m,经检查,唯一的失效方式是屈服模式,因此可能未考虑到限制情况,故屈服载荷为 $(\pi^2 \times 68.9 \times 0.8 \times 10^{-4})/2.3^2 = 10.3 \times 10^6 \text{N}$,因此储备系数为 $R_F = (10.3 \times 10^6)/9000\text{N} = 1140$
结论	支柱结构的拉伸强度符合要求,最小储备系数为 5.63 支柱结构的压缩强度符合要求,最小储备系数为 1140
进一步观察	这一类结构的高储备系数可允许进行重新设计以减轻重量

通常的做法是制作一系列此类报告,证明每个组件/负载组合情况(无论何种顺序符合结构适航团队要求)的可接受性(有时是不可接受性,在这种情况下证明需要解决的问题)。然后,报表的层次结构如图 6.4 所示。

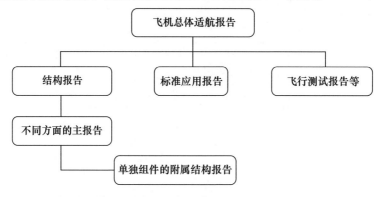

图 6.4 适航的一般层级,特别是结构报告

实际上,在进行结构方案认证时,需要进行大量的专业判断和谈判。为了达到尽可能高的安全水平,从每一个单独的元件,到每一个子组件,直到整个飞机的主要组件,都可以进行有限元分析,支持手工计算,然后进行验证分析结果的破坏性试验。这(总是假设所有的载荷预测要么是准确的,要么是保守的)肯定会产生一个极其安全的结构。

然而,几乎可以肯定的是,这种做法会使飞行公司破产,因为即使是最简单的飞机,部件数量也肯定会达到几千个,而对于较大的飞机则会达到几万或几十万个。

因此,必须对结构分析过程中各部分的必要性和合理性作出判断。这在很大程度上取决于先验信息和经验之谈。例如,如果对铝合金面板具有多年的铆接经验,因此只要遵循某些惯例,就可以假定(结构上的)不需要接头,或可视为具有已知失效特征的线性连接头,从而可以将几千个复杂部件视为较少数量的大型(尽管可能是复杂的)组件。不论是从分析还是试验的观点来看,这都极大地简化结构分析任务。

然而,即使已经完成这种简化,下一步也必须进行一定数量的分析工作。

另外,有必要决定试验的必要性。这取决于2个问题:①R_F 的值——任何非常接近于 $R_F=1.0$ 分析值的元件或组件都可能需要验证试验,特别是在分析方法相对复杂的情况下。例如,一个简单的圆形截面支柱(使用的材料和分析方法均完全一致)很可能基于 $R_F=1.1$ 的分析值得到批准,一个复杂的组件,使用有限元法得到 $R_F=1.5$,但因为有限元法的复杂性带来的不确定性,肯定需要一些测试。②最好有明确的关于必须进行试验或不用试验的阈值的相关规定,主要是因为结构试验的费用可能是认证过程中花费非常昂贵的一部分,人们有许多合理的理由希望 R_F 值尽可能接近1.0。然而现实情况中,这种判断在一定程度上是主观的,而且虽然可以从先例和公司设计手册中获得指导(这些手册本身就是根据经验和先例制定的),但这些信息仍然是主观的。最终,设计师、适航工程团队和负责最终批准飞机的监管机构需要大量的专业判断。这确实使一件事情变得绝对重要,即需要所有参与方之间定期明确的沟通,并尽早在一个方案内就仅采用试验、仅采用分析、采用分析加试验的认证之间的界限达成一致。虽然监管机构很少绝对承诺,宁愿保留根据结果和情况改变想法的权利,但他们对各方的意向声明提供了保证,并大幅降低了技术成本不断上升的风险。

6.4 对现有组装飞机结构认证的特殊案例

在世界范围内,自20世纪70年代以来,组装飞机,也就是由最终用户组装的飞机组件包非常受欢迎。在任何时候,可使用的飞机可分为数百种类型,从极低动力的单座微型或超轻型飞机,到大型轻型飞机、小型直升机、旋翼机,甚至是喷气式飞机,如图 6.5 所示。

图 6.5 典型的自制飞机。从左上方顺时针方向,超级陆战队 Mk26 复制品,Pitts S1 Dyn – Aero MCR – 01"Ban – bi",空气创造 KISS – 400,现实轻松掠袭者

虽然组装飞机有关的规则普遍不如适用于制造飞机的规则严格,但许多国家(当然包括英国)作为绝对最低限度要求对飞机的结构作某种形式的调整。然而,买方或进口商通常不可能从飞机设计师那里获得有意义的设计信息,而且飞机可能来自于一个退化的市场,如美国,在那里没有法律要求证明符合任何适航性,甚至是纯粹的结构标准。

由此产生的问题很明显,在受管制的环境中,进口商或买方可能被迫提供证据,证明飞机承受与申报的包线相符的结构载荷。要对结构进行详细的分析,就需要确定所有的尺寸——材料和几何,这很可能(在可能没有任何适当的设计图纸的情况下)需要花费大量的时间和精力。即使在一个不受监管的市场,明智的采购者可能希望得到一些个人的保证,即他们计划驾驶的飞机在结构上是合理的。

因此,在许多项目中,人们发现最实用和便宜的方法是制造一个专供试验用的机身。这不需要像真机一样的昂贵,因为没有必要对飞行机体进行必要的装饰、涂装、安装仪表等。事实上,这种试飞架看起来一点也不像一架飞机。然而,有可能通过一系列的试验,使每一个主要部分的最终载荷比确定的极小值多一点,并仅通过试验就能提供最多的证据。这会通常通过一些有限的应力计算(例如,主梁和翼缘附着点、控制电缆等,既高度安全,又相对容易确定尺寸和材料的部件)来重新执行,在这些情况下,特别重要的是对结果具有高度的信心,并了解 R_F 的值。典型的情况下,这种试验材料的成本可能是实际飞行飞机的1/3左右。特别是对于像 X'Air 这样的低成本飞机(图6.6)来说,这通常比一个详细的分析项目更具成本效益。图6.3 即取自这架飞机的认证报告,是通常向有关管理机构提供的证据水平(图片和独立监督的综合体)的典型例子。

图 6.6　X'Air(英国)微型飞机

同样的过程也常常受到一次性飞机业余设计师的青睐(他们往往没有能力进行任何形式的专业分析),或者商业设计师和成本较低的制造商的青睐,尤其是微轻型飞机,他们更喜欢"用眼睛"设计,或者从先前成功的设计中进化而来。这种方法的安全记录是很好的,据作者所知,在任何有成熟自制飞机市场的国家都是可以接受的做法。

6.5　材料疲劳

确定飞行结构持续安全性的一个重要因素是疲劳,特别是金属疲劳。这种机制是众所周知的,因为对这种机制的理解历史起源于19世纪的铁路,而在航空航天方面则与1954年的德哈维兰彗星号飞机灾难有关。在飞机上,金属疲劳尤其成问题,因为大多数机载结构在受到循环载荷的作用下也常常受到振动的影响。

通过注重细节设计和良好的制造实践,人们做了大量的工作来防止疲劳。因此,为了减少金属疲劳问题引起的风险,适航鉴定需要从设计阶段开始,并包括与制造业的积极接触。这在很大程度上是一个在每个阶段都要不断进行艰苦监督的问题。在设计过程中,必须确保受拉力的横截面面积足够大,以保持应力较低,并且在受到应力的位置避免所有小半径,特别是在飞行或着陆载荷等循环拉应力。图6.7给出了可能被认为是拙劣的设计实践:(a)一个尖利的狭窄通道;(b)一排小的紧固件孔;(c)一个尖锐的缺口;(d)一个螺栓连接在一个单一剪切带负载螺栓上的螺纹;(e)一个锋利的刃口。

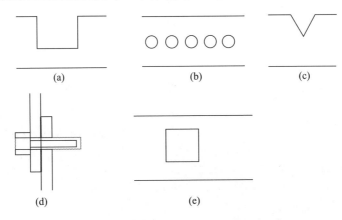

图6.7 (疲劳透视图)不良设计实践的图解

通过比较,图6.8给出了更好的做法:(a)内部和外部的角都已经做倒角;(b)小的紧固件孔已经扩大,减少了孔洞周围的峰值应力,以及在现在更大的紧固件内;(c)V形切口已经弯曲;(d)用螺栓连接的剪应力重新设计,只有螺帽在螺纹截面上,没有螺纹的直柄承受所有的剪切载荷;(e)矩形切口的所有角都被磨圆了,从而降低了弯角处的峰值应力(这种最后的做法在飞机窗户上已几乎普及,特别是由于产生循环箍应力的加压船体的出现,在充分了解这一问题之前,于1954年造成了德哈维兰彗星号飞机的损失)。

假设以这种方式遵循最佳做法,必须考虑的下一个设计特点是可检查性,即飞机的每一个可能易受金属疲劳影响的部件都必须保持检查维修的可达性,以便能够在疲劳增长可能危及飞机安全之前对其进行检查,并采取措施找到和修复疲劳裂纹。检查方式视结构的性质而定,可以是目视的,也可以使用X射线检查、硼透视(图6.9)压入式检验或磁涡检查等技术。特别是复杂的或铸造件的开裂可能是内部和视觉上不可拆卸的部件,即使是拆卸也需要这些更先进的检查技术。重要的是,这种设计能够避免大型装配件无法进入部件内部或实施

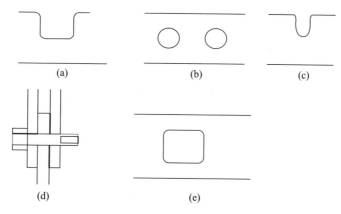

图6.8 (疲劳透视图)良好的设计实践

拆卸检查的问题,或者对于小型飞机实施常见故障的检查,从而避免柔性表面涂层隐藏裂纹。同样,维护和检查也很重要,确保飞机的每一个关键部分都有一个非常规律的检查,即裂纹在出现问题之前就会被发现。

图6.9 对涡扇涡轮部分进行内测硼镜检查的专家操作人员

特别是对于第25部适航标准飞机,通常要建造一个结构试验飞机框架,并通过一系列模拟结构进行循环试验,在飞机飞行前演示和解决任何早期疲劳问题,然后将寿命延长几倍。不断监测疲劳,以便在飞机出现问题之前就能找到设计解决方案并加以整合。如果这种方法使离散部件无法重新设计,但在已知寿命很可能出现疲劳故障的情况下,典型的部件更换时机是在预测失效寿命[1]除以预先确定的安全系数结果通常是 2~3h。在某些组件中,也可能存在一个确定的日历寿命,最可能的情况是,组件是由已知会随时间而降低的复合材料制造的,而不是使用周期。但是,如果起落架最关键部分的最低失效寿命可以确定为 12000 次着陆或日历时间 12 年,则可采用系数 3,那么在 4000 次着陆或日历时间 4 年(以先到者为准)时,可强制进行拆卸、更换或大修。

本节集中于金属疲劳,它是航空领域中最重要的疲劳寿命问题。然而,也不应低估复合材料疲劳的可能性。然而,这种机制与适用于金属的裂纹扩展机制并不完全一样,它通常涉及复合材料树脂组成的一个或多个微裂纹、树脂基体的部分剥离,或由于水分或其他化学接触而导致的材料性能变化,甚至是在水分进入后对材料的生物侵蚀。不可见的冲击、运行中的负载或暴露于太阳辐射也可能会导致这种情况发生。因此,对复合材料疲劳的归纳要比对金属疲劳困难得多,确定复合材料结构(尤其是主要结构)持续适航性监测策略的工程师则必须熟悉特殊材料的特性,尤其是初级结构。可能需要采购或设计专门的设备,以便监测复合材料的疲劳,作为设计过程的一部分,也可能需要专门测试材料样品来加速老化,以便充分了解其疲劳特性。

注:**结构类型中的主要结构**是指如果发生故障或退化,可能会立即危及飞行安全的结构,如发动机支架、翼梁或座舱盖等。

二级结构是指如果发生故障或退化,对飞行安全产生不利但不会立即产生危险影响的结构,如坐垫、仪表支架或整流罩等。

三级结构是指与飞行安全无关的结构,除非其故障方式危及飞机,如内饰、座椅罩或机上娱乐系统的部件。

6.6 损伤容限

近年来,在复合材料飞机占据主导地位的情况下,损伤容限的概念越来越受到重视。这在某种程度上与材料的疲劳机制有关,尽管在复合材料中也几乎看不到冲击损伤,但这对可能未经检测和修正而发生的结构损伤水平做出了假设,然后重新鉴定飞机的结构强度。

显然这很难做到,而且很可能需要审查维护记录,并在与类似设计和结构相关的情况下,与经验丰富的维护工程师密切合作。如果操作得当,这可能会导致

---

[1] 关于组件疲劳寿命的一个非常好的信息源可参阅 NASA 技术备忘录 86812《使用半周期法预测飞机结构部件的使用寿命》,1987 年 5 月出版。

并预先引入损害的情况下重复进行分析和试验工作。尽管在某些情况下,设计团队、适航团队和管理者之间的相互协议可能会允许稍微降低安全系数,但在预先引入损伤的情况下,可能需要满足相同的结构要求。因此,引入的具体损伤必须由专家判断,而且必须是一个知情的猜测——这不可能是一个确切的科学。在这个问题上,犯悲观主义的错误显然是好的做法,但过度悲观显然会导致结构设计过于沉重。

对于最轻级别的飞机——轻型飞机和部分超轻型飞机而言,通常不需要这种做法,但为了达到第 23 部适航标准要求的安全标准,这种做法开始变得必要,特别是在第 25 部适航标准中是必不可少的。军事采购人员可能认为这对教练机是不必要的,但这对所有其他类型的飞机来说是必要的,因为它们不可避免地具有引入战斗损伤的可能——很可能比疲劳或对任何同等民用飞机造成的"机库皮疹"[1]损害更重要的设计要求。国防标准[2]包含关于最佳实践的指导,但专家意见在官方试验中心可能提供最重要的指导。

---

[1] 译者注,机库皮疹是一个用于描述飞机地面事故的术语。
[2] 例如,AGARD(北约航空航天研究与发展咨询小组)发布的《耐冲击损伤飞机结构设计手册》。

第 7 章 起落架结构认证

所有的起飞都可选择,但着陆却是必须的!

——匿名

摘要:起落架是保证飞机安全起降最重要的结构,在起飞和着陆中都会承受巨大的冲击力。事实上,为了保证飞行安全,起落架必须能够反复承受这些冲击力。本章详细讨论了用于确定飞机起落架对承受的各种压力响应的试验程序,确定任何给定起落架设计的初始(和持续)适航性。此外还简要讨论了分析方法,但这些方法往往是对本章详细介绍的实验测试的模拟。

7.1 什么是起落架

起落架具有 3 种功能,分别承受不同的载荷:①飞机停放、滑行或其他地面移动或环境状况而产生的载荷;②在飞行过程中承受的任何气动和惯性载荷;③起降过程中的载荷。

第三种载荷也是最关键的载荷,在飞机起飞或着陆过程中最坏的情况是承受高瞬态载荷,虽然这些瞬态冲击载荷通常可以分散到几个方向,而不仅是垂直方向,这时起落架的作用就相当于是一个减震器。

最常见的起落架是前三点形式,曾经在塞斯纳的广告中被称为"自动化着陆"(图 7.1)。

该装置由分别位于飞机两侧、在尾部重心极限(在大多数情况下,在可实现的装载或卸载重心的最尾部)后面的两个主机轮(或一组主轮),以及一个位于重心范围前端的前起落架组成。图 7.2 为非常典型的起落架配置。

这种起落架使用得非常广泛(除了像空中客车公司 A340 这样的长低型机身的飞机外(图 7.3)),这种起落架不需要在着陆过程中精确地控制姿态,只要在着陆过程中飞行员操控飞机保持前轮高于主轮,飞机就能安全着陆并得到有效控制。但随着 A340 等较长机身飞机的出现,也出现了姿态控制问题,因为过度上仰可能会导致机尾擦地。

图 7.1　早期塞斯纳前三点起落架飞机广告

图 7.2　波音 737-7H4 运输机典型的前三点式起落架装置

图 7.3　空中客车 A340，一架非常长的飞机，着陆和起飞的姿态非常关键

另一个常见的布局是后三点起落架布局,将 2 个主机轮(或主轮组)布置在飞机重心之前(在这种情况下,防止飞机的机头倾翻是很重要的,通常比前三点式飞机的尾部倾翻的情况严重得多,因为力臂更短且载荷更大;而且对于大多数带有活塞或涡轮螺旋桨动力装置的飞机,发动机损坏的风险会大大增加)。图 7.4 为一个典型应用的飞机,这就是著名的道格拉斯·达科他,在世界范围内仍有一些特殊应用,尽管事实上所有新的后三点式飞机都是小型单座或两座的运动飞机。

图 7.4　达科他飞机的后三点式起落架布局

目前,几乎所有可能会遇到的飞机都属于这两类中的一种,但也有例外。许多滑翔机和一些专业的军用飞机,例如,鹞式飞机(图 7.5)使用单轮或自行车式起落架,在飞机中心线上有一个或两个轮子,再加上翼尖上的小滑轮。这本身就是一个有趣的例子,因为虽然这种主起落架的结构设计很简单,但是在很长的机翼顶端滑轮上的负荷(特别是阻力负荷)可能是非常大的,并且明显会超过飞行负荷。本书暂不能详细介绍这种特殊且专门的设计案例,但读者可以在 CS.22 认证规范《欧洲滑翔机和动力滑翔机认证规范》获得更详细的指导。

图 7.5　霍克·西德利"海鹞"军机,一种带有非常规起落架布局的特殊军用飞机

其他的布局包括滑雪板式（可在冰上和雪上操作）、浮板式（在水上操作）、滑橇式（特别是在较老的飞机上，尤其是在机尾上）。

7.2 起落架吸能装置的确定

虽然最终，有必要证明起落架的各个部件能够符合确定适航性（或者可能是地面适航性），但必须完成的第一项任务是分析起落架设计能够承受的能量，通常要确定其吸收的能量大小及能达到的程度。这种能量的吸收本身是很重要的，因为它同时定义了起落架承受冲击载荷的能力。另外，起落架吸收载荷的方式（载荷与变形情况的比较）将单独定义起落架必须满足的大多数的静载荷情况。

与任何工程问题一样，可以通过试验或分析的方法确定起落架的特性。本节集中介绍试验方法，尽管有许多组织主要使用分析方法，这些分析方法通常包括对下面描述的试验方法的模拟。

7.2.1 跌落试验

鉴定起落架能量吸收特性最古老的方法是进行跌落试验。在某种程度上，几乎在所有的认证方案中都在进行跌落试验，无论规模大小。简单地说，这意味着把飞机从正常着陆条件下的极限高度上扔下来，也是飞机在正常运行时经历的最糟糕的硬着陆情况。实际上，这意味着：

（1）试验飞机（或更简单和更便宜的安装有起落架的试验台）必须能代表可飞行的飞机。这包括机轮尺寸、轮胎类型和充气状态，具备典型的质量和飞行操纵面，如果忽略飞行操纵面，则质量必须做出相应的调整。

（2）飞机必须悬挂在撞击面上方的一定高度（不小于未压缩的起落架高度）上，该高度根据飞机质量和机翼面积计算得出。

（3）撞击面必须是一个典型的真实着陆面，经验表明，较好的试验表面是涂有润滑油的钢板，这样能消除了"摩擦"效应（或侧向摩擦），否则会得到与实际着陆不相符的结果。

（4）飞机（或试验台）必须安装一个或多个加速度计，与起落架连接到机身的点相比，加速度计的运动阻尼非常好。加速度计可以是电子的，也可以是机械式的，但在实践中，高速电子仪器通常会产生更令人满意的结果，因为与单点记录模拟设备相比，从时间—加速度图中更容易消除虚假的指示峰值。当然，实现这一选择的成本往往要高得多。

（5）如果合理可行，还应包括在跌落试验期间记录起落架系统（包括轮胎）

最大压缩的方法,以及某种形式的高速视频记录设施。

进行起落架跌落试验的原因有 2 个:①确定与跌落试验情况相对应的实际限制载荷;②证明在冲击载荷作用下没有可能造成损坏或破裂的不可预见的设计缺陷。最后,如果起落架设计中包含任何充液(气体或液体)减震器,则必须特别考虑,因为充液(气体或液体)减震器特性与负载加载的速率强烈相关。

在证明符合适航标准的情况下,该标准决定跌落试验高度。如果处于不必满足特定标准的位置,适当的民用飞机适航标准将提供最好的指导,因为它们依据的原始数据是古老的、复杂的且不易获取的。然而,这些民用标准使用的值已得到充分证明,并且可以在没有证据的情况下安全地应用于"常规操作"飞机。当然了,一些更特殊的飞行,如飞机着舰,肯定还是需要具体的证明。

大多数认证标准基于标准跌落高度给出的跌落试验高度(以 m 计),即

$$h = 0.0132 \left(\frac{Mg}{S}\right)^{\frac{1}{2}} \tag{7.1}$$

式中:M 为飞机最大着陆质量(Maximum Landing Weight,MLW),在第 23 部适航标准中的大多数飞机和小型飞机与最大授权重量相同,但第 25 部适航标准中的飞机通常显著低于最大授权重量);g 为重力引起的加速度,一般为 9.81m/s^2;S 为飞机的机翼总面积,用 m^2 表示。在有的标准中会有一个条件,即 h 不得小于 0.235m,也不得大于 0.475m。

(上面的标准是轻型飞机常用的简化版本。虽然第 25 部适航标准和大多数军事标准中的要求大体上相同,但考虑到起飞重量和着陆重量的不同情况,在细节上要复杂得多,然而最大着陆重量要求与上述要求基本相似。军事需求可能会有很大的变化,教练机和大多数运输机都可能符合民用飞机、快速喷气式飞机的要求(它们的高速和大机翼载荷特性),为在简易跑道上着陆而设计的运输机和舰载机都是经常遇到的特例。几乎可以肯定的是,任何一名处理此类飞机的工程师都需要准备一份带有大量分析的特殊案例(以试验或历史结果为依据),以确定适当的跌落高度。)

根据式(7.1)确定的跌落高度通常不会发生变化。然而,可能有充分的理由不在一架完整的飞机上试验起落架。飞机可能根本还不存在(或起落架团队无法使用),可能会担心机翼结构是否符合这些要求;或者更平淡无奇的原因是试验设施中可能没有足够的空间。在这种情况下,允许通过假设试验期间可能施加的提升高度来减少试验项目的质量。同样,最常用的民用适航标准中引用了标准关系。

减少跌落质量的标准关系可表示为

$$M_e = M \frac{[h + (1-L)d]}{h+d} \tag{7.2}$$

式中:M_e 为有效(测试)质量;M 为飞机的质量(如果单独测试起落架系统部件,则在水平静态条件下作用于每个机轮的重量(kgf));h 为跌落高度;L 为 M 的比例,假定在着陆期间起到提升作用,这由测试团队自行决定,但不得超过2/3;d 为轮胎和轮轴在1g跌落质量的载荷下的变形。

注意,在这里改变的是由式(7.1)确定的质量,而不是高度。

然后,可以用加速度计和高速摄像机进行测试记录,记录撞击过程中产生的加速度以及在图7.6试验中发生的任何形变和损伤的程度。

图7.6　试验台上对轻型飞机起落架在经过润滑的钢板上进行减重跌落试验
(照片由约翰·泰特斯特提供,德哈维兰支持有限公司)

显然,首先起落架必须在没有任何明显损伤的情况下通过测试;其次,应确定法向加速度值,即 $N_{Z\,\max}$(空载时 $N_Z = 1$)的值通常在 2.5~3.5 的范围内。乘以飞机的最大授权重量(Maximum Authorised Weight,MAUW)(或更复杂的适航调查,根据与试验条件相对应的飞机重量),这就产生了力,$P_{Z\,\max}$ 在此基础上确定了进一步的静载荷情况。

7.2.2　载荷与变形量试验

由于跌落试验的成本、难度和对设备及人员的绝对风险,通常最好减少跌落试验的次数。只有在能够证明起落架中的任何部件都不会有故障或变形,而在这些故障或变形会受到载荷加载速度的显著影响的情况下,才有可能进行跌落试验。这主要适用于轻型飞机上的简单复合材料或金属弹簧起落架,如 PA38 飞机的起落架(图 7.7),但几乎肯定不适用于油液减震起落架,如大型飞机(图 7.8)。

图 7.7　派珀 PA38 的钢弹簧主起落架结构

图 7.8　波音 747-400 和空客 A380-800 前部的可压缩油液减震前起落架

然而,如果可以避免跌落试验(而且通常即使需要也是如此),则需要通过另一种方法对起落架的任一部件或整个起落架进行载荷与变形量测试试验来确定 $P_{Z.max}$。

载荷与变形量试验中起落架必须安装在飞机或试验台上,类似于安装在用于跌落试验的润滑钢板上,并知道起落架的总载荷(包括其自身的重量)。然后对起落架加上载荷,一般高达飞机起落架设计的最大授权重量的 3 倍(至少是 2

倍)。测量撞击表面(地面)时的起落架与飞机相连的点之间偏转,就可以为整个起落架建立一个载荷与变形量之间的数值对应表。

注意:上述方法可以通过分析来模拟,或者通过单独测试独立部件并结合所述结果来模拟,所述结果简单但不一定最理想的。对于复杂系统,在确定结果时必须考虑系统状态的速度或变化率。

然后,可以将该数据绘制为荷载与垂直变形量的极坐标图,如图7.9所示。

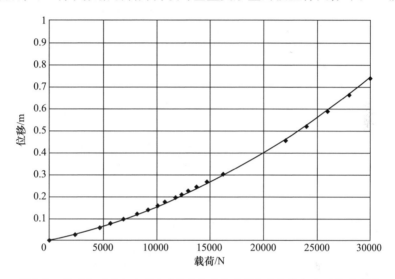

图7.9 典型轻型飞机起落架(单主起落架支柱)的载荷与变形量的关系

使用这些信息,从标准结果中可以知道,工作 = 能量 = 力 × 距离,因此

$$E = \int F ds \tag{7.3}$$

因此,通过将施加在起落架上的荷载与(垂直)位移进行积分,就可以确定在起落架中储存的能量,并用数值方法或代数方法来完成。通过对曲线进行数值积分(实际上,有时是在计算曲线下面图形的长方形格面积),或者通过拟合曲线(通常是多项式),然后对曲线进行积分。例如,图7.9中的曲线可以通过以下方法得到很好的精度,即

$$F = 20859S^3 - 55048S^2 + 69785S \tag{7.4}$$

这可能与位移有关,则

$$E = \int F ds = 5215S^4 - 18349S^3 + 32893S^2 \tag{7.5}$$

根据力与位移的原始关系重新绘制图7.9,可以得到存储能量和施加的垂

123

直力之间的对应关系,如图7.10所示。

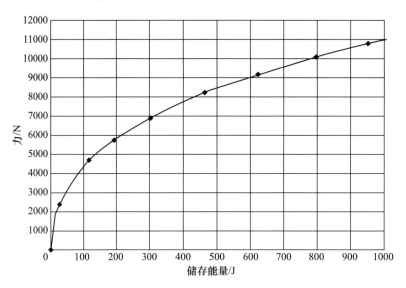

图7.10 图7.9中所示主起落架一半的能量与力

返回之前的结果,式(7.1)中引用的各种适航标准,即

$$h = 0.0132 \left(\frac{Mg}{S}\right)^{\frac{1}{2}}$$

再看一个标准的结果,飞机/起落架组合悬挂于地面上的潜在能量是 $E = Mgh$。假设在地面撞击前的短暂下降没有能量损失,那么起落架储存的能量(最终消散)可表示为

$$E = Mg \, 0.0132 \left(\frac{Mg}{S}\right)^{\frac{1}{2}}$$

$$\therefore E = \frac{0.0132 \, (Mg)^{\frac{3}{2}}}{\sqrt{S}} \quad (7.6)$$

这最后的关系可以为整个飞机作相互参照(在这种情况下,F_{TOTAL} 与 $2E$ 的曲线基于图7.10,允许2个主起落架,但不考虑前轮或尾轮的影响),最后给出一个力 $P_{Z,\max}$,如果起落架的变形基本上不是载荷加载率的函数,则对应于等效跌落情况的最大值。

7.2.3 从跌落试验和负载相对位移比较 $P_{Z,\max}$

如果使用上述两种方法(这通常是最佳实践),那么比较每个方法的 $P_{Z,\max}$ 值是正常的。如果两者之间没有很好的相关性(可能是±10%),那么这必须加以解释,主要可能的原因是由速率相关的特性或者是由于质量较差的试验方法造成的。

最后,从这些测试中得出 $P_{Z.max}$ 的最保守值(即最高)被认为适用于被调查的飞机。如果是低的(如低于 $2.67W$),那么,应该让官方和(或)适航标准接受这一点,因为这通常是可使用的最小值。$P_{Z.max(alc)}$ 被称为飞机载荷反应。

然而,现在可以假定某些升力(通常高达 $2/3W$)在着陆过程中被认为可用。这可以从 $P_{Z.max(alc)}$ 中减去,得到一个新的 $P_{Z.max(ulc)}$ 值,称为起落架载荷反应,由 $P_{Z.max(ulc)}/W$ 确定的值可以记为 $N_{Z.max}$,称为起落架载荷反应系数,通常取值在 $2.0\sim3.0$ 范围内。在一些适航标准中可能列出可能取的最大或最小值。

7.3 典型的起落架载荷工况

确定的 $P_{Z.max}$ 是一系列载荷情况分析的基础,起落架必须通过试验或分析来证明所受的载荷工况。如下所述,主轮、前轮和尾轮的典型负载情况均不相同。

7.3.1 典型的主轮载荷工况

(1)最大垂直反应。即使传统飞机"降落"到跑道上,也会存在一些纵向速度分量。因此载荷实际上是2个,包括垂直方向的 $P_{Z.max}$(可能有,但很少乘以一个大于 1.0 的因子),以及 $P_{Z.max}$ 的前向或后向的部分分量。最大垂直反应情况的最常见版本如图 7.11 所示。

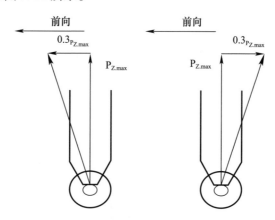

图 7.11 典型的最大垂直反应负荷工况

出于试验或分析的目的,这2个力可以合成为一个单一的合力,用一个箭头表示。应用毕达哥拉斯定理,可以得到(垂直分量² + 水平分量²)^(1/2) 的总合力,

为 $1.044P_{Z.max}$。

这种力在作用角度为 $\tan^{-1}$(水平分量/垂直分量)的垂直方向上(前后不同)。这种工况下,作用在垂直方向的任一边的 16.7°。

(2) **旋起工况**。旋起工况是飞机在着陆后与地面的初始接触,在这期间,轮胎和车轴受到非常高的初始阻力,此外,不可避免地存在巨大的垂直载荷(图 7.12)。

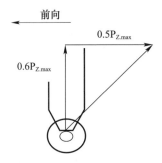

图 7.12 典型的旋起载荷工况

通过与最大垂直反应工况类似的分析,有

$$总力 = P_{Z.max} \times \sqrt{0.5^2 + 0.6^2} = 0.781 P_{Z.max} \tag{7.7}$$

作用在垂直方向后的 $\tan^{-1}\dfrac{0.5}{0.6} = 39.8°$ 方向。

(确切的数值可能有所不同,但与本节中的其他情况一样,这些值取自所有现行的民用标准)。

(3) **回弹工况**。回弹工况是指飞机弹起时发生的载荷,例如,飞机弹跳时由起落架的质量引起,最初通过轮胎的旋转产生向上向后的载荷,从而发生反向的工况,如图 7.13 所示。

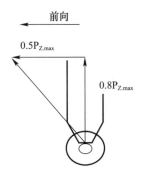

图 7.13 典型的回弹载荷工况

通过与上述类似的分析,有

$$合力 = P_{Z.max} * \sqrt{0.5^2 + 0.8^2} = 0.890 P_{Z.max}$$

作用在垂直方向的前向角度$\tan^{-1}\dfrac{0.5}{0.8} = 32.0°$方向。

(4) 侧风着陆。侧风着陆状态指的是飞机在着陆或起飞过程中遇到带有角度的风,很少有与跑道方向完全一致的风,有时侧风可能非常大。虽然所有飞行员都倾向于尽可能避免侧风情况(如果有经验,要小心使用侧风降落技术来补偿),任何飞机都不可避免地会在起落架上承受较大的侧向载荷,无论是为了确保安全着陆而采用的处理方法,还是飞行操控直接导致的这种情况。在"侧滑"侧风着陆时尤其如此,这需要飞行员在飞机倾斜于侧风的情况下着陆,并利用方向舵保持飞机垂直。这意味着,完整的着陆载荷最初在一侧主轮上产生反应,通常带有巨大的横向分力,如飞机轴线(图7.14)。

图7.14 这架 Aeronca K 飞机的飞行员正以左侧滑姿态降落,以补偿来自该侧的轻微侧风,从而导致主起落架在降落过程中的载荷不对称。在互联网上快速浏览一下,就会发现在每一种飞机上都有类似的例子

典型的载荷情况如图7.15所示。与基于$P_{Z.max}$的其他情况不同,这种情况通常基于W,即飞机的最大着陆重量。

这种情况结合起来:$0.5W$的内侧和$0.67W$垂直边载荷,加上$0.33W$的外侧和$0.67W$另一边垂直载荷,分解为一个单一的力向量,这将是:

(1) 一侧作用在机身内侧垂直角度36.7°方向的$0.836W$载荷。

(2) 另一侧与机身法向外侧26.2°,方向产生$0.747W$的载荷。

显然,这些数值会因飞机的特定载荷情况而发生变化。飞机具体数值可能发生变化的原因有很多,与操作环境和飞机的飞行力学有关,但一般情况应与上述方法一致。

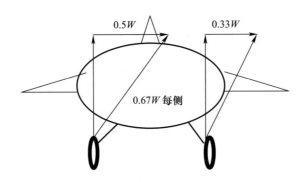

图 7.15 典型主起落架侧载荷分布实例

注:毕达哥拉斯简介

毕达哥拉斯是希腊数学家,生活在公元前 6 世纪。他建立了一个相信一切事物都与数学有关的社会,并且(在这个时代是独一无二的)坚持男女完全平等。他最亲密的追随者都是严格的素食主义者,不允许持有个人财产。其他追随者则是在面纱后面接受指导,因为他们被认为不值得去见他们的传道者,通过演讲发言会被判死刑。

7.3.2 关于姿态的说明

前面已经描述了大量荷载工况。对于后三点式飞机而言,这些情况通常可被视为飞机处于飞行姿态而非三点姿态时要考虑的唯一情况。这可能被认为是因为在正常的拖尾机操作中,严重的着陆条件通常对应于以下情况,即由于操作不当,飞机的机头向下俯冲角度比首选的三点着陆姿态明显大(这种飞机着陆时的正常目标是三个轮子同时着陆),或者飞行员决定(最有可能是由于严重的湍流或侧风)以更高的飞行速度着陆,但首要的应是控制飞行姿态(飞行员称之为"两轮"或"多轮"着陆)。

然而,前三点飞机从前轮刚离开地面时的最大机头俯冲角(图 7.16(a))到机尾刚离开地面时的最大机头迎角(图 7.16(b)),以各种姿态降落一架前三点飞机是可能的,也是正常的。

因此,对于大多数的前三点式飞机来说,在描述每一个主起落架的负载时必须至少考虑 2 个情况:①最大俯冲角;②最大迎角。在地轴中定义实际载荷情况,然后在不同条件下添加飞机的俯仰姿态,再将对准修改为飞机轴。可能需要评估的案例超过这两个极端情况,但实际上这是极少出现的情况,通过对于轻型飞机来说会被认为是过度认证,轻型飞机在着陆过程中会遇到很多姿态,但对大多数客机来说是不必要的,其长度和性能要求决定了着陆姿态不可能多样化。

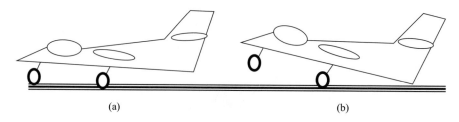

图 7.16　前三点飞机的俯仰姿态范围

7.3.3　起落架载荷的反应

在鉴定飞机结构是否能够承受这些载荷时,一个重要的考虑因素是确定飞机的结构在什么时候必须表现出对这些载荷的反应。最有效的一种方法,是根据飞机惯性和空气动力特性进行分析,并假设飞机可以自由地在所有 3 个轴旋转,任何初始载荷都施加在主起落架上。然而,这样的分析很复杂,需要花费大量的时间和(最可能的)计算能力,而且进行试验模拟的难度很大。

一种更为传统的(以及一般的保守和简单的考虑)方法是选择飞机的一部分,该部分离起落架非常远(如机翼附件),并假设所有载荷最终都在某个点发生反应。只要选取一个可以考虑所有飞机内部重要结构的点,该分析方法就具有一致性和直观性。此外,如果认为有必要的话,重复试验和分析条件是很明了的。

在考虑这些情况时,必须记住上面描述的条件是限制载荷情况。

7.3.4　典型的前起落架和后起落架载荷情况

还必须考虑传统的"三点式"起落架的前轮或后轮(有时为尾翼滑移),但载荷的考虑与主轮不同。根据定义,第三个轮子不会靠近飞机的中心(否则会产生一个显著的力矩臂),但通常也不会存储并耗散大部分的主要冲击能量。

因此,与主起落架的侧负载工况类似,考虑到第三轮的强度并不是着陆冲击,而是考虑到在最大重量(飞机的最大重量)和最不利的重心位置上承受的载荷。简单地说,这可能是前轮的前极限,或者尾轮的后极限,但更可能是重量和重心位置的组合(在允许的质心包线内),给出了主轮在第三轮发生反应的最大力矩。

7.3.4.1　前轮载荷工况

前轮一般考虑 3 种载荷情况(假设与所有飞机一样,前轮没有刹车)。它们是:

（1）后向载荷。后向载荷是正常的着陆载荷，包括一个大的垂直载荷和一个较小的阻力载荷，这两者都是根据最大静载荷 W_N 确定的。最常见的负载情况如图 7.17 所示。

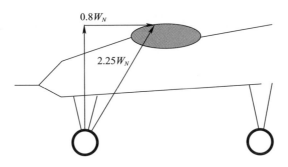

图 7.17　典型前轮后向载荷工况

然后应用毕达哥拉斯定理和基本三角几何学，类似主轮的情况，这个典型的情况等同于在垂直方向向后 19.6°的角度上，合力为 $2.39W_T$。

（2）前向载荷。前向载荷与主轮的回弹工况相似，但也考虑到许多飞机通常通过前轮轴在地面上牵引。图 7.18 给出了典型的负载值。

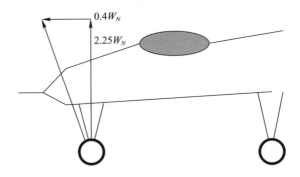

图 7.18　典型前轮前向载荷情况

这等于在垂直方向向前 10.1°作用的 $2.29W_N$ 的力。

（3）侧向载荷。侧向载荷反映了操纵载荷，加上飞机总是不可能与飞行方向完全一致着陆。图 7.19 给出了典型的负载值。

这等于从垂直方向侧面 17.3°作用的 $2.36W_N$ 的力。

在考虑侧向负载情况时，考虑一个特定的前轮设计和位置是否横向对称是很重要的。如果是这样，那么侧向受力情况可以看作是单一的情况；如果不是，那么侧向负载必须被视为一对负载，每一个做单独处理。

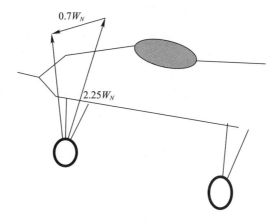

图 7.19 典型的前轮侧向载荷工况

7.3.4.2 后轮载荷工况

有 2 种载荷的情况通常被视为后轮或尾轮情况,但设计尾轮和主机身之间的结构必须满足这些要求,使其在某一点上比飞机主结构弱,这也是正常的做法。如果遇到特别大的负载,尾轮总成从飞机上自行掉落,而不至于影响飞机后部的大部分部件。显然,这两者都不是一个理想的结果。但总的来说,人们发现,飞机尾轮损失后沿跑道"打滑"的后果不会危及生命,也应该允许通过剩余的舵面进行一些方向控制,并且通常很容易修复。

(1) 障碍载荷。障碍载荷是正常着陆和滑行载荷,基于飞机最不利重量和重心组合下的静载荷,可以称为 W_T。图 7.20 给出了典型的载荷值。

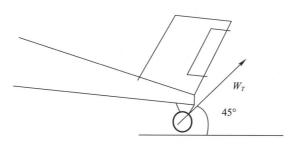

图 7.20 典型的尾轮障碍载荷工况

这个负载情况比以前描述的要简单得多,静态垂直反应载荷 W_T 被认为施加在垂直方向后的 45°方向上。

(2) 侧面载荷。侧面载荷表示 2 种可能性。①飞机降落时,尾轮与飞行方向不一致,或者由于方向舵偏斜(和与后轮相连的舵),或者由于飞机降落时带有一些残余的"偏流修正量",或者飞机航向与飞机飞行方向之间有夹角;②第二种情况(更罕见但更严重的情况)是,当飞机(几乎无一例外地是后三点飞机①)在地面失去方向控制时,通常在着陆后不久,导致飞机通常在停止前偏航180°或更大角度。这会在尾轮上施加非常高的垂直和侧向组合载荷,必须在不损坏飞机的情况下进行反应。

图 7.21 中给出了典型的负载值。请注意,虽然这张图显示尾轮与机身方向一致,如果(例如)飞机有尾轮锁(在较大的后三点起落架上常见),情况同尾轮与飞行方向不一致相同。但是,如果后轮是浇铸的(通常情况下比较小的,或近期设计的)载荷情况假定机轮垂直于飞机的纵轴。

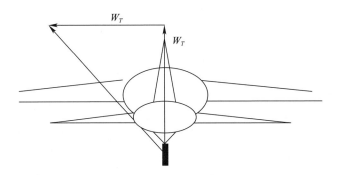

图 7.21　典型尾轮侧向载荷工况

与前轮侧面负载情况一样,这是一个单独的情况(如上所示)还是一对相反的负载情况取决于后轮总成是对称的还是不对称的。

在任何情况下,与前面的示例类似,这种(典型的)后轮侧面载荷情况下的总作用力为 $1.41W_T$,作用于垂直方向任一侧 45°方向。

7.4　使用跌落试验以避免静态载荷测试要求

在一些国家,特别是德国和东欧,采用了一种替代的、纯实验性的方法来解决上述问题,尽管在英国或北美这种方法很少被认为是可以接受的。用于表明起落架在限制和极限载荷等方面满足各种结构的要求,如以前纯粹的跌落试验所描述的,但是使用修改后的几何体曲面。如今,它只在一些轻型飞机上使用,但在一些组织中,这些飞机依然很受欢迎。

---

① 关于尾轮配置飞机的操纵,有很多文章。对于那些想要理解这个话题的人来说,有两个很好的参考资料:大卫·罗布森(ASA 2001)《驾驶后三点飞机》,沃尔夫甘夫·兰格维斯切(麦格劳·希尔 1944)的《操纵杆和方向舵:飞行艺术的解释》。飞行员尤其广泛地将后者理解为关于飞机操纵基本原理的开创性图书。

为了解释这种方法的工作方式,以飞机的旋起载荷试验为例,例如,飞机的 MAUM 为 600kg,跌落高度被确定为 0.27m。限制载荷情况通常是通过将一架完整的飞机从 0.27m 坠落来确定的,然后从这个跌落试验中确定 $P_{Z.max}$(也可能是从垂直载荷和变形量试验中确定的)。这证明(通过试验和分析),满足在限制和极限载荷下的适航要求。因此,如果将整体安全系数应用于起落架为 S.F. 的情形,那么实际的载荷情况如图 7.22 所示。

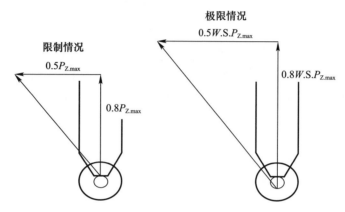

图 7.22 限制和极限旋起载荷情况

然而,在着陆过程中起落架上受的力与消耗的能量成正比,而能量与进行的跌落试验的高度成正比,这是合理的近似。另一种选择是完全忽略静态负载情况,并考虑通过跌落试验证明起落架的可接受性,这是一种基本上不考虑任何分析要求纯粹的试验方法。

为了做到这一点,必须在每个机轮总成下建造一个表面(可能与之前的试验一样,是涂了润滑脂的扁平厚钢板),表面将垂直于静载荷试验期间通常认为合力作用的角度。然后,对于每个试验实例,应在具有代表性的起落架系统和相关结构上进行 2 次跌落试验。第一次是从极限跌落高度(式(7.1))开始,之后的检查应表明不会产生永久变形。第二次是从一个新的最终落差高度开始,定义为 $h' = h.f(S.F)$;尽管除非与监管机构另有约定,$f(S.F) = SF$ 很可能是一个非常严重的案例,可能需要非常昂贵的设备进行演示,但至少需要最少的计算量,并且可以通过良好的试验设施快速完成。它可能特别有利于证明结构难以分析的轻型复杂起落架系统设计的可接受性。

然而,必须强调的是,适航管理机构普遍不赞同这种办法,而且很可能对进行试验的人员造成损害(从超过半米的高度扔下几吨重的飞机是一项非常严肃的任务)。因此,这种做法应谨慎考虑,并始终得到审批机构的监督和同意。

7.5 制 动 系 统

大多数飞机都是用机轮制动,而且通常只对主轮减速。这就产生了一个附加的负荷情况,其特点基于主轮上最大静负荷的组合(在很少的情况下采用前轮制动的设计),通过对制动系统的详细试验或分析确定了滚动阻力(加上轮胎与最坏情况之间的表面摩擦特性),或更常用的默认制动值。

传统上,制动阻力受制动系数 μ(有时写 μ_B)影响,其中由于制动阻力用 $F_B = \mu W_N$ 表示(W_N 代表飞机重量的比例,垂直于跑道表面,考虑了起落架部分)。制动系数 μ 的实际值如下所示,但是大多数适航标准使用的是一个非常保守的数值,大约在 $\mu = 0.8$ 左右(表 7.1)。

表 7.1 不同跑道表面的典型实际制动系数(ICAO 附件 14,卷 1,2004 年)

表面类型	最小 μ 值	最大 μ 值
干硬跑道	0.4	0.4
潮湿跑道(最大 0.25mm/0.01inch 的水)	0.347	0.374
非常薄的雪	0.334	0.347
湿混凝土(最高至 0.75mm/0.03inch 的水)	0.294	0.334
湿柏油路(土沥青)(至多 0.75mm/0.03inch 的水)	0.268	0.347
沙砾压实的雪或冰	0.294	0.321
零下 15℃(5℉)压实的雪	0.262	0.268
大雨(0.75~2.5mm/0.03~0.1inch 的水)	0.254	0.268
零下 15℃(5℉)压实雪上的积雪	0.241	0.254
零下 10℃(14℉)寒冰	0.215	0.241
0℃(32℉)以上的湿冰	0.201	0.215
在 2.5mm(0.1inch)深的积水上滑行	0.201	0.201

人们可能会质疑,为什么认为对制动起落架系统进行结构分析时使用的值是实际条件下可能达到值的 2 倍是合理的。在现实中,可以看出,即使是保守的制动滚转情况,与自旋上升情况相比,这通常是一个比自旋上升情况更保守的值。因此,使用一个更大的值不会对主起落架结构本身有任何重大的设计影响,只会对内部制动机构峰值负载或抱死的设计产生影响。

注:水滑

水滑是一个术语,用于描述水在移动轮胎和跑道表面之间形成层流边界发生的情况,这种现象最有可能发生在原本干净的跑道表面被少量细颗粒(如轮胎磨损产生的橡胶块)或至少有 2.5mm(0.1inch)深的静水污染的地方。当条件适合,水滑的机理导致达到或高于水上滑行速度时,可以给出一个合理的近似值 $V_{HP}=9\sqrt{P_T}$,式中,V_{HP} 为滑水速度,表示地面速度,单位为 kn;P_T 为轮胎压力,单位为 bar。表明通过增加飞机重量来提高水上滑行速度(降低水滑的风险),增加密度将增加给定着陆速度(在校准空速中定义)的真实空速,从而增加水滑的可能性,同时,逆风速度增大会降低着陆时给定校准空速的地面速度,从而降低水滑的可能性。

请注意,表 7.1 中的摩擦值只是指导性的,特别是为了分析飞机性能的目的,通常需要采用特定的局部测量来确定制动效率。大多数权威机构出于飞机性能和可控制的目的,在不同的中间阶段将制动系数处在 0.4 或以上的定义为"好",0.25 或以下的为"差"。对于制动性能下降的跑道表面称为是"被污染"的表面。

7.6 起落架其他适航问题

必须认识到,这些主要的着陆结构要求虽然极为重要,但并不构成必须解决的唯一问题,以确保起落架令人满意。具体问题取决于飞机的用途和设计,可能还需要评估的典型设计问题包括:

(1) 作动器、制动器和控制系统的可靠性(以及对单个系统故障的抵抗力)。

(2) 可收放起落架系统的状态(伸出、缩回或部分)或刹车机构内的故障提示的机构或系统的可靠性。

(3) 检查和维护起落架的能力,理想情况下尽可能避免使用专业工具或要求单独支撑("千斤顶")飞机。

(4) 对于可收放起落架的飞机,起落架的收放必须使飞机保持易于控制的状态。此外,放下起落架时增加的阻力必须是可以接受的(注意:在某些情况下,高阻力可能更好,例如,允许飞机在相对较高的动力环境下着陆,在复飞的情况下尽可能减少动力增加时间)。

(5) 防止外来物体碎片(Foreign Object Debris,FOD),可造成外来物损坏。

(6) 飞行中的气动和惯性载荷。

(7) 可靠性以及轮胎失效的预测。

(8) 刹车系统的能量耗散特性,最高可达最大着陆速度下可能产生的(热量)能量。如果飞机需要在短时间内多次着陆,则这一点尤为重要,任何用于训练的飞机在这一点上都是特别重要。

(9) 火灾风险:例如,滑翔机可能有部分封闭的主轮挂有干草,然后在着陆过程中由于摩擦加热而着火。另外,正常情况下,飞机轮胎需要使用不可燃气体充气,如氮气(正常的空气由于含氧量太大会产生太大的危险)。

(10) 在(液压或电气)故障情况下降低("吹倒")起落架的能力。

(11) 对于舰载飞机或其他特种飞机,能够承受更高的下降率,或由加速或制动对起落架施加的负载。

(12) 对轮胎的要求,轮胎采用特殊表面,成形部分(已知)的设计用于将水雾甩到远离飞机的潮湿跑道上,有的飞机如加拿大"挑战者"(图 7.23)在机身后方安装的发动机,可能会受喷雾影响。

图 7.23 加拿大航空的"挑战者"CL-600 飞机

7.7 实 例

7.7.1 起落架着陆载荷的确定实例一

一个传统的前三点飞机,最大起飞重量 1210lb,机翼面积为 120ft^2,计划开展超轻型飞机认证。包括起落架(虽然只是一个液压减震器)在内的大部分结构,是由碳纤维强化的树脂复合材料制造的。

由于机翼和机身是融合在一起的,所以会对整个飞机进行跌落试验并描述所需的试验设施和试验条件。

在跌落试验中记录了 1.8g 的峰值法向加速度。

通过试验证明了飞机的主起落架和前起落架符合超轻型飞机认证规范。描述了所需的试验设施,并计算了试验条件。

飞机的重心基准是在主轮轴中心线上。允许的重心范围是基准前 10 ~ 18inch。前轮在基准前方 80inch。

注:参考超轻型飞机认证规范 CS.VLA 的适航性验证方法(Acceptable

Means of Compliance,AMC)部分,以及 C 和 D 子结构主体部分可以解决这个问题。

7.7.2 起落架着陆载荷的确定实例二

注:这是2006年5月布鲁内尔大学航空航天工程三级考试的试题

您被要求调查轻型飞机新型复合材料钢板弹簧主起落架的可接受性,最大起飞重量为1325lb,机翼面积185ft²。起落架包括单个部件,连接在飞机机身的下侧。跌落试验数据显示了图7.23中给出的最大法向加速度值,在最大起飞重量的全尺寸跌落试验中,安装了全部的空气动力学舵面:

(1) 什么(水平降落情况)限制最大垂直反应和弹簧后负荷情况,以证明这个主起落架组件?表现出所有的工作。(60%)

(2) 这种起落架主要由复合钢板弹簧组成,所有的试验都是在室温条件下进行的。然而,机身上的附件是由铬钼钢制造的。每个部件(当被认为是整个起落架的一部分)的极限载荷情况是什么?这些部件必须承受多久的极限载荷而不会发生灾难性的故障?(20%)

(3) 主起落架上的机轮显示液压鼓式刹车的峰值制动力矩,相当于0.7与地面的摩擦力矩。必须证明什么附加载荷情况才能证明主起落架结构能够承受这种刹车载荷?(20%)

7.8 实例的解决方法

7.8.1 起落架着陆载荷的确定实例一

试验条件的说明见本书,并可根据超轻型飞机的认证规范 CS.VLA 得出,但请注意以下几点:

(1) 所有复合材料飞机的复合材料超级因子要求。

(2) 液压减震器意味着跌落试验是必要的,而负载变形试验并不重要。

(3) 需要增加1.8g峰值的法向加速度,提供最大的 N_z,以符合适航标准的最低要求。

(4) 主轮轴的力矩计算(这与确定前轮最坏情况下的载荷有关,以确定前起落架试验载荷)。

(5) 适航标准是用国际单位来表述的,因此单位需要转换为国际单位,以确定下落高度,其他所有的计算都可以以英制单位进行。为了给学生提供实践,因此建议鼓励学生这样做。

7.8.2 起落架着陆载荷的确定实例二

(1) 超轻型飞机认证规范 CS.VLA 725(a) 要求最低跌落高度为 $h = 0.0132(Mg/S)^{\frac{1}{2}}$。

为了确定高度,飞机的机翼载荷必须转换为国际单位:因此机翼面积 = $185\text{ft}^2 = 17.2\text{m}^2$,最大起飞重量为 $1325\text{lb} = 602\text{kg}$。因此,$Mg/S = (602 \times 9.81)/17.2 = 343\text{N/m}^2$,因此下落高度为 0.244m。

参照图 7.23,限制值为 $N_{Z.\max} = 2.6g$。

因此,这个值低于标准允许的最小值 $N_{Z.\max} = 2.67g$。

取地面反应的最保守值,为大小是 $0.67W$ 的机翼升力,因此地面反应负荷为 $N_{Z.\max} = 2.0g$。

这个值现在可以乘以飞机的重量,得出主起落架 $P_{Z.\max} = 1203.4\text{kg} \cdot \text{f}$(或 2650ft.lb,或 11801N)。

根据这个值,并结合超轻型飞机适航性验证方法 479(b).c,最大垂直反应载荷情况可解析为 $16.7°\left(\tan^{-1}\dfrac{0.3}{1}\right)$ 角度上的 $1.044P_{Z.\max}$($\sqrt{1^2+0.3^2}$)在垂直方向的任一侧。这相当于在垂直方向的任一侧 16.7°处的 12320N 的载荷。

进一步考虑到由超轻型飞机适航性验证方法 AMC.VLA.479(b).a 确定的回弹载荷,也可以类似地在垂直方向的 32°处解析为 $0.89P_{Z.\max}$。这相当于在竖线后面 32°处的 10503N 的荷载。

(2) 复合钢板弹簧起落架受到超轻型飞机适航性验证方法 ACM.VLA.619 定义的复合超级因子的约束,该超级因子是 1.5。此外,必须采用 303 认证规范中的正常安全系数 1.5。因此,总系数 2.25 必须适用于超限制载荷值,以确定极限值。

因此,当考虑复合材料钢板弹簧时,在垂直方向两侧 16.7°处的最大垂直极限载荷为 27720N;在垂直方向后 32°处的回弹垂直极限载荷为 23632N。

然而,金属附件只服从正常 CS.303 认证规范的载荷系数。

因此,当考虑金属附件时,在垂直线两侧 16.7°处的最大垂直极限荷载为 18480N;在垂直面后 32°处,回弹垂直极限荷载为 15755N。

按照超轻型飞机认证规范 CS.VLA.305(b) 要求,必须承受 3s 的极限荷载而不发生灾难性故障。

(3) 制动辊作用在起落架结构上的载荷,相当于飞机后向的 $1.33\mu W$($\mu = 0.8$)与在垂直方向后 27.7°方向上载荷 $1.33W$ 的合成,约等于 $1.5W$(参考超轻型飞机认证规范 CS.VLA.493)。

将其绘制出来(图 7.24)时,可以简单地看到,这个案例属于回弹案例的需求范围。因此不需要重新证明主起落架结构,但仍需要证明制动结构本身(图 7.25)。

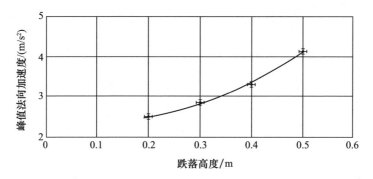

图 7.24 复合材料钢板弹簧起落架跌落试验中的峰值法向加速度与跌落高度的最佳拟合曲线

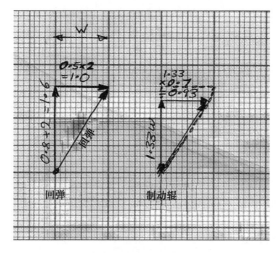

图 7.25 回弹和制动辊工况

第 8 章　操纵面和电路

很多设备会发生故障,特别是在子系统开发试验期间。在载人飞行中,我们必须注意每一个故障,事实上,每一个观察到的行为或系统的特殊性,都被看作是潜在灾难的重要警告。只有当原因被理解并改变以消除故障时,我们才能继续执行飞行计划。

——美国宇航局小 F. J. 贝利

摘要:控制系统和电路是保持飞机受控的基础。为了系统的适航认证,控制器通常遵循标准化的布局,并且必须遵循定义的结构标准。在"正常"操作条件下,电路不容易发生干扰问题,而且通常对飞行员来说应该保持"表观"(直接可见)。本章讨论推荐的标准和布局,以及常见的问题和缺陷。

8.1　引　言

为实现起飞、着陆等任务目标,任何飞机都必须是可控的,并在保持满足任务所需的速度、高度、机动条件下维持可控。这种控制是通过 3 种机制中的 1 种或多种完成的:

(1) 可移动的操纵面或能在机体周围气流中改变的机身形状。

(2) 通过控制动力装置(供油量、螺旋桨桨距、混合器、喷嘴角度等)来改变推力。

(3) 移动飞机的重心。

所有飞机都至少使用其中 1 种机制,大多数是 2 种,少数是 3 种。然而,大多数飞机最常见的是使用可移动的操纵面。这些操纵面最常见的配置是副翼、方向舵和升降舵(带或不带)组合。如图 8.1 和图 8.2 所示,两架不同的飞机说明了控制的普遍性,都具有基本相同的控制系统。图 8.1 为一架老式轻型飞机,图 8.2 为一架现代商务喷气式飞机。

另外还存在其他构型,应用范围几乎是无穷无尽的。例如,使用全动机翼进行俯仰控制,使用舵进行滚转和偏航控制,古老的"飞蚤"及其后续衍生产品使用鸭翼而不是尾翼,如鲁坦设计的尾翼飞机(图 8.3 和图 8.4)。

图 8.1 德哈维兰加拿大 dHC-1 花栗鼠

图 8.2 霍克 800 商用喷气式飞机

图 8.3 米格纳特 HM14 飞行跳蚤("飞蚤")

141

图 8.4 鲁坦 ARES 试验演示机

然而,所有这些设计特征都有一定的共同点。每一项设计都必须有一个或多个控制输入,每一项设计都必须有一个或多个操纵面,而且在每一种情况下,这两个部分之间都必须有联系。当然,这些联系的性质和复杂性在不同的设计之间会有很大的差别,而且设计和复杂性必须在进行适航调查时,就告知其工作方式。尽管关于如何处理控制电路的大多数问题决定都涉及其连接部分,但一般操纵面本身以及驾驶舱内控制装置只考虑相当简单的负荷(压力)。

8.2 控制装置

图 8.5 给出了一个典型的 20 世纪 60 年代建造的一架商用喷气式飞机的驾驶舱,其布局很快被 1930 年、1990 年或现在的任何飞机驾驶员熟悉。由于动力飞行标准化的历史还不到 25 年,主控制装置(驾驶舱控制)的布局已经(大部分)实现了标准化。座舱是围绕着人体设计的(或者在这个图片里,两个相似的人并排坐在一起)。

这里的控制装置如下:

(1) 操纵盘(在许多飞机上,这是一个具有多种复杂手柄握把的杆):前后移动控制俯仰,左右侧移控制滚转。

(2) 方向舵踏板:左踏板推动飞机向左偏航,右踏板推动飞机向右偏航。通常这些也用于地面刹车。

(3) 发动机控制,推拉或旋转或杠杆控制的组合。确切的性质取决于发动机的编号和型号。在这种情况下,这是一个 4 发喷气式飞机,所以有 4 个油门杆。

(4) 典型的大型飞机座舱,包含另一个舵柄,用于控制飞机在地面转弯。

这些控制装置在任何飞行过程中都是正常操作的,它们的安全一致操作对安全飞行至关重要,它们不能够出现失效或卡滞的状况,且设计位置必须确保能

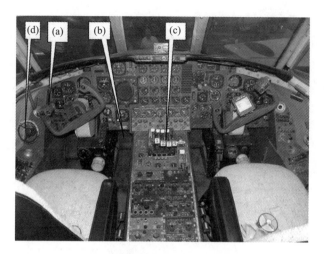

图 8.5 洛克希德喷气式客机的驾驶舱

够在需要时进行操作,且能够实现正确操作。

8.2.1 控制器的结构适航性

表 8.1 列出了驾驶舱负荷,这些值已通过经验给出飞行员施加到驾驶舱控制装置上的载荷的最大合理值(即限制值),并在许多民用适航标准中被作为最大值或默认值。注:控制力通常用 daN(1daN = 10N)或 lbf 来表示。

表 8.1 典型的驾驶舱内限制负荷

控制	最大负荷(国际单位)	最大负荷(英制)
俯仰控制装置	75daN	167lbf
横滚控制装置(盘式)	22.2Dm.daN(D = 盘/轮直径/m)[扭矩]	50D inch lbf(D = 盘/轮直径/inch)[扭矩]
横滚装置(杆式)	30daN	67lbf
单脚蹬	90daN	200lbf
两个驾驶舱共用同一个	每脚蹬 100daN	每脚蹬 225lbf
小手轮,曲柄,由手指或腕力控制	15daN	34lbf
杠杆和手轮上的手动负载(不使用身体重量)	35daN	79lbf
使用体重在杠杆和手柄上施加手部荷载	60daN	135lbf
后置支撑的脚载荷(如脚尖制动)	75daN	167lbf
混合的二级控制	24daN	54lbf

143

当一架飞机装备有机械连接的双重控制装置(这几乎适用于所有的轻型飞机,以及大量的较大飞机)时,另一个经常被认为是与控制相反的情况,例如,操纵左侧操纵杆的机长试图向右侧倾,而操纵右侧操纵杆的副驾驶试图向左侧倾斜。通常情况下,在每个控制装置上施加75%的方向相反最大输入(如表8.1中定义的)。

然而,对于所有的控制,都有可能认为备选值更合适。例如,考虑一架飞机,如侧杆操纵的空中客车(图8.6显示了空客A320的副驾驶员座位),这可以而且应该合理地设计成更低的杆力,因为任何飞行员几乎不可能有75daN的俯仰控制力。另外,还需要非标准的控制。例如,经改装为残疾人使用的飞机驾驶舱可能有手动方向舵控制,形式类似于操纵杆,在这种情况下将这种控制(在结构上)视为俯仰控制,而不是偏航控制(图8.7)。

图8.6 空中客车A320的副驾驶员座位

图 8.7 改进的"天空游骑兵"驾驶舱带有手动方向舵控制

所以,不要认为这些设置值是一成不变的。明智的设计或适航团队在面对任何非标驾驶舱时将进行符合人体工程学的试验,确定飞行员可施加在控制装置上的实际最大力(典型的方法是使用相当大的成年男性样本进行试验,假设这个群体是正常分布的,并且有真实的平均和标准偏差,确定施加 99.9% 的荷载,并使用该荷载。)

驾驶舱控制装置通常配备"止动器":在控制装置本身和操纵面(或在力和位置传感器或主液压缸之前)之间的位置装有某个物理限制装置,这个限制装置可能是支架、短电缆、舱壁上的形状孔,也可能是物理上限制行程的任何装置。在法规上可以接受的做法是,只在停止时考虑这些特定的负荷。但此种做法应该谨慎地进行,如果止停点在飞机内部并远离驾驶舱区域,则可接受。但如果止停点在驾驶舱内则不可行,问题在于控制卡滞的不同。这些负荷力过高(通常远高于飞行员进行任何可能的操纵需要的最大载荷)是由外来物(包括铅笔碎片、个人设备、放置不当的工具、入侵的啮齿动物、手机、鸟巢等[①])的风险导致的。

重要的是,如果这样的异常事件进入到控制路径中,造成在飞行中的一个卡

---

① 作者曾经遇到过列举的每一项。

滞(尽管采取了最谨慎的控制措施,这种情况还是经常发生),飞行员应该能够使用最大可用的力量克服障碍,而不必担心会对飞行控制电路本身造成严重的损害。因此,在设计或分析控制电路时考虑任何较低的负载是不完善的,对于任何没有充分保护的部分,应不受外来物的影响。不仅外来物可能会从驾驶舱掉进去,飞机上有时也会留下一些散失的工具,机场里的碎片有时也会进入飞机,这都会导致致命的事故。

大型飞机上的大多数控制电路都会在控制电路的各个位置使用液压或电动执行机构。在这种情况下,作动器本身达到最大额定负载,在分析此类作动器之间或连接结构时,通常使用最大额定负载。

另一个必须考虑的问题是控制系统失真或"拉伸"。飞机的任何部分承受的载荷都会不可避免地造成一定的结构变形,如果发生过度变形,会导致飞机的控制程度变差或控制结果无法预测。通常对试验结果的鉴定、在设计阶段的分析预测(确保试验结果令人满意)是正常的。通过锁定操纵面(在该控制回路中的任何液压或电气系统就像在飞行中一样提供动力),试验控制件承受典型的最大正常飞行载荷。通常用于此类评估的载荷值如表8.2所列。

表8.2 用于评估控制系统拉伸的驾驶舱载荷

控制	最大载荷(国际单位)/daN	最大载荷(英制)/lbf
俯仰控制装置	40	90
横滚控制装置	20	45
偏航控制装置	45	100

然后对总拉伸(在控制装置处测量)进行评估,并通过控制拉伸法测量,即

$$De = 100\frac{a}{A} \qquad (8.1)$$

式中:a 为操纵面锁定在中立位置;A 为可用的总移动距离。

De 是指在控制电路的任何单独部分发生的拉伸,通常不能超过25%。但这可能会使整个控制回路产生大于25%的总变形。实际上,这种程度的变形很可能使飞机陷入危险,任何飞机在任何控制轴或控制方向上的总控制拉伸范围超过10%时都应慎重考虑,虽然在许多情况下从理论上是完全可行的(对于大多数而不是全部适航标准允许的总拉伸率为25%,只要单个部件拉伸没有超过25%就可以),但实际上会非常糟糕。适航从业人员应该考虑到这一点,即使只是为了证明他们完全遵守适航标准,他们也和其他任何人员一样依赖好飞机的销售和制造,依赖一架好飞机比一架几乎不安全的飞机要好的多,但这只针对民用飞机,在军用飞机适航界可能就不行,军用飞机会更多地集中在任务上。

显然，任何一个部件出现25%（或不到）的拉伸情况也是很重要的，它不会使任何物理部件中的材料超过弹性（胡克定律）极限。由于这个原因，控制拉伸的分析研究必须考虑弹性变形是否超限，而实验评估必须测量施加的载荷与位移之间的关系，当载荷被撤除时，再测量一次，任何永久变形都应能清楚地归零（更重要的是没有明确的显示）。然而，重要的是这个测试和分析是有区别的，通常只是为了证明结构的缺陷，限制载荷和极限载荷的概念在这种情况下并不适用，工程师只是对变形有兴趣，而不是对失效有兴趣，在限制荷载和极限荷载情况下，分别对最大控制装置荷载进行评估。

注：胡克简介

罗伯特·胡克（1635—1703）是一名英国科学家。他早期的职业是作为罗伯特·博伊尔的助手，在此期间，他发现了胡克弹性定律，表明弹性材料的变形是线性的。他后来的工作是在显微镜方面（他是第一个准确画出跳蚤的人）；在天文学方面（他制造出了第一个组合望远镜并发现了第一个双子星系），作为克里斯托弗·雷恩爵士的助手，他参与重建了1666年大火后的伦敦。

8.2.2 控制装置的非结构适航

显然，飞行员需要足够结实的控制装置，以承受正常以及偶尔极端的使用，且不能失效，还有一些其他标准对飞行控制系统装置的适航性同样重要。没有一份标准清单可以是详尽无遗的，因为没有两种类型飞机具有相同的用途和系统，因此适航团队应始终意识到非标准"问题"的风险，并需要解决这些问题。然而，以下显示了最常见的适航问题，这些问题必须由一套驾驶舱控制装置来解决。

8.2.2.1 抗卡滞性能

有许多原因导致控制受阻，而且这些都可能是灾难性的。鉴定飞行控制系统的工程师需要运用常识，或许还需要审查事故报告（尤其是英国AAIB或美国NTSB的事故报告，这些报告往往是最彻底和最容易得到的），以便确定最可能发生卡滞的原因并得以避免。

然而，在设计的某些方面，为了确保飞行控制系统的抗卡滞性，在设计中就有一些方面需要特别考虑。应防止丢失物品（钢笔、工具、衣物等）进入控制通道，最常见的办法是确保尽可能多地使用封闭和堵洞（用灵活的"保护套"围住控制装置），也可以使用另一种办法确保控制装置的控制，当飞机内部有足够的开放空间时，卡滞的风险最小，几乎没有任何异物卡滞。

要造成卡滞，不一定要有固体物体进入，液体，特别是基于水的液体，如雨水或马桶的液体，有着一种特殊的危险，因为飞行中的低温可能引起冻结成冰，不仅凝固而且会膨胀,能够冻住任何接触到的结构。这种类型的故障最常见的是护套的"鲍登"缆索,这些缆索通常(虽然不完全)用于相对轻载的控制缆索,如发动机控制、起落架放下或系统配平。

与卡滞有关的另一个考虑因素是几何上的影响。重要的是要确保接头不能锁定"偏心",或在任何移动的部件与飞机内的其他结构发生摩擦(这也可能最终导致故障)。缆索系统的一个特殊风险是缆索绳的失效导致线缆或管路内卡滞,甚至最终失效。最常见的原因是未能确保缆索在通过滑轮或导缆器时具有足够大的弯曲半径。一些适航标准,特别是英国民用适航标准规定,任何滑轮或导缆器的最小曲率半径不得超过受影响电缆最小半径的 300 倍,且该导缆器(弯曲缆索导轨)应尽可能避免超过 3°。虽然这很少是大型飞机或非英国标准认证的飞机的强制性要求,但作者的经验是,这种简单的方法消除了缆索元件的故障,如果同样适用于"鲍登"缆索的布线曲率(如泰利福缆索等密封单元),那么这种缆索的故障率降为零。

注:鲍登简介

弗兰克·鲍登爵士(1848—1921),鲍登有线电视的发明者,24 岁时在股票市场发了财,但后来身体不适,医生建议他去骑自行车。在康复后(最初预计他只能再活 6 个月),他对自行车非常感兴趣,1890 年创立了罗利自行车公司,该公司从 1896 年开始,多年来一直是世界上最大的自行车制造商。

图 8.8 给出了一个设计良好的控制运行区域的示例,该区域显示了 BAe-146

图 8.8　位于 BAe-146-300 飞机地板下的控制装置,作为飞机的典型特征,在地板或其他装饰板没有拆除的情况下很少能看到(如本例中)

飞机地板下面的控制装置。在这种情况下,缆索和接头远离地面可以不受保护,但也要远离其他任何结构,避免卡滞。此外,使用的缆索较细,以便使用相对较小的滑轮,而不会有失效的风险。

8.2.2.2 定位和使用方向

在飞行生涯中,任何飞行员都不可能只驾驶一种飞机,即使是一个没有经验的轻型飞机飞行员,在飞行生涯的头几年也可能驾驶过5种以上的飞机,而有经验的专业飞行员可能飞过10种以上的机型,试飞员更是飞过上百种飞机①。所有这些飞行员在面临高负荷或紧急情况的困难时,都可能会不自觉地恢复到他们最习惯的任何一组身体动作。因此,在可能的情况下,飞行员在驾驶新飞机时不满足于不必要的非常规控制,这对安全是很重要的。但这不可能完全实现,因为许多飞机需要有独特的控制作为其独特设计特性的一部分。

在所有飞机设计中,只要有合理的可能,都有一些已经建立并应当遵守的惯例。在不可能坚持这些原则的情况下,同样重要的是明显而清晰的信号确保飞行员不断地意识到与"常规"驾驶舱布局的区别,而且这种熟悉性也被纳入培训和指导手册中。这些惯例如表8.3和表8.4所列。

表8.3 大多数传统飞机的操纵动作

功能	控制力
俯仰和滚转控制	这必须在驾驶员的前方,中央或一侧(如果在一侧,油门应该在座位的另一侧)
滚转	操纵杆:向右推向右滚,向左推向左滚 操纵盘:顺时针旋转向右滚,反之亦然
俯仰	向前推机头向下,向后拉机头向上
方向	通过一对脚踏板进行方向控制。将左踏板前推机头向左偏航,反之亦然
发动机控制	在机长座位(通常是前排或左座)的前面和一侧。在并列座位的飞机中,通常在座位之间,或在两侧都有
油门	向前推增加动力,向后拉减少动力。油门操纵杆通常也带有可变的限位控制,使飞行员能够平衡杆力,并使其保持在所需的位置
转速(在涡轮螺旋桨和高性能活塞发动机飞机上的螺旋桨距)	推前(或向上)为细桨距(高转速),拉(或向下)为粗桨距(低转速)

---

① 英国皇家海军前试飞员、已故机长埃里克·温克尔·布朗以487种机型的成绩保持着有史以来最多机型的世界纪录(布朗机长把驾驶所有的喷火战机都记录为一种类型!),被广泛认为是航空史上最有成就的试飞员,他的记录不太可能被打破。强烈推荐他的自传《袖子上的翅膀》给任何感兴趣的读者。

续表

功能	控制力
混合气/燃油（大多数活塞发动机飞机上都）	推动富油,拉动贫油或停车
化油器加热器	向前(或向上)冷,拉(或向下)热
油箱/系统选择	在可能的情况下,选择器应该指向选定的油箱(或者如果与驾驶舱相关,则指向相关的燃油表)。选择器应避免在任何其他两个条件之间通过"关闭"。近年来,人们也认识到,油箱选择器不应该有任何允许多个泵运油料来源的设置(通常称为"两个"设置),因为如果一个泵同时从两个油箱中抽油:只有一个有油,那么泵就会从空油箱中抽出空气,并可能导致发动机故障。然而,"两者"的选择仍然经常存在于老式的轻型飞机上,并且仍然被一些(特别是美国)适航性要求允许,而且通常不会对主要的重力供油系统产生问题——所以多用于非特技例如大多数高翼飞机。高性能喷气式飞机尤其是军用高速飞机可能会自动完成大部分功能,在这种情况下,飞机上的多个油箱的耗油量很高,手动选择管理油箱一般不可行的,而管理不善很可能导致超出重心限制
襟翼	通常的惯例是(面向飞行员方向)后拉放下襟翼,(远离飞行员方向)推收起襟翼。然而,对于襟翼的形状或位置设置没有一致的惯例,也没有关于各种襟翼设置的定义。这就需要在大多数情况下清楚地标明(并在操作手册中加以说明) 最常见的两种类型是:液压或电控襟翼杆上的"门挡楔板"形状,或类似于末端带有释放按钮的汽车手刹杆的地板或天花板安装的控制杆(最常见的是在派珀轻型飞机上)
起落架控制	起落架控制没有法律惯例,因此明确的定位(手册中的描述)是必不可少的;然而,一个靠近油门的控制杆,通常带有一个圆盘形手柄,向下就是放下,向上就是收起,是最传统的,也是最容易理解的。紧急放下,或者起落架的次要控制可以采取几乎任何形式,但需要能够从飞行员座椅上够着,并清楚地标明。即使在21世纪,许多飞机,特别是在轻型和轻型飞机仍然有固定式起落架
地面刹车	踩到踏板的前边缘,脚趾向前压。如果可以差动刹车,那么左脚前压对左轮刹车等
	如果安装在踏板后方的地板上(刹车尾部/向飞行员方向),则前倾操作。与前述差动刹车一致
	如果装有刹把(手动操作),拉向飞行员(或挤压)操作
	如果刹车只安装在两人驾驶制飞机的一侧,只安装在左(机长)座位(这在1970年以前是常见的,但现在是非常少见的)

续表

功能	控制力
减速板	拉长(这通常在左手边)(通常动力滑翔机上的减速板被放置在靠近油门的位置,以便飞行员关闭油门后,进一步减少"推力阻力",将手转移到减速板控制装置上,并继续朝相同的方向移动。在喷气式飞机上,手动操作的减速板的惯例从拇指开关变化到完全自动化的系统,通过大型操纵杆使人联想到滑翔机控制)

表8.4 一些特种飞机的操纵动作

功能	控制力
缆索释放(滑翔机和动力滑翔机)	拉操作(正常情况下左手操作应定位)
操纵杆(轻型飞机(图8.10))	向上推上仰,向下拉俯冲,向右推向左翻滚,向左推向右翻滚
前轮转向(轻型飞机和一些非常简单的超轻型飞机)	与杆式(主要飞行控制)操纵一样,柔性翼的前轮转向通常与传统轻型飞机的相反(向右推=向左转),机理与自行车车把相似
手动油门(轻型飞机)	在欧洲通常在左座机身上,澳大利亚通常位于右座椅机身上,其他国家的惯例也各不相同。通常向前推表示更大的动力
脚油门(轻型飞机)	右脚趾向前表示更大的动力,最小功率由手动油门设定,但总是可以被脚油门超越
(地面)刹车(轻型飞机)	左脚趾向前
风门(飞机的发动机需要,贾比尔和富士发动机是一个典型的轮盘)	通常是安装在靠近座椅的操作杆。唯一普遍的要求是它必须与手动油门清楚地区别开来

注:化油器加热器

虽然该装置不再用于新的汽车发动机,但许多活塞式航空发动机和一些老式汽车或摩托车发动机仍然使用化油器。由于在文丘里喉管中的压力降,使燃料雾化并与空气混合,然后再将其引入发动机气缸。但是,这种压降也会引起相应的温度下降,尤其是中等空气温度($-7 \sim 21$℃)和中等至高湿度环境会导致冰的形成,特别是在较低的功率下(图8.9)。这可能会影响化油器的运转,由此产生的发动机运转不良和极端情况会导致发动机故障。解决这个问题的办法是增加一个化油器加热器,这些设备通常都会导致发动机功率损失,因此必须做到可控,而不是"总是打开着"。大多数针对飞行员的轻型飞机设计或气象学教科书包含详细的图表和这些设备的描述。

8.2.2.3 形状和标记

对于驾驶舱控制装置的形状和标志也有一些约定。同样,这些并不是普遍的强制性的,但在默认情况下不应产生歧义,并向操作人员提供适当的信息。

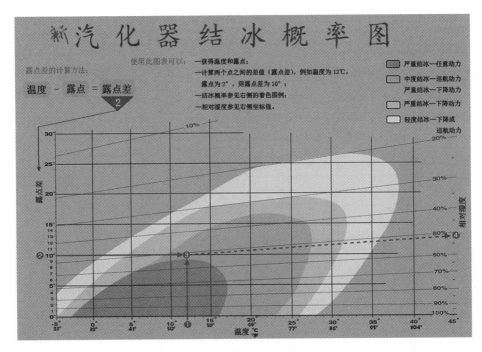

图 8.9 典型轻型飞机防冰图(来源于澳大利亚民用航空安全管理局)(见彩图)

图 8.10 P&M 脉冲,柔性翼轻型飞机技术的现状

考虑到驾驶舱设计的适航性,最重要的一点是尽量保持它的简洁性。非常糟糕的做法是将飞行控制装置紧密地排列在一起,或使用类似的形状或颜色。在驾驶舱内,机组人员必须能够熟练地操纵各种控制装置,并通过非常简短的一瞥,甚至触摸来识别(驾驶舱可能在夜间光线不足,或者环境可能会使飞行员观察驾驶舱时不明晰,如在进近过程中操作襟翼或起落架时)。

令人困惑的是有两个关于紧急控制的惯例。在军用飞机上有黑色和黄色的条纹,而相应在民用飞机上则是红色的标记。所有紧急控制也应清楚地标明用途,除非(如弹射座椅手柄)使用条件和时机是清晰和明确的。

对大多数飞机而言,下列惯例适用:

(1)襟翼。电动式襟翼控制如图8.11所示。对于机械式襟翼来说,更常见的是一种类似于汽车手刹的机械装置,要么从驾驶舱地板向上拉,要么从驾驶舱顶部向下拉。然而,这并不是一个普遍的惯例,一般都要服从设计要求。更重要的是要确定控制可以从任何可能需要的位置到达和操作。最常见的襟翼控制装置为黑色、灰色或白色。

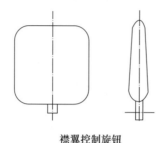

襟翼控制旋钮

图8.11 优选电动襟翼控制旋钮

(2)起落架。起落架控制(无论是电动的、机械的还是液压的)的形状通常如图8.12所示。这通常只适用于初级控制,而不适用于任何紧急情况下的"应急"控制(这也不奇怪,很可能是民用飞机上的红色,或军用飞机上的黑色和黄色)。这种控制通常被称为"起落架手柄",在汽车上没有类似的控制。

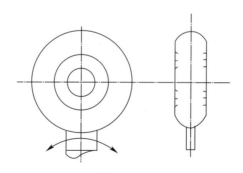

图8.12 典型起落架控制旋钮或"起落架手柄"的图解

(3)发动机。图8.13来自于第23部认证规范,惯例包含的内容对所有的现代飞机都一样,无论民用还是军用。飞机动力控制装置可以是安装在面板上的(推拉式活塞),也可以是象限安装(通常是控制杆)。

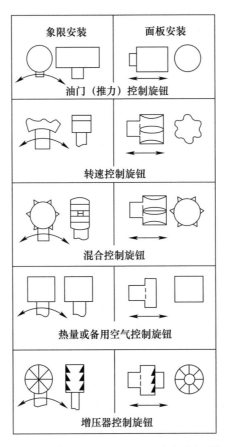

图 8.13 摘自第 23 部认证规范,显示了首选的发动机控制形状

也有一些特种滑翔机和动力滑翔机遵循的特定惯例,如表 8.5 所列。

微型飞机(就控制的形状和颜色而言)唯一共同的惯例是紧急控制装置通常呈红色。

表 8.5 特种滑翔机和动力滑翔机的标志

控制	颜色
牵引索释放装置	黄色,T 形
减速板	蓝色
桨距调节器	绿色的
座舱盖开关	白色(紧急抛弃控制是红色的)
注:对于滑翔机和动力滑翔机来说,红色和黄色是所有其他控制装置禁止使用的颜色,因此它们不能与最安全的关键控制装置混淆	

8.3 操纵面和连杆

操纵面几乎是任何控制系统的一个不可分割的部分,因为如果没有这种机制来改变飞机表面的气流,就不可能实现任何操纵。为了确定操纵面上的载荷,通常要确定(使用适当的试验或分析方法)操纵面上的压力分布,然后计算铰链线的力矩。作用于控制杆上的力(或用于向控制装置传递扭矩或力的任何机构)可以直接按力学方法确定。

在任何飞机上,工程师对操纵面的载荷(用于控制飞行路线的装置,在本文中不包括襟翼等升力调整装置或减速板等阻力调整装置)进行评估是正常的。考虑两类值,它们是 V_D 速度下的 1/3 偏转控制、V_A 速度下的全偏转控制,这些值决定了限制载荷的大小。如图 8.14 所示,考虑一个上偏的升降舵和一个升降舵控制杆。图 8.14 中显示了 3 种偏转状态。由于水平安定面不能偏转,因此对操纵面载荷的情况图 8.14(a)不予以考虑,图 8.14(b)显示操纵面偏转了 1/3,图 8.14(c)显示操纵面完全偏转。

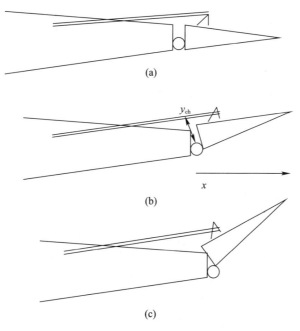

图 8.14 升降舵偏转的 3 种状态

考虑到情况图 8.14(b),必须确定升力的分布是从铰链($x=0$)到后缘($x=x_{te}$)的距离的函数。如果从横线到控制杆的距离是 y_{ch},那么静态控制(一般认为

是这样)控制杆负载的基本关系可表示为

$$\int_0^{x_{te}} C_p \mathrm{d}x \equiv y_{ch} F_{ch} \tag{8.2}$$

式中：F_{ch}为作用于控制杆的力。这种基本关系的描述肯定过于简单化，但所有的情况都遵循这些基本原则，从这个基本原则开始，可以推导出用表确定控制杆上负载的公式，从而通过控制电路确定关键负载情况。

现在必须考虑的负载情况如下：

（1）操纵面本身的结构。

（2）如果控制系统是带力反馈的，则取决于控制杆与液压（或其他类型）作动器之间的结构；如果控制系统是不带力反馈的，那么至少到控制电路信号停为止；但如果由于控制装置负载受力过大，则直到驾驶舱给出控制信号为止。

（3）由线性载荷引起的铰链，控制杆连接点附近的反应力矩。

（4）主要操纵面轴(机翼，尾翼等)的铰链连接。

这种分析与飞机的任何其他部分需要的分析相同。但这种分析可能会相当复杂，重要的是不要低估可能需要的资源。

注：可逆与不可逆控制系统

直到20世纪50年代，传统的推杆、扭矩管和缆索式飞行控制系统在所有飞机上都很常见，而且几乎在所有现代轻型飞机上也都能看到，这种控制的共同特点是，如果操纵面发生移动，驾驶舱内的控制装置也会有反应，这种称为"可逆"。然而，现代军用和运输机通常都采用动力控制，一般为液压控制：操纵面的移动不会导致操纵装置本身的运动，这些飞机被称为具有"不可逆"控制。"动压感觉"部分解决了控制力缺乏直接反馈的问题，即控制力大小是由空速（或更正确的说法为动态压力）决定的，但并不是所有具有不可逆控制的现代飞机都具备动压感觉。例如，除了最古老的空客飞机之外，所有的空客飞机都没有，但波音飞机就有。

在第二次世界大战中期，英国皇家空军最重要的飞机之一是"喷火"式战斗机(图8.15)，通过不断改装和升级，目的是努力实现保持对轴心国飞机(Bf109或FW190等)的技术优势。随着飞机动力的增加，人们注意到，在现在可以维持的更高速度下，副翼的效能降低了，在极端情况下（当飞行速度超过副翼反转速度时)副翼开始出错，向左推杆导致向右滚转。原因是由于副翼偏转对机翼产生的扭转力矩造成机翼的扭转，最初是降低了副翼的效能，一旦超过临界速度就会造成了操纵反转。据说尽管历史记载较少，但德国空军在自己的前线飞机上也遇到了类似的问题。

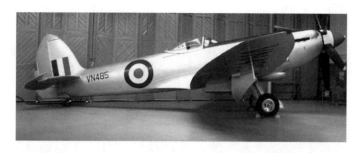

图 8.15 一种新型"喷火"式飞机——其机翼某些发展型中容易在高速飞行时发生副翼反转

虽然主要被称为历史问题,但副翼反转问题仍然存在,作者在 CFM"影子"飞机上经历了副翼反转,这是 20 世纪 80 年代设计的轻型/微型飞机,特别是在较高动力水平的后期发展型上,这导致拒绝验证"影子 E 系列"的原型飞机。在 20 世纪 60 年代,在 C141"运输星"的原型机上也发生了这个问题。导致副翼扭转的主要设计因素是机翼的扭转刚度低,而在提升现有飞机的发动机功率时,通常会出现这种问题,而不需要或只需要适当的机翼后掠角。

在有关气动弹性或飞机结构的标准文本中可以找到副翼反转公式的详细解释和推导,但过于专业,在此不予详细介绍。提到这一点的原因主要是提醒适航从业者,副翼反转不仅仅是一个历史问题,在最近几年也曾发生,而且可能再次出现。在一个新的增加了动力或重量的设计中,应该始终考虑和探索各种可能性,特别是平直翼机型。

大多数适航标准或设计规范包括一项要求,即在"正常使用控制装置"的情况下,可以达到最低稳态横滚率。如果需要,适用的标准可作为后盾,确保扭转弹性问题得到解决,尽管对机翼扭转和由此导致的疲劳寿命降低的可能程度进行简单的演示可能就足够了。

第9章 动力装置适航性

战车以无比巨大的力量移动,任何生物都无法阻挡。同样地,如果一个人坐在仪表中间,启动发动机,借助发动机,人造翅膀可以通过拍打空气像鸟一样飞起来。

——罗格贝肯,13世纪

摘要:动力装置是飞机将燃料转化为推力的部分。作为飞机的一部分,动力装置也是最大的潜在故障危险源。因此,通常采用防火墙将其与主机身隔离开来。动力装置适航规则的设计是为了尽量减少飞机的其他部分在动力装置发生故障时受到无法接受的损坏风险。围绕本书写作的主要目的,主要介绍3种动力装置:燃气涡轮发动机、由燃气涡轮发动机驱动的螺旋桨和驱动一个或多个螺旋桨的活塞式发动机。本章是关于适航规则、原则和最佳做法的讨论,以确保防火墙前的所有动力装置满足适航要求。

9.1 动力装置的适航性

动力装置是飞机中把燃料转化为推力的部件。研究飞机设计史的人都知道,动力装置涵盖了非常广泛的技术,但对于大多数飞机来说,它通常是以下几种技术中的一种(或几种):

(1) 燃气涡轮发动机(涡喷发动机、涡扇发动机等)。

(2) 通过传动系统驱动螺旋桨或转子的燃气涡轮发动机(涡桨发动机、涡轴发动机)。

(3) 直接驱动或通过变速箱驱动一个或多个螺旋桨的活塞式发动机(活塞/活塞螺旋桨发动机)。

动力装置还必须安装有发动机支架、整流罩、发动机附属燃油泵和电气/电子系统、驱动变速箱系统、真空泵和液压泵等附件(图9.1)。

"防火墙之前"一词有时仍然被用来描述发动机舱内的任何部件,尽管这个词对喷气式飞机或非传统形状的活塞式飞机来说基本不用,但在传统装备活塞式发动机的飞机上仍然是有意义的。发动机和动力装置系统一般是放在一起考

图 9.1 现代飞机发动机——捷海门萨 X'Air 飞机装备的 Verner 133M 发动机和空客 A340-300 翼下吊装的 CFM56-5C2 发动机

虑的,考虑的重点是飞机工作可靠性的适当程度证明或预测。

发动机的任何部分都有可能发生故障。设计和认证过程必须保证这种故障是非常少见的,不能威胁到飞机、机上乘员或飞机周围及下面的任何人。维护方案以及机组人员和地面人员必须经受培训,知道如何处理这些故障,首先应尽可能避免故障的发生,其次在故障发生时如何安全处理。在适航鉴定中必须确保飞机具备足够低的故障率,运营数据应包括这些风险(例如,确保机组人员具有发动机停车或重新启动的最佳指导,并知道何时该做什么),以及灾难性故障(可能造成额外损坏甚至造成生命损失)的风险概率是极其微小的。发动机故障应该被视为一种不幸的、罕见的却不可避免的事件。在任何飞机上,尽管飞机的损失有可能是可以接受的,但由于发动机故障而造成的生命损失应当是尽可能避免的。

研究动力装置的适航性一般可分为 3 个广泛的活动领域:
(1) 设计特征与设计规则的比较和基于经验的良好实践。
(2) 主要承力件(特别是安装点和整流罩)的结构分析和试验。
(3) 整个系统(可通过建模进行适当程度上的支持)的试验(无论是在空中还是在地面),尽管控制和性能也必须进行研究,但特别应进行可靠性鉴定。

前两项要求随着适用的标准以及待鉴定飞机的设计和用途不同而不同。第3个要求是一个普遍的要求,但飞机的用途再次严格地定义试验的内容和严密性,从自制或微轻型飞机的大约 25~40h 的耐力试验与几个小时的具体发动机试验,到大约数千小时的新客机/发动机配置试验,以及对战斗机发动机刻意进行的加强试验,第 3 项试验的变化也很大。

9.2 保护飞机不受发动机的影响

如果我们接受发动机的全部或部分总是存在一定故障风险的事实,那么很明显尽可能地保护飞机的其余部分非常重要，以免遭受发动机发生故障带来的后果，有可能包括高速碎片，或者有毒的烟雾和热量等的损害。

对于那些发动机内置在机身中的飞机（如图9.2所示，皮拉图斯PC12），最简单、最明显的保护部件就是防火墙。在理论上，这应该用于发动机舱内发生不可控的燃烧（"发动机火灾"）时，特别是为烟雾、高热以及火焰提供屏障。虽然有时使用其他材料，但正常的设计方法是用合适规格的钣金制造防火墙以及防火墙结构部件，采用密封设计并尽可能减少防火墙上的开孔（虽然有些不可避免的开孔用于发动机控制、燃油管线、传感器电缆等）。图9.3给出了AVRO"约克"而不是现代飞机的防火墙（在照片的右边，后面有一个油箱，发动机安装在左侧），展示了活塞式飞机防火墙的典型配置。在吊舱式喷气发动机上，对于如图9.1所示现代客机的配置，这种要求较少，因为机翼和机身在物理上是分离的，但在这种情况下，在失效情况下的高能碎片保护成为主要的设计标准。

图9.2　瑞士制造的单涡桨发动机飞机皮拉图斯PC12

在防火墙前（少数飞机是在防火墙后面）建立独立的发动机舱之后，可以通过使用耐火电线和软管（当然防火型的更好）确保在燃料泄漏时充分排走并保持通风，并确保所有金属部件能够相互联通导电等措施，将火灾危险区域隔离开来，并尽量减少该区域的风险。

对轻型飞机来讲，钣金是最常用的防火墙，不锈钢钣金板至少应为0.38mm厚，软钢板至少0.5mm厚，铝合金板材至少2.5mm厚。防火墙应采用钢或铜合金的配件进行接合，尽管其他材料（如复合材料或木材加上某种形式的防火处理）也经常使用，但须通过分析或试验证明其连同周围的结构（如整流罩）符合防火要求。第25部适航飞机需求描述得更复杂，但也遵循着一致的原则。

图 9.3 AVRO"约克"(20 世纪 40 年代的活塞式客机)上的发动机和安装框架

注:防火与耐火标准

详细的标准有所不同,但一般情况下,如果一种材料或部件暴露在 13mm(½″)直径、1100℃(2000℉)本生炉的标准天然气火焰中至少 5min 仍能保持完整,则认为是耐火的。而更高标准是防火,需要在相同条件下承受 15min。各种正式标准更详细地界定了这一要求。

9.3 发动机支架

发动机支架是一种承载发动机安装在机身上载荷的结构。具体载荷包括:
(1) 振动(通常需要在结构内部安装防振装置)。
(2) 推力。
(3) 扭矩取决于分析情况,涡轮螺旋桨发动机通常需要在最大功率和速度乘以约为 1.6 的安全系数情况下来鉴定扭矩。涡扇和涡喷发动机通常是在发动机突然起动或停止以及急加速时鉴定支架情况。取决于具体配置,活塞发动机的循环扭矩载荷可能高达平均扭矩输出的 8 倍(表 9.1 列出了活塞发动机的特别说明)。
(4) 惯性和静态载荷(来自于动力装置的质量)。
(5) 作用在发动机整流罩和舱上的空气动力载荷。
(6) 碰撞时的惯性载荷。

表 9.1 考虑了活塞发动机扭转载荷变化的发动机支架分析中的典型扭矩乘数

气缸数量	二冲程发动机安全系数	四冲程发动机安全系数
1	6	8
2	3	4
3	2	3
4	2	2
5 +	2	1.33

注:更现代的飞机活塞发动机,特别是流行的罗泰克斯模型很可能安装有变速箱。如果计算发动机支架限制载荷,则发动机最大扭矩输出应乘以这些安全系数,并乘以变速箱的减速比。

通常,发动机支架包括带有发动机和机身少量附件的框架结构,如图 9.3 所示,主要是因为轻且容易制造、容易分析,并能够根据需要随时拆卸和进行发动机改装。

通常,载荷被定义为限制载荷,基于设计规则和发动机特性分析相结合,然后在与前面描述的其他飞机结构相似的基础上开展分析和批准。这主要是通过分析来完成的,因为负载(特别是撞击负载)可能很大,试验成本也很高,而大多数发动机支架的合理简单设计使它们相对容易分析。

振动也必须考虑。对简单的飞机和较小的活塞发动机来说,通常可以简单地指定发动机抗振动(Anti Vibration,A-V)安装,并保证安装方式与发动机的已知特性相匹配。然而,对于较大的飞机和发动机(大多数燃气涡轮发动机)而言,需要进行更复杂的分析以及特别的试验流程,可能需要更复杂的分析,尤其是需要更复杂的试验机制(例如,1989 年 1 月 8 日在英国凯格沃思发生的波音 737-400 坠机事故,部分原因是当时新的 CFM56-3C 发动机改版在认证过程中对发动机的飞行中振动分析不足,导致后来极为强调在这方面的分析)。

9.4 发动机的完整性

即使考虑到存在改进的可能,燃气轮机(发动机)也很难被认为可以应用于飞机上,主要是因为严格的重量要求。

——美国国家科学院燃气轮机委员会,1940 年

一旦对发动机的详细设计进行了鉴定,就有必要证明发动机的完整性。这在某种程度上可以通过分析来实现,出于成本原因,特别对大型发动机这种分析是不可避免的。然而,最终证明发动机完整性的唯一真正方法是进行试验。

对于中型乃至于大型民用飞机、民用直升机和大多数现代军用飞机,通常在

发动机正式装入飞机之前以独立的方式对发动机进行完整性试验,完成发动机的类型认证。但是对于较轻的民用飞机(如微型飞机、超轻型飞机和动力滑翔机)以及大多数老式军用飞机,会将发动机视为飞机的一个组成部分而不是单独进行试验。

在成本和设施合理允许的情况下,测试通常在试验台上进行。试验台的设计代表发动机与外部环境之间的联结,包括结构(与飞机)、空气动力学(在可行的情况下:气流、空气密度和温度),对于活塞发动机最常见的是采用测功机,如果安装有螺旋桨也一并试验,而对于涡轮喷气发动机通常作为一个整体试验单元。试验的主要目的是使发动机在一组具有代表性的条件下运行,运行时间超过可能的检查间隔,在检查间隔结束时,对发动机进行完全拆卸和检查(称为"拆卸")。如果在地面试验计划期间或试验之后需要进行任何重大修理,那么有些试验很可能需要重复进行。通常,对于小型飞机发动机,试验大约运行50h;对于大型飞机发动机大约运行150h。地面试验工况的极端情况如 CS – E(对于大型燃气涡轮发动机(图9.4))和 CS.22(对于超轻型活塞发动机(图9.5))所示。

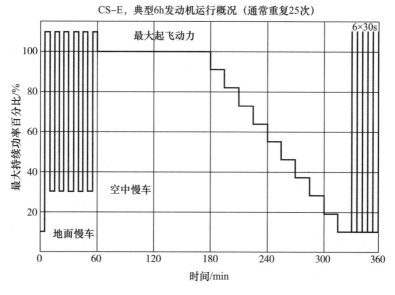

图9.4 运输机发动机地面试验的典型操作概况(见彩图)

某些发动机具有特殊性,如螺旋桨的桨距锁定、反桨或顺桨,或短时间的大功率(通常称为军用飞机上的"战斗"或"应急"状态设置,或民用飞机上的单发失效(One Engine Inoperative,OEI)),或涡轮喷气发动机的反推,或涡桨飞机的

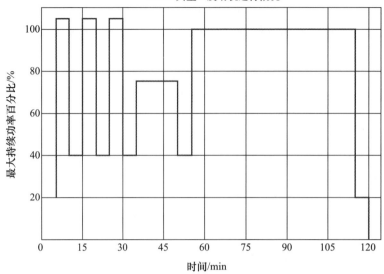

图 9.5　轻型飞机发动机试验的操作概况(通常重复 25 次)(见彩图)

驻车制动器等。地面运行中也会包括或在此之前重复出现这些现象,当然也包括典型的启动和停车(发动机热机和冷机启动,也包括空中启动)。在所有情况下,任何认证机构都不太可能允许大多数试验仅在海平面的空载条件下进行,而是根据发动机及其未来的用途,可能需要在飞行高度模拟、高功率或高空气流量状态进行一定比例的试验,或发动机在一定条件范围内,特别是在极端温度(例如,长时间处于低温环境下,燃气涡轮发动机的启动可能会存在问题)下进行试验。一些发动机(特别是用于旋翼机或战斗机的发动机)也可能需要在"战斗"或"应急"状态下进行一定比例的试验。最终,发动机工作概况必须既能描述发动机在运行中的使用情况,又能为认证机构接受。

然而,除了这种严格的试验外,安装在大型飞机和军用飞机上的发动机也要进行故障分析,目的首先是估计所有关键故障(或组合故障)概率,然后估计在每一种故障状况下的后果。特别是对第 25 部适航标准涉及的飞机发动机,这种分析通常是建立如下标准:

(1) 发生"发动机的危险故障"(可能包括高能碎片的无法包容、有毒气体窜入驾驶舱或机舱、不需要的反推力、不受控制的火灾、飞机发动机或螺旋桨掉落或发动机无法停车)的概率"极其小"(通常小于 10^{-7} 次每飞行小时)。

(2) 如(1)所述,从单个故障中产生"发动机的危险故障"的概率小于 10^{-8} 次每飞行小时。

(3)"发动机的主要故障"(任何导致推力重大损失但不像上面描述的那样严重的发动机危险故障问题)发生的概率"非常小"(定义为小于10^{-5}次每飞行小时)。

另一个特别影响燃气涡轮发动机完整性的问题是碎片、鸟类或天气(特别是雨和冰雹)的吸入。在飞行中尝试开展调查既太随机又很危险,所以试验总是在地面进行。典型试验项目包括:

(1)吸入从35000ft落下的直径达25mm的冰雹,或是从59000ft落下的直径减少到6mm的冰雹,冰雹密度与飞机的飞行环境相一致。

(2)雨的吸入,密度与飞机飞行环境一致(雨和冰雹密度如图9.6所示)。

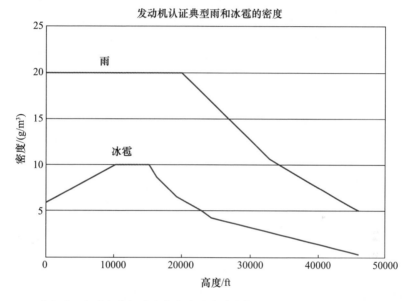

图9.6 典型发动机的吞水和冰的密度(基于EASA CS.e)(见彩图)

(3)吸入一只大鸟,通常撞击速度不低于200kn(103m/s,337f/s),并吸入最敏感的进气口。鸟的大小通常由发动机进气道直径决定,如表9.2所列。在测试后,发动机要继续运行且不会有过大的推力损失(通常不超过25%)。①

---

① 吸入鸟的试验通常是用鸡或火鸡进行的,因为它们很容易获得。有一个传说,有人在某个地方,曾经试图用一只冻鸡来进行试验,但并没有先解冻,结果损毁了一台喷气式发动机原型机。作者从来没有看到任何证据表明这确实发生了,但以防万一,请把这视为一个警告,在烹调或将其吸入燃气涡轮发动机进口之前,请记得要充分解冻。

然而,为了完整起见,第一版出版后,作者从退休的FAA试飞员James Plackis那里了解到,这确实发生在1958年湾流Ⅰ飞机认证试验期间。试验的是挡风玻璃,而不是发动机,但冻鸡确实在某种程度上破坏了挡风玻璃。

表9.2 吞鸟试验采用的典型鸟类大小

进气道面积/m²	最小质量的鸟
<1.35	1.85kg(4lb)
1.35–3.9	2.75kg(6lb)
>3.9	3.65kg(8lb)

（4）吸入多种的"成群"鸟类，数量、速度和质量取决于飞机的大小、速度和用途。

（5）还需要考虑工具、机场杂物、清洁材料等的吸入，但通常人们认为，鸟类的吸入，特别是多只鸟类的吸入是更可能且更严重的情况，因此很少会进行额外的试验，而分析更有可能改变操作措施，而不是改变设计措施。

（6）对于安装在军用飞机上的发动机，可能会有额外的要求，使发动机能够在吸入烟雾（很可能是飞机发射武器时带来的副产品，如前向火箭发射产生的烟雾）或武器发射时的冲击（最有可能是航炮或小型武器射击）后继续工作。这种要求不太可能是通用的，可能会被定义为特定飞机规格的一部分。

在完成地面试验之后，将发动机安装到机身上，发动机试验也被纳入飞机的飞行试验方案之中。在具体实施过程中，会进行发动机、飞机和系统的组合试验，但具体的发动机试验可能包括对冷却、急速控制输入的反应、空中停车和启动、在飞行包线内的极端情况下和在飞机可能受到的任何非常操纵时的可靠性，以及可能在结冰和下雨时的飞行性能。通常情况下，飞行试验团队倾向于在联合试飞架次的试验计划早期阶段进行初始发动机试验，然后，大多数进一步试验包括在包线扩展飞行和普通飞行期间监测发动机特性，并尽可能鉴定特殊状况，如结冰或雨中飞行。用于特殊发动机试验的飞行架次的数量很少，但会有一些，例如，不太可能同其他试验点一起进行的空中停车和重新启动试验或油门杆试验。对于多发飞机，也包括单侧动力缺失试验，确定单发或偶尔多发停车情况下的 V_{MCA}、V_{MCG} 等参数，但这不是严格的发动机试验。

9.5 发动机仪表

几乎不会允许任何飞机在没有某种形式的发动机仪表的情况下飞行。在最简单的飞机（如一些很简单的微轻型飞机和动力滑翔机）上，可能只有发动机转速表（Revolutions Per Minute，RPM）和点火开关。然而，对大多数飞机来说，发动机仪表是相当复杂和必需的。大多数飞机在发动机故障的情况下可以飞行，但是往往会有着陆限制，特别是在较大的飞机上，几乎肯定会造成严重的飞机损坏。因此机组人员对发动机状况和运行情况的连续监测就显得非常重要。

适航团队通常有必要同意最低发动机仪表作为最低主要设备清单(Master Minimum Equipment list,MMEL)的一部分,然后飞行员可以使用该清单作为确定最低设备清单(Minimum Equipment List,MEL)的基础,最低设备清单是一份本地文件,其限制性不低于最低主要设备清单,但可由操作员自行决定是否更严格。

具体的仪表数量会随用途而变化,表9.3列出了通常需要安装的仪表。

安装在多发飞机上的大多数仪表可能需要备份,即使在装备有活塞发动机的高性能飞机上也能看到多个气缸盖温度表(Cylinder Head Temperature,CHT)和排气温度表(Exhaust Gas Temperature,EGT),用以分别显示每个气缸的状态。这份清单并不详尽,但描述了最常用的飞机发动机仪表。

表9.3 典型发动机仪表参数

参数	目的
冷却温度	与CHT一样(但可能存在于活塞和燃气轮机发动机上,取决于具体的设计),可以提供发动机是否被充分冷却的指示。虽然水现在很少用作冷却剂,但这通常被称为"水温"
气缸盖温度(CHT)	对于活塞发动机,这通常表征发动机冷却系统是否正确运行
ECU故障	通常对于燃气涡轮发动机,ECU是发动机控制单元,其故障通常意味着发动机处于功能和控制受限状态
发动机增压比(EPR)	燃气涡轮发动机功率输出的度量
发动机转速	提供全部或部分功率指示。对于多涵道燃气涡轮发动机,可能有几种发动机转速,称为N1、N2等。对于活塞式发动机,这通常表示为RPM的数值,而对于燃气涡轮发动机,这更有可能显示为最大转速的百分比(均有例外情况)
排气温度(EGT)	对于活塞和燃气涡轮发动机,排气温度提供了燃烧混合物状态是否正确的指示;这可能是很重要的,因为低排气温度表明发动机处于低效率区间,而高排气温度意味着发动机关键部件可能会因热应力而变形损坏
供油量	发动机当前耗油量。这是燃气涡轮发动机功率的一个重要指标,但对活塞式发动机则不是,然而,无论哪种情况,油耗数据可能被采集为电子数据,并由飞行管理系统(flight Management System,FMS)或同等设备来估计出单位时间的油耗
燃油压力	指示发动机的油压是否在正确的范围内,高压可能导致燃料系统故障,低压(可能由许多原因引起)可能导致发动机最大功率的降低或甚至完全失效

续表

参数	目的
歧管进气压力（MAP）	用于指示活塞式发动机和变距螺旋桨的功率，表征 MAP/RPM 表是否可以联合指示功率。燃气涡轮发动机无此参数，即使在使用定距螺旋桨的活塞发动机上也有最小值（仅发动机转速用作功率指示）
润滑油压	为任何带润滑系统的发动机提供润滑系统是否正确工作的指示[①]
润滑油量	较大型飞机可能经常测量发动机内润滑油剩余容量[②]，虽然较小的飞机更有可能使用某种形式的试纸，但这样只能在发动机停车时才能在地面上进行检查
润滑油温	为任何带有润滑系统[②]的发动机提供润滑油温度指示
启动警告	启动机故障指示，特别是对于活塞式发动机，启动后的点亮表明启动机被发动机驱动，可能会引起故障，此时发动机应该立即停车
推力	通常以最大连续功率额定值的百分比表示，一些现代（通常是燃气涡轮发动机）飞机可能有直接推力指示
扭矩	通常只在涡桨发动机上看到，用以指示发动机功率
振动监视器	通常只用于较大的民用燃气涡轮发动机，这是一种调谐到发动机固有频率的装置，能够让机组人员确定发动机振动水平是否超过安全限制

① 唯一没有润滑系统的发动机通常是简单的两冲程发动机，在装满油箱之前先混合油和燃料。这些在微型飞机上相当常见，但在其他情况下则非常罕见。
② 战斗机，如"狂风"，虽然可以进行空中加油，但有些架次的飞行时间可能取决于飞行中可消耗的润滑油容量

9.6 特殊案例——双发延程运营

如前所述，任何发动机都有可能在飞行中发生故障。基于这个原因，自早期有商业航空运输（Commercial Air Transport，CAT）的历史以来，人们就接受了大多数客运需要多发飞机的事实。这通常意味着有超过 3 个发动机提供双重冗余，保证 1 台发动机出现故障可以继续飞行，在 2 台发动机出现故障后仍然有足够的推力来选择备降并着陆。

然而，增加发动机的数量会相应增加采购和运营成本，通常还会增加燃料消耗。客机上的发动机数量需要尽量减少以应对经济和环境带来的压力。因此，双发延程运营（Extended range Twin engine OPerationS，ETOPS）的概念起源于 20 世纪 80 年代初。双发延程运营认证针对特定的飞机类型/飞行员组合，并允许从合适的备降机场飞行最大距离（定义为仅依靠单台发动机在无风大气中的飞

行时间)。这些认证问题基于已证明的飞机最低数量动力装置的可靠性标准。1985年,美国联邦航空局发出了第一份由环球航空公司(Trans World Airlines,TWA)运营的一架波音767飞机的双发延程运营认证,完成了距离合适机场长达90min的飞行里程(先前的规则是双发飞机距离合适备降机场不能超过60min的飞行里程)。随着可靠性水平的提高,双发延程运营许可又得到了及时增加,双发延程运营-180(180min)现在也很普通,特殊情况下非常少见的进一步增程15%至ETOPS-207的许可也会被允许。目前世界上大约有95%的航线由双发客机执飞,这为商业航空运输提供了巨大的商业支持,很小一部分无法执飞的航线主要是横跨大西洋、太平洋或南极洲等大的无人区(图9.7)。

图9.7 波音777飞机,如果没有双发延程运营批准,经济上可能不会取得成功

双发延程运营认证的授予水平取决于当地法规(特别是美国和欧洲在法规上存在重大差异)。一般的授予流程是:

(1)在飞机认证程序中,制造商必须申请"双发延程运营类型批准",这要求最低水平的设备冗余,并演示最低水平的单发性能。

(2)最初的双发延程运营认证通常是有限制的,如双发延程运营-90或双发延程运营-120。

(3)飞行员必须向监督其飞行的国家管理机构证明,他有足够的培训、操作和工程程序来处理双发延程运营认证,这包括维护标准、发动机状态监测备份计划、装载、单发巡航、适当的最低设备清单(MEL)、与备用机场的通信和记录的留存。

(4)然后,飞机在有限制的双发延程运营批准下运行一段时间(对于全新研制的动力装置,至少是100000h和12个月,而对于发展型动力装置,则需要50000h和12个月)。在此期间,对飞机,特别是其动力装置可靠性的工程监督是实质性的,通常双发失效的最大风险不能超过0.3×10^{-8}次每飞行小时。

(5)在充分证明可靠性的前提下,修改流程并授予新的双发延程运营认证。

（6）工程和操作监督在双发延程运营认证的全寿命周期中持续进行，双发延程运营认证的水平仍然取决于发动机和相关系统持续可靠性的最低水平（图9.8）。

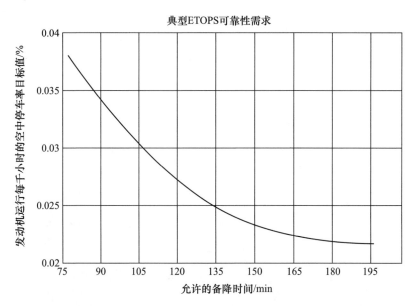

图9.8 单发空中停车（IFSD）概率与允许的延长备降时间之间的关系

在编写本书时，双发延程运营许可并不是固定的，将来肯定也会发生变化。在2014年，空客A350XWB获得双发延程运营认证至ETOPS-370，波音787-800被FAA批准为ETOPS-330。在远程飞行（Long Range OPerationS，LRPOPS）项目延期后，民航组织现在将这一概念称为延长备降时间运行（Extended Diversion Time Operation，EDTO）。虽然有人建议拓展到3发和4发飞机，但目前它仍然只适用于双发飞机。

延长备降时间运行认证正在成为制造商和运营商之间的一个联合过程，制造商负责建立符合设计和可靠性标准的规范，运营商负责满足运营和维护要求，但主要责任在于制造商。通过提高燃油和电气系统的可靠性，双发延程运营和延长备降时间运行标准现在也不单单指发动机，更应用到不太敏感的方面，如货舱防火、液压系统冗余和辅助动力单元（Auxiliary Power Unit，APU）的启动可靠性、通信系统冗余（卫星通信系统的性能已超过ETOPS-180标准）以及非常重要的同时管理故障和备份的机组人员工作量。防火标准越来越多地应用于如A380之类的4发飞机以获得远程运营认证，但没有得到完整的延长备降时间运营认证。

9.7 螺　旋　桨

螺旋桨只是飞机前部的一个大风扇,作用是让飞行员保持凉爽。如果不信的话,关掉发动机就会看到飞行员汗如雨下。

——切,非常准确

因为螺旋桨是"旧技术",所以很容易被现代工程师忽视。这种认识绝对是错误的,螺旋桨被用于大多数飞机类别,是一种常见且很重要的技术。在1950—1985年间,军方和航空运输公司曾将螺旋桨驱动的飞机视为过时的东西,后来意识到涡桨和活塞式飞机仍然扮演着重要的角色。因此,大多数军用飞行员先在活塞式飞机上训练,然后是涡桨飞机;民用飞行员大部分的早期飞行训练也多采用单活塞发动机的飞机,然后是双发飞机。而最新一代的军用运输机,如空客A400M(图9.9)也使用涡桨发动机。当然,大多数娱乐飞行采用的是单活塞式螺旋桨飞机。螺旋桨的适航性不仅重要而且将持续下去。螺旋桨的技术不是固定不变的,木制螺旋桨在第二次世界大战期间被铝合金螺旋桨取代,自20世纪90年代以来,复合材料螺旋桨也一直在逐步扩大应用,通常是围绕一个由径向聚合物纤维和轻质泡沫成形的混合物核心采用碳纤维编织而成的复合结构,实践中,这3种螺旋桨技术均有采用。

图9.9　空中客车A400M涡桨军用运输机

完成螺旋桨的适航认证需要多个阶段。首先是相对简单的应力分析,确保螺旋桨叶片及其在螺旋桨轮毂上的固定结构在最大额定转速(定义限制载荷)乘以与材料和安装方式匹配的安全系数的旋转过程中保持完整。离心力的计算比较简单(一般将叶片分成几个部分,将每个部分视为一个质点,计算每一部分

的 $F = MV^2/r$,然后将每一部分离心力求和),可以直接或基于有限元法分析螺旋桨叶片失效载荷,而不太适合于通过创新试验方法而不改变螺旋桨结构的载荷试验。同时还应该考虑推力载荷,但在大多数情况下,这些载荷大约比离心载荷低一个数量级,因此显得不那么重要。所以通常情况下,鉴定是一种相对简单的应力分析过程,除非具备试验螺旋桨的失效/极限载荷的条件,但这种试验是罕见的而且非常危险。

大多数螺旋桨都有安装独立叶片的中心轮毂,轮毂构造不太可能应用简单分析通过认证,而是需要在实验室试验台上通过试验。具体方法是通过制造的一个"虚拟叶片"将轮毂"拉出"到需要的加上安全系数的总离心载荷。在大多数情况下,还需要增加适当的推力部件,以在叶片根部模拟承受的力矩。实验将与任何其他结构部件进行的试验、拆卸以及损伤检查相类似。其次,必须对发动机和螺旋桨进行类似的扭矩和推力传递鉴定。

安装在 200 马力/150kW 以上发动机的螺旋桨,这些较大的活塞发动机以及几乎所有涡桨发动机通常都具备可变桨距,也被称为恒速螺旋桨(或通俗地说是"摆动桨叶")。变距(Variable Pitch,VP)螺旋桨机构的作用类似于汽车的变速箱,它允许螺旋桨的桨距随着空速的变化而变化,发动机可以在一个最佳经济性或最佳动力/扭矩的转速下工作。对于起飞和爬升姿态,变距螺旋桨驾驶舱控制状态(通常是油门旁边的控制杆)一般设置为小桨距模式(相当于"低速挡"),而在经济或高速巡航飞行状态,通常设置为大桨距模式(相当于"高速挡")。对于大多数飞机而言,这些系统是机械式的,可以在一个设定的范围内连续变化。有一些飞机,如 Grob G109b 动力滑翔机,它有一个 2 挡位的小/大桨距设置状态,以及一些非常现代的轻型和微型飞机复合螺旋桨,使用电气控制系统。至关重要的是,变距螺旋桨的故障状态被认为是发动机适航认证的一部分,飞行员必须意识到故障的发生,故障表现为始终处于桨叶角固定模式。在最常见的系统中,离心力会驱动调节机构向小桨距方向运动,而驾驶舱利用液压来控制向大桨距状态运动,从而确保在发生液压系统故障时(可能性远大于离心旋转机构的故障)系统会自动设置为小桨距状态,从而限制飞行速度,但能够产生最佳的起飞和爬升性能,这是最安全的故障模式。

考虑了这些结构和控制后,就可以对飞机螺旋桨的安装进行鉴定。几何尺寸必须在设计阶段就确认下来,但也可通过对已完成的机身检查得到确认,所有部件应具有足够的机身和地面空间,特别是要适应气动弹性和着陆载荷变形,保证任何旋转部件都不会受到冲击和损坏。适航标准定义了螺旋桨的最小机身间隙(通常是径向 25mm 和轴向 13mm)。在最坏的变形情况下,对于地面间隙还要考虑充气轮胎和减震柱的收缩。特别是对于现代复材螺旋桨,柔韧性可能比起草这些标准时假设的要大,根据经验,作者将螺旋桨尖端间隙值增加4倍分别至100mm和50mm。地面间隙通常需要考虑超过最坏情况下的最小值,对于前三点飞机至少180mm,后三点飞机[1]至少230mm,保证在滑行、起飞或着陆时具备足够的间隙供起落架偏转(图9.10)。

图9.10　1934年德哈维兰dH88彗星飞机,展示了两个早期的变距螺旋桨,现在制造的飞机基本上有相同的安排和相似的适航考虑。这里注意机身间隙以及当飞机起飞尾部离地时与地面间隙的重要性

一旦完成原型配置,则应当进行发动机、螺旋桨和二者组合的地面试验,并确保满足发动机控制、润滑和地面冷却需求。试验时飞机应固定在地面(固定在飞机后面一个不可移动物体上),定距螺旋桨应设置为发动机全油门状态最大允许转速的92%～96%左右,可变距螺旋桨桨距应设置在起飞状态,一般为最小桨距设置。飞行试验包括鉴定螺旋桨桨距,以及发动机散热(对于活塞发动机来说特别关键,发动机散热情况与从螺旋桨上吹来的气流密切相关)。根据适航标准要求,在推荐的设置中,最大发动机转速不应超过起飞和爬升转速,转速最大值的110%不能超过油门锁定时俯冲至V_{NE}速度。实际上这只是对一架好飞机的保守要求,不具备法律强制性的要求期望是在巡航桨距设置(大桨距或定距)下,飞机在最大油门状态平飞时发动机不能超过最大转速,无论油门是

---

[1] 在适航标准中以国际单位制列出的数值中经常显然了非常仔细的计算,很容易想到在这些数字背后进行的大量的研究。在这种情况下,取6～9in的半任意值。虽然是多年前的给定值,但也是令人满意并偏保守的,故保持不变。

在慢车状态、任何桨距设置下还是在V_{NE}速度时,发动机均不能超转。

在飞行试验前证明螺旋桨桨距符合适航性或最佳实践要求是困难的,基本没有可靠的分析工具或通用数据。大多数螺旋桨制造商和其他一些组织有一些分享的经验数据,但这只是近年来地面可调定距螺旋桨流行的主要原因之一,这种螺旋桨允许在飞行试验期间进行调整,甚至可以修改机身,以适应如飞机优化起飞和爬升性能或巡航效率等运营商的追求。从噪音认证的角度来看,对于需要调整的飞机来说可能存在一些问题,因为这种调整会改变飞机的噪音分布。噪声认证在第17章中作进一步讨论。

9.7.1 喷气式发动机燃油冰淇淋化的案例

2008年1月17日,英国航空公司38号航班,自北京起飞的一架波音777-236ER(与图9.7中飞机相似)经过4400mile高空飞行后,前往伦敦希思罗机场。按照惯例,飞机获取了希思罗机场27L跑道的仪表着陆系统。在收到仪表着陆系统的3°下滑道后不久,飞机开始下降到需要的飞行航道以下,而自动油门没有增加发动机推力修正,机长试图手动增加推力却未能成功。部分襟翼被收起以延长滑翔距离,但飞机仍迫降在跑道前方的地面并造成机身损坏。机上152人中,有47人受伤,其中一人伤势严重,但无人死亡。

这一事件清楚证明了该情况下飞机的可控性和耐撞性,以及机组人员对飞行的管理能力,但对动力系统的适航性提出了严重的质疑。在波音公司、英国航空公司、美国国家运输安全委员会(National Transportation Safety Board,NTSB)和罗罗公司的支持下,由英国航空事故调查局(Air Accidents Investigations Branch,AAIB)牵头进行了一项长期的调查。

这是一项非常引人注目的调查,并在此后几个月内发布了几份临时公报,便于类似飞机的其他运营商能够考虑并掌握原因的发展变化,以便在日后的运营中避免类似的潜在原因。2010年2月发布了事故的最终调查报告①。

确定结论的过程包括进行大量调查、建立部分燃油系统模型以及模拟从中国到英国的飞行条件,结果发现异常漫长、缓慢和寒冷的独特条件导致燃油在油管内壁上形成了"喷气燃油冰淇淋化"(作者坚定的非官方术语),当滑翔过程中增加功率时,这种燃油过滤器的不完全堵塞限制了发动机的燃油供给,只能产生部分所需功率。

完成本报告时,波音公司已经修订了燃油系统设计,并提出了使用防冰燃料

---

① 航空事故调查局正式报告AAR1/2010。2008年1月17日伦敦希思罗机场波音777-236ER、G-YMMM的事故报告。本报告可在AAIB的网站www.aaib.gov.uk上查阅。

添加剂的建议,报告列出了115项结论和18项建议,已远远超出了燃油系统范围。虽然本报告强调了已批准的飞机及其操作程序的系统中的一些故障,但也表明这些故障是由于以前没有记录而无法预见到的。但这种情况显示了适航系统的最佳状态,具体而言:

(1) 最初的事故是可避免的。

(2) 所有事故涉及的单位都立即并负责任地参与了调查。

(3) 立即查明并公布了可能的原因,以便有兴趣和有能力防止类似事件再次发生的单位能够尽早开展自己的调查并采取行动。

(4) 提出了多项建议,包括修改设计代码以防再次发生。调查人员和利益攸关方共同制定了这些准则,以便尽快予以接受和采纳。

同时,进行调查的特点值得称赞,调查建立在工程师团队对飞机及其发动机和燃油系统进行极其彻底的了解基础上,并结合分析和试验,解决了防止类似事故再次发生的问题。

注:未来期望的飞机能够采用减少环境影响的替代燃料(见第17章),可能会导致如本文所述需要重新审视的问题,在未来会变得越来越重要。

9.7.2 螺旋桨发生燃烧的情况

在2002年,作者是英国版本的MXP740萨凡纳(图9.11)认证团队成员,这是一架基于美国Zenair CH701短距起落的意大利组装飞机。这架飞机安装了一台相对较新的四冲程风冷发动机直接驱动(不通过变速箱)定距螺旋桨。

图9.11 英国MXP740萨凡纳的原型机

在一次试飞中,试飞员在驾驶舱中闻到了强烈的燃烧气味后关闭了发动机并进行滑翔着陆。调查中发现碳纤维复合螺旋桨(叶片根部、整流罩和翻盖轮毂)的部分中心部件发生了燃烧。推测是由于飞行中螺旋桨轮毂的滑动导致螺旋桨重心发生了偏移,由此引起了高频振动并最终导致过热起火。

飞行试验暂时中止以便进行调查,这突出表明还有一些其他的问题,虽然在别的飞机上安装同样高转动惯量复材螺旋桨发生的故障不那么引人注目,但这些故障并没有发生在木制螺旋桨上(木制螺旋桨往往具有较低的转动惯量,而且通常更善于吸收振动)。

为了进一步研究,通过正确安装发动机的飞机前机身,发动机安装了连接到自动记录系统的高速率加速度计。然后用不同的螺旋桨和多种等级允许的燃油进行了一系列试验,并采用了快速傅里叶变换(Fast Fourier Transform,FFT)软件包对加速度计的数据进行了分析。

分析表明,在某些条件下,第2、4和6per-rev周期的共振峰值振幅有明显的增加,尤其是第2pre-rev周期。特别是使用低辛烷值无铅燃油(MOGAS)(与高辛烷值含铅燃油(AVGAS)相比),螺旋桨桨叶尖马赫数计算值超过$M=0.82$。但在反共振情况下复材螺旋桨不比木制更差,但在相同的运行条件下,一些螺旋桨确实表现出比其他螺旋桨更差的特性。

由此得出的结论是在任何可预测的飞行状态下,禁止在所有装有发动机、螺旋桨叶尖的马赫数有可能超过$M=0.8$的飞机上安装螺旋桨。而在实际中导致一些飞机安装的发动机最大转速比制造商给出的手动限制下降了大约10%,通过将地面可调螺旋桨距设置得比其他情况略大,对于大多数螺旋桨发动机来说是相对容易做到的,使得实际飞行的起飞和爬升性能略差,速度性能略有提高。因此也建议对于螺旋桨发动机,使用100辛烷值100LL含铅燃油比85辛烷值无铅燃油要好。

采用这一方法似乎解决了此类问题,其结果对飞机所有者和运营商来说都相对令人高兴(除了与低辛烷值无铅燃油相比,高辛烷值含铅燃油的成本较高之外)。

第 10 章 耐撞性与逃生

我们自欺欺人地认为这东西不会坠毁。当我接受宇航员训练时,我问:"再发生一次事故的可能性是多少?"我得到的答案是:"万分之一,且带有星号"。星号的意思是"我们也不知道。"

——1996年1月10日,挑战者号灾难发生后,美国航天局航天飞机副助理局长布莱恩·O·科纳接受《空间新闻》采访

摘要:虽然任何一名航空工程师都不希望自己设计的飞机发生坠毁,但事故确实会发生,而且在飞机坠毁时很可能是灾难性的。坠机后包括紧急出口的可达性、客舱和驾驶舱的防火性以及为便于逃生而需要保持的结构完整性等因素决定了飞行事故发生后机上人员的生存能力。因此,飞机设计师和适航工程师必须合理地确保乘客可以逃离坠毁后的飞机。这是一个需要关注细节和考虑大量历史数据的问题。本章讨论了坠机后无法逃生的主要原因以及如何避免这些原因,并介绍了无论是在空中还是发生撞击后从飞机里逃生的方式。

10.1 耐撞性的目标

虽然每一位航空工程师、每一位地面工作人员和每一位飞行机组人员的目标是飞机不发生事故。这是一个有价值的目标,已投入数百万工时并在近年来取得了高度成功。随着人类进入 21 世纪,航空旅行已成为最安全的旅行方式,随着在初始适航性、持续适航性和操作安全方面的标准要求不断提高,航空旅行将持续保持安全性。同样,在世界范围内较小的即使是业余制造的或监管较轻的飞机,也有着越来越好的安全记录,在大多数地方和大多数飞机类别,即使是私人飞行员也有可能会享受一生的娱乐飞行而不会遇到事故。

然而,飞机的意外事故仍然是一个不可避免的事实,而且总是会发生(尽管希望事故间隔时间越来越长)。鉴于这种必然性,飞机设计师和适航工程师必须尽可能合理地确保乘员能够在飞机事故中幸存并逃脱。不能依靠任何

单一的方法,而对耐撞性的研究是对细节的关注之一,并需要考虑到大量的历史事件细节,正是这些细节表明了在撞击地面时以及撞击地面后伤害发生的方式。显然,伤害和死亡永远不会完全消除,因为撞击时的能量太高或撞击的环境性质过于致命,但始终应当尽可能将高比例的潜在事故生存力作为追求目标。

在民用和军用航空中都有一些标准,规定了被认为可以提升耐撞性的设计特征,尽管这些标准通常分散在整个标准体系中,而且不会包含在这些标准体系中的某一个章节(也不一定被称为耐撞性要求)。因此,在某种程度上,通过严格遵守设计原则就可以满足最低限度的安全标准。然而,对基本问题的理解应确保明智地遵循原则,并确保任何新的设计特性(可能还不存在设计规则)都是可靠的,就像在没有事后诸葛亮的情况下尽可能地耐撞。

10.2 从飞机上逃生

10.2.1 地面上飞机的紧急出口

相关法规要求任何中型至大型飞机(载客超过44名以上)在一半的紧急出口关闭情况下,乘员都应当能在90s内撤离。通常是指在夜间或模拟夜间条件下,在机舱内分布有典型的障碍物(袋子、枕头、毯子等),未经培训的人员使用紧急出口装置,特别是滑梯和应急照明情况下的撤离。第25部适航标准中规定了参加试验的典型乘客组成包括:

(1) 30%以上为女性。
(2) 5%以上的人员年龄超过60岁。
(3) 12岁以下的儿童占5%~10%。
(4) 机组乘员代表。

对于较小的飞机,法规的要求也比较少。但重要的是,从飞机紧急出口可以合理地迅速逃出,包括飞机倾覆在地面上(可能会造成一些困难,如座舱盖的滑开)。认证这种情况往往需要飞机设计和适航团队仔细考虑飞机的设计和预期运营的性质。

直升机可能会存在一些额外的重大挑战,大型直升机如果要经常在海上发挥作用如钻井台的补给、搜索和救援或岛际空运等,必须通过认证才能在海上紧急迫降。在这种情况下,虽然假设可以对一个未经训练的"乘客"降低要求(当直升机在海上飞行时,即使是作为乘客,通常也得接受这方面的特别培训),但新的要求是水下逃生,这可能包括允许在各种海况和不同漂浮状态下、部分出口堵塞、部分漂浮装置失效以及相当可能发生的直升机水下倾覆①情况的发生。

在所有情况下,紧急出口的打开方式必须是既简单又直观的,且不需要过大的力量(或特定语言标示)。当然,紧急出口必须足够大,方便使用和找到,而且(即使发动机仍在运行)在乘客或机组人员离开飞机时不会受到二次伤害。通常对于适用 FAR – 25 和 CS. 25 认证规范的大型飞机而言,民用客机对出口的最小尺寸、位置、醒目程度和出口的数量(作为乘客人数的函数)②以及最小过道的宽度和座位数③都有明确的要求。

10.2.2　空中的飞机紧急出口

对于有些飞机来说,空中离机是至关重要的。这主要包括为某种形式的空中机动而设计的飞机,如用于展示特技的作战飞机和轻型飞机。然而,各种形式逃生系统的使用并不局限于这些飞机。不管将来如何,大多数早期试飞的原型机都会使用逃生系统。由于滑翔机的运营特性,大多数滑翔机(许多飞机在一个小区域追逐同一个上升热气流)会增加空中碰撞的风险。空中离机可分为3类:

(1) 人工离机(如可抛弃的座舱盖和个人降落伞)。
(2) 自动离机(如弹射座椅)。
(3) 全飞机回收系统和弹射舱。

所有这 3 项正式认证要求的定义都很模糊,往往集中于确保这些系统在不主动使用时不会危及飞机。但对于适航认证团队,这 3 项都有不同的要求,在某些情况下,会在条例中定义。

10.2.2.1　人工离机

在飞机上使用个人降落伞的历史可以追溯到 20 世纪 10 年代(也有说法称可以追溯到 18 世纪 80 年代),这是一种很好的拯救生命的方法。起初,飞机、气球和飞艇很容易离机,因为它们飞行速度很慢,而且驾驶舱通常是开放式的,所以只需要简单地松开安全带,走出飞机,拉开降落伞就可以。但随着飞机性能的提高,驾驶舱也封闭起来,离机就成为一个问题。到 20 世纪 30 年代,军用飞机的鉴定已经包括了离机。在现代民用法规中只有认证规范 CS. 22 在第 788、807 和 1561 段中提供了重要的指导建议,这些建议可概括如下:

---

① 在编写本报告时尚未修改为 CS. 27 和 CS. 29,欧洲最近完成了一项重大的研究工作,以研究和加强直升机的撤离和抛弃要求。这些都载于 EASA 关于拟议修正案(Notice of Proposed Amendment,NPA) 2016 – 01 的通知——《直升机迫降和水对乘员生存能力的影响》。

② 主要标准的第 803 – 812 段包含有这些要求。

③ 第 815 – 817 段。

(1)座椅必须设计为能容纳降落伞。

(2)降落伞开伞索连接点必须设计为至少承受 3kN 的最大载荷并用红色标识。

(3)出口路线(包括座舱盖抛盖、头枕设计和基本布局)必须设计为无论是在空中还是在地面上任何可能的碰撞姿态下,均允许在穿戴降落伞时顺利出舱。任何手柄等用于离机的设备必须设计成在可能的操作方向上至少承受 2kN 的最大载荷。

(4)座舱盖抛盖必须在高至 V_{DF} 的速度范围内,可操作力范围为 5~15daN,任何控制部件都必须使用简便,如果有多个控制部件,则工作模式必须相似。

第 23 部适航标准包含兼容但更有限且只有一个新的指令,相应地将任何未设计用于特技和通用类飞机降落伞的座椅贴上标牌。因此认证规范 CS.22 几乎是所有民用飞机正式认证的最佳标准。

另一个基于人体工程学的考虑是,人们总是认为飞机安全带和降落伞安全带的设计和机理应该有明显的不同,这样就不会发生混淆。这也可以在操作程序中加以考虑。多年来,英国皇家空军在装备有个人降落伞的飞机上结束飞行时的顺序检查单为:①滑行停放;②松开飞机安全带;③发动机停车;④松开降落伞安全带或携带降落伞离开飞机。这样,飞行员就不会养成将飞机和降落伞的安全带一起松开的习惯,而这种习惯性动作可能会在紧急离机时下意识地完成。

有些国家的制度可能要求(或允许)对使用降落伞进行批准,还有些国家可能要求在某些行动中使用降落伞,特别是在特技飞行中,但这并没有普遍的标准。

逃生系统认证的实际要点是,任何系统都应该使用实际的或模拟的飞机进行鉴定,并尽可能广泛地鉴定飞行员特性和可接受的降落伞类型。通常应该使用多个实例试验来鉴定(视频证据有助于验证和分析),飞机通常是在地面上,周围放置有碰撞软垫或床垫,试验对象可以掉落在上面。这种方式只能在飞行试验之前对拥有自己设备的试验机组人员进行试验,但显然在更普遍地使用降落伞进行操作时,需要进行更多的工作。

对于跳伞飞机的特殊情况,即专用跳伞飞机并没有正式的要求,但最好是与经验丰富的跳伞员进行协商①,了解最佳做法并修改(如有需要)设计和认证制度。世界各地的主要体育运动跳伞协会往往非常有经验,可能具备很多的专业

---

① 英国降落伞协会的"跳伞飞行员手册"是这类调查的一个极好的起点;此外,英国 CAA 的 CAP660"降落伞"和 FAA 的 AC105-2"运动降落伞"。

知识。飞机的改装和审批内容可能包括：

(1) 飞行中需要操作的门的功能，以及这些门附近的气流影响。
(2) 降落伞强制开伞拉线的连接点。
(3) 台阶和扶手。
(4) 指示灯。
(5) 离开飞机时的标识说明，也许不需要。
(6) 培训和操作文件。

10.2.2.2 自动离机

随着飞机性能的提升，人工离机已经显得不够安全。因此，在20世纪40年代就已开始在飞机上装备了弹射座椅或类似的系统。第一套系统是德国或瑞典的，采用压缩空气将飞行员（穿着个人降落伞）从飞机上弹射出来。二战结束后，这两条发展路线都停止了，但英国马丁·贝克公司在其商业伙伴、试飞员瓦伦丁·贝克在试飞中去世后，公司老板詹姆斯·马丁发展了一条新路线。虽然其他公司(英国Folland公司、俄罗斯NPPZvezda公司和包括斯坦利、韦伯、AMI、道格拉斯和北美在内的美国公司)也开发了很多系统，但供应市场已大幅萎缩，马丁·贝克主要供应苏联以外的世界大部分地区，而NPPZvezda主要供应世界剩下地区的大多数公司。美国公司UTAS(联合技术航空航天系统公司，AMI的继任者)仍然维持生产，但只面向美国国内市场。

无论如何，几乎所有的现代弹射座椅都使用类似的技术。这项技术在很大程度上领导了正式的安全标准制定。因此，认证工作集中于专业知识的进展和最佳做法，而座椅制造商是这些知识和最佳做法的负责人，与以专家为基础"目标导向"的军事认证方法很好地结合在一起，实际上几乎所有弹射座椅都安装在军用飞机上。

典型的现代弹射座椅(图10.1)一般由飞行员拉动裆部手柄(而不是头顶手柄，因为头顶手柄往往会导致脊柱弯曲，从而增加脊柱损伤的风险，现已基本不用)，位于座椅后部的延伸轨道会起爆，同时弹射或破裂乘员座椅上方的座舱盖(少数飞机使用座椅顶部的尖头作为备用或主要的座舱盖破裂机构)。当座椅开始加速弹出飞机时，各种装置将约束并可能向座椅方向拉入飞行员的脚、手臂和头，以防止连带受伤，(在大多数情况下)座椅底座上的火箭包运行，提供持续的加速度以脱离飞机。随后，座椅会在空气动力的作用下自我稳定，然后在一个安全的高度(如果高度非常低则是立即)使乘员的氧气、抗载荷系统和通信连接器连同降落伞约束带一起自动从座椅上脱开，实施人椅分离，飞行员乘降落伞落下，生存设备则随座椅一同落下。

考虑到现有技术现状，弹射座椅系统的认证完全集中在确定该系统是否具

图10.1 马丁·贝克 Mk.9 弹射座椅,装备于美洲虎和鹞式飞机。
虽已不是最新技术,但能够说明当前弹射座椅设计的基本原理

备合理的性能上。以下列出了在这一过程中需要考虑的主要问题:

(1) 座椅的性能,以容纳所有的乘员(在有的座位上,乘员需要调节好并系好座位安全带)。

(2) 座椅具备在尽可能宽泛的飞行条件(海拔、高度、空速、姿态、爬升速度、下降和机动、加速度和惯性载荷)中安全弹射乘员的能力。现代座椅软件通过采集机载传感器数据,修改弹射参数,以优化乘员的生存能力。这可能是通过来自滑轨、座舱风洞和飞机真实弹射的模拟和临界点试验来进行鉴定。

(3) 在不造成永久性伤害情况下的人体可以承受的最大加速度(非永久性伤害,在挽救生命的同时相对来说是可以接受的)。

(4) 约束乘员的身体,以尽量减少连带或惯性二次伤害的风险。需要特别注意头部约束,因为在头盔上安装数据采集系统的情况越来越常见,会在弹射过程中对颈部施加过高的弯矩。

(5) 安全座椅分离、备用分离系统的可用性,以及乘员的降落和弹射座椅与

飞行服之间尽可能好的协调。

（6）正常非紧急使用的座椅应满足人体工程学,维护性好(配备有保险装置,如可移动的安全销,以确保弹射系统有能随意启动)。

（7）确保机组人员对如何使用座椅及随后的生存方法有足够的培训材料。

（8）应确保该系统有足够的标识和出入点,以便在发生非弹射事故时进行安全救援。

10.2.2.3 整机回收系统

目前,整机回收系统正取得越来越大的进展。已经使用了相当长的时间,特别是在微轻型飞机领域内,目前比较相关是西锐系列的飞机(图10.2)。

图 10.2　西锐 SR22G3 在驾驶舱后面安装了整机回收降落伞

在飞机发生结构故障或处于无法改出的失控状态时,这项技术允许飞行员拉动手柄,使整架飞机(当然也包括任何机载设备)安全降落到地面,尽管在大多数情况下,飞机本身很可能坠毁,通过一个弹簧或引导伞拉出一个可以快速打开的安全连接到飞机上的主降落伞。

认证的主要依据是在正常不使用的状态下系统不应危及飞行安全,并满足应急救援标志的要求,在微轻型飞机方面仍是如此规定(尽管在德国许多微轻型飞机被特别授权),但西锐飞机更进了一步,使用西锐整机降落伞系统(Cirrus Airframe Parachute System,CAPS)作为一种替代的遵守手段,例如尾旋要求。但这些系统特别是在西锐上的普遍装备已经引起了争议,在飞行界的许多人看来,这为一些西锐飞行员提供了一个"拐杖",使他们无法养成足够的飞行和决策技能。

现实情况会更为复杂,在极端情况下这些系统能够拯救生命。但经验表明,不能简单地将它们置入常规飞机,由飞行员在没有特殊训练的情况下飞行,而不作进一步考虑。这些考虑尤其应由涉及决策和安全系统方面的专家进行早期以及常态化培训,培训方式应类似于配备了弹射座椅的军用飞机飞行员。

弹道式降落伞也被广泛用作试飞方案中的安全装置,作者要求它们应用于几个方案中(特别是失速、尾旋和高速试验),在一次众所周知的事件中,塞斯纳C162"捕天者"使用弹道式降落伞在开发试验中拯救了试飞员的生命①。在英国,可供认证的两个最成熟的此类系统标准包括 BCAR 部 S 章 K 部分(用于微型飞机)以及在美国联邦航空局对西锐 SF50 机身降落伞系统的特殊要求。联邦航空局的特殊要求在二者中相对比较成熟,二者都有类似的要求,并可概括为:

(1) 可选的系统安装与使用。
(2) 不使用时不得危及飞机安全。
(3) 必须有安全机制以防意外操作。
(4) 飞机上的系统所有部件必须保证安全。
(5) 系统的操作和维护必须包含在飞机的操作规程之内。
(6) 应适用于大多数主要结构相似的安全储备系数(在联邦航空局规则中,这明确的是指失效能量状态,而不是受力的状态)。

这些规则在这两个国家已经施行了数年,其价值已体现在其他飞机的广泛应用上。同时,与军用飞机的弹射座椅不同的是,技术在很大程度上主导了监管,特别是制造商积累的专业知识应作为这类装置设计和认证工作的一部分。

历史上有少量的军用飞机,如 F-111(图 10.3)使用了"胶囊"式座舱与爆炸螺栓分离座舱部分,并采用多个降落伞落地。尽管基本原理与现代通用航空弹道降落伞系统基本相同,但这种解决办法却被视为是不合时宜的,并没有得到广泛地运用。在本书以外,像阿波罗号和联盟号这样的太空返回舱也使用了类似的技术。

图 10.3　通用动力 F-111E"土豚"

---

① 在 2009 年 3 月 19 日的堪萨斯洲威奇托,注册号为 N162CE 的飞机,事情已流传的很广。

10.3 撞击后伤害的常见原因及预防方法

统计数字并不能很直观地列出事故中受伤的原因,分析通常集中于事故发生的原因及预防措施。然而从经验、分析和事故报告的叙述中可以找出必须要解决的耐撞性方面的主要问题,这些问题包括以下几个方面。

10.3.1 结构和舱室材料的耐火性

如果乘客在坠机的地面撞击中幸存下来,随后的死亡原因大多是火灾,很大一部分是因为乘客在某种程度上被困在飞机内,或因受伤而无法及时离开飞机(特别是经常被提到的由于支撑位置设计不当或结构扭曲而使得小腿被夹住或受伤),被随之而来的烟雾、毒烟或大火夺去生命。

这种问题显然凸显了确保机舱结构、座椅、安全带等方面约束和保护乘员并在碰撞时约束其他物体设计的重要性,但驾驶舱和客舱、座椅、地板等的制造和设计方式以及材料的选择也很重要,应尽量减少火灾发生的风险。如果火灾不可避免,应尽量降低火灾的严重程度和减少烟雾排放的可能性。

虽然严格的定义和试验要求(很少会有任何权威机构完全接受这方面的分析)随着使用和标准的不同而变化,但在客舱室内使用的材料通常将从几个方面进行鉴定,如表10.1所列。

表10.1 飞机内部材料的典型耐火试验

材料类别	类型和安装位置
通常需要承受短时间曝露的材料(通常低于15s)	天花板、墙板、舱室隔板、厨房结构、结构地板、地板覆盖物、坐垫、家具、装饰、乘员舱或客舱衬里
通常需要承受较长时间曝露的材料(通常以倾斜的角度下30s)	隔热隔音,行李和货舱衬里,货物固定设备
持续暴露的材料(测定降解率)	丙烯酸窗口材料(最大至64mm/min)电气绝缘件,座椅安全带,系带,小型机械紧固件(最大至100mm/min)

它们连续暴露在裸露的火焰(通常相当于标准的本生燃烧器(天然气)火焰,火焰直径约为9.5mm或⅜in,最低温度为840℃/1544℉)。在固定的火焰暴露时间内,通常情况下,部件应在几秒(最多至15s)内自动熄灭,从材料熔化后滴出的任何液体也应在短时间内自动熄灭(最多5s)(表10.1)。

10.3.2 烟雾和毒烟：疏散、探测和生存

现代适航中的一个奇怪要求是，虽然一架飞机(特别是多发飞机)很少在海上迫降，但对飞机中漂浮装置(救生衣和小艇)的携带有非常严格的要求，但发生的大量事故(特别是客机)一般会造成重大烟雾危险，却没有要求携带防烟面罩，如图10.4所示。作者认为，这是一个重大遗漏问题，虽然很难证明许多航空事故调查员在乘坐商业航空运输时会携带自己的防烟面罩。防烟面罩可以合理地应用到小型飞机上，因为一旦发生电气火灾或发动机故障，烟雾可能会充满机舱，飞行员必须在机舱内有效工作足够长的时间来操纵飞机并紧急着陆。然而，目前通常只在大型飞机上提供很少的防烟面罩，并且仅仅用于消防目的(图10.5)。

图10.4 在机舱消防演习中使用的气液防烟罩(见彩图)

此外还必须作出其他规定，允许飞机机组乘员在烟雾或毒烟弥漫的环境中生存足够长的时间，以履行其基本职责，然后让所有乘员安全撤离飞机。对于一架小型未增压飞机来说，要确保有足够的通风，排出大部分烟雾，而不是集中

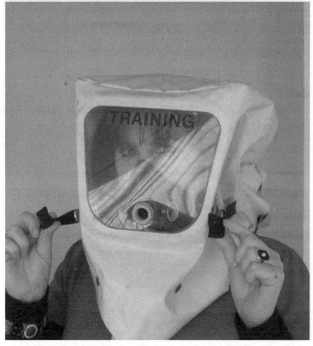

图 10.5 典型的防烟罩(盖伊诺·奥他维提供照片)

在驾驶舱内。然而对于大型飞机来说,驾驶舱/客舱内通风是不可能的,在短时间内,乘员可能不得不"忍受"烟雾或毒烟弥漫的环境,并最终通过特别设置在地板上的由独立于飞机主要电源的备用电池系统供电的照明指示来撤离飞机。

187

在较大型的飞机上,机组人员能够获得烟雾护目镜和能够提供100%氧气(不含毒烟)的紧急供氧系统,但一般不太可能为乘客提供任何此类设施。航空旅客供氧系统在机舱减压救生的情况下通常将氧气与客舱空气混合,但如果机舱里有烟雾或毒烟,则不太可能提供额外帮助。这似乎很残酷,但应该记住的是100%供氧气系统会带来相当大的负重,而且机上所有人的处境取决于机组人员的功能意识,乘客和客舱人员的暂时失能虽然不受欢迎,但不太可能危及生命。

大多数飞机携带某种形式的机载烟雾或毒烟检测系统是通常的要求,唯一真正的例外是活塞式飞机,其客舱取暖不需要燃烧燃油来供热。在最简单的情况下(如PA34飞机(图10.6)),这可能包括一个简单的"黑点"一氧化碳探测器,检测到一氧化碳会改变颜色,只需要每隔几个月花费几英镑更换一次。在客机上,可能包括一个更加复杂的分布式电子监测系统,特别是卫生间(已知不吸烟就无法应付长途飞行的乘客会打退堂鼓。因此,条款通常也要求卫生间内装有灭火系统)和货舱(因为可能并不知道是否有意或无意发运的易燃物品)需要可靠的毒烟监测系统,可以快速提醒机组人员注意飞机上的火灾或毒烟危险。

图10.6　派珀PA34-200:一种典型的带有燃油舱加热器的轻型双发飞机

10.3.3　起落架折断

在紧急着陆情况下最有可能发生的故障之一是整个或部分起落架故障。因此必须努力了解故障的性质(检查各种起落架部件的储备系数可能会得到合理的线索,尽管对于大型飞机来说还需要更详细的分析或者进行试验)。

另一个需要关注的问题,也是小型飞机的主要考虑,是起落架折断不会导致乘员受到高冲击载荷。大约从1985年以来,人们对这一问题进行了大量研究,因为在小型飞机上发生的本来可以很好地生存的许多事故实际上对乘员造成了严重的伤害。因此,这一时期较新的设计越来越多地利用吸能材料和共形结构泡沫的"牺牲",尤其是后者使用了Dynafoam(一种共形吸能泡沫)等材料,所有这些主要是为了减少人体脊柱上的压力载荷,这是飞机坠毁时人体最有可能的伤害模式,并且与乘员年龄呈函数关系(图10.7)。

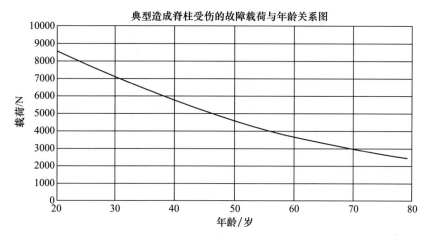

图 10.7　腰椎(下)脊柱典型的压缩破坏载荷

使用吸能材料和共形结构背后的原因显然是尽量减少脊柱上承受的载荷，部分是确保撞击时的能量通过乘员身体以外的其他方式吸收，其次是避免任何形式的反弹或"弹跳"，这往往会增加对脊柱的冲击，残留的空气、软座垫和过松的固定安全带这些设计的特点有可能会增加这种可能性(因此而受伤)。令人遗憾的是，这确实意味着更安全的座椅设计(保形/振动阻尼泡沫，无弹性坐垫，紧身固定安全带)往往不那么舒适，因此相对于提供这些安全功能来说对乘员的吸引力就会降低，这也导致了一些困难设计的矛盾之处[1]。

对于大型飞机来说，主要关注的是燃油系统或电气系统的损坏可能引起火灾。一个正常的假设是，故障是对称的，但因为非对称起落架的过载有多种形式且不可预测，因此无法严格分析，这也是非常少见。

10.4　撞击载荷

在飞机坠毁的情况下，机体是否完好并不重要，而机上的任何货物或行李更重要。因此，如果发生事故，能完成搜救则可以认为是一次愉快的事故(燃油最好保留并在可能的情况下不暴露于任何火源下，同样，许多军用飞机可能要求安全地保留所携带的武器)。所有的要求都是针对保护人类生命的，其次是为了尽量减少伤害，第三是在保存一些飞机上的飞行数据和驾驶舱语音记录仪。通

---

[1]　研究轻型飞机乘员的脊柱损伤及预防的杰出研究员是退休医生及滑翔机飞行员托尼·西格尔博士。他在OSTIV的《技术觉醒》杂志上发表了大部分的作品。对他的工作感兴趣的人需要复制特别版：第32卷，第1/2号，2008年1月/4月，该卷整理和重新出版了他的许多最重要的论文。

常这也意味着在第一个实例中机上人员的命运,因为在设计阶段不可能以任何精度预测撞击位置或环境。

因此,首要困难是在不会对乘客和机组人员或周围的人造成重大伤害的前提下,让其留在飞机座位上。第二个困难是确保飞机内的任何物品都不会因移动或变形而对乘员造成伤害。

虽然对于一架飞机来说,一些值或许会超出飞行包线范围,但对于大多数飞机或设计原则来说,在坠机期间作用于乘客的极限载荷被假定为:

(1) 向上:轻型飞机 $3g$,客机 $2g$。
(2) 前方:$6g$。
(3) 侧方:$2g$。
(4) 向下:轻型飞机 $3g$,客机 $4g$。

(注:一些民用适航标准使用这些数值,将上述数值乘以假定的 1.5 安全系数后称为"极限"而不是限制载荷。然而,如果要求安全系数(如对于复合座椅和机身结构),则常规做法不会使用相同的极限值,因此这些极限值反映了实际的适航实践。)

这些载荷应适当地施加在座位上的人体,并根据人体的典型质量分布进行分布。更高的认证规范(如 CS.25 或 FAR-25)或航空公司设计手册可能包含这方面的具体指导。然而,值得注意的是,这些值通常是根据飞行员/乘客质量的人为低值计算的,可能会发生变化。在撰写本书时,99% 的成年高加索男性大约有 105kg(232lb)的净重,而民用适航标准通常使用 86kg(190lb)的轻型飞机座椅、77kg(170lb)的大型飞机座椅,对大量的乘员和乘客只能说仅仅够用。在轻型飞机中,这种做法已开始改变,英国轻型飞机的设计通常采用 110kg(243lb)座椅,而罗宾逊 R22 和 R44(分别为 109kg/240lb 和 136kg/300lb)等小型直升机在全球范围内也专门使用较高的座椅重量(图 10.8)。虽然还没有法律要求,但作者向任何设计或适航工程师推荐使用至少 110kg 值。这可能是未来的设计基础,并可能在未来避免体形更大的乘客在硬着陆中受伤导致诉讼。

安全带的几何结构也很重要。不良的几何结构,尤其是上身约束系统的几何结构,在发生碰撞载荷时可能会导致死亡或重伤。一个非常好的例子是 1999 年 3 月,一架惠特克 MW6-S 飞机在赫特福德郡(英国)的纽纳姆降落时失去了控制,导致飞行员死亡[①],原因是安全带经过了一项未经授权的修改(可能是为了舒适性)而折断了飞行员的脖子。

图 10.9 给出了从实践中掌握的安全带几何形状,尽管背后的科学很难证明

---

① 英国航空事故调查科公告编号:8/99 参考:EW/C99/3/1。

图 10.8　罗宾逊 R44 直升机,考虑了"体形更大"飞行员的设计和认证

为座椅上的乘客提供最好的约束,无论是系着 2、3 还是 4 点安全带(2 点安全带通常被称为搭带,3 点类似于汽车上常用的)。如果飞机不符合这些尺寸,就不太可能获得认证。此外,虽然乘客座位的搭带仍然是常态(因为乘客可以有一个"支撑"的位置,而机组人员没有这种条件),但目前唯一可能获得认证的飞行员座位只配搭带的飞机是一个柔性伞翼超轻飞机,这种飞机只在后座有一个完整的安全带,因为飞行员要用全身运动来控制飞机。

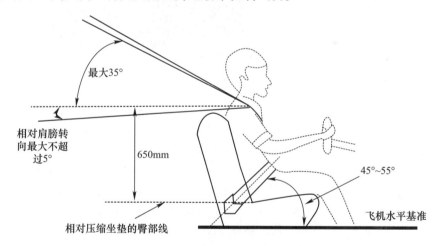

图 10.9　飞机乘员安全带的首选几何形状(来自 CS-23)

10.5　新材料的挑战

直到 20 世纪 80 年代,几乎所有的飞机都是由铝、镁、钢合金和木材等材料

制造而成，其中还有很小比例的天然织物和橡胶或塑料产品。在撞击和随后可能发生的火灾之后，这些材料会以合理可预测的方式分解或燃烧，对乘员的主要风险是燃油的燃烧，但在碰撞后的总体环境影响相对较小。

玻璃钢（Glass Reinforced Plastic，GRP）最初是在20世纪40年代开发的，它最初在飞机上的用途是在20世纪60年代用于滑翔机的主要结构和一些较大的飞机（最著名的是协和飞机）的较小部件。随着人们对使用这种新材料的信心增强，人们意识到以前不可能实现的、复杂高效的飞机形状可以很容易地实现，越来越多的轻型飞机和更大型飞机的大部分结构主要由这些新的复合材料制造，这些材料是从最初的GRP发展而来的，当然包括主要的复合材料客机。事实上，新的空客A350已承诺使用新材料，而主要的复合材料战斗机已经存在于欧洲"台风"战斗机（图10.10）、洛克希德公司F-117和其他公司的产品上。

图10.10　欧洲"台风"战斗机70%的表面是碳纤维复合材料

然而，在这些材料中使用的复合基体，以及越来越多的纤维增强材料，在撞击后的环境中会出现非常复杂的问题。火灾发出的烟雾都可能具有极高的毒性，而材料破裂时释放的微粒可能是最佳的刺激物，并可能对健康造成非常严重的风险。此外，这些材料往往储存着大量在燃烧过程中可以释放的能量。目前在通用标签"复合材料"下使用的材料范围当然很广，但其中大多数都产生了某种形式的碰撞后风险。这不是一种理论上的风险，特别是在军事环境中，有一些记录在案的案例表明，救援人员在参加一架具有大量复合结构飞机的事故后遇到了工作后的医疗问题（包括组胺反应、呼吸问题和头痛），这包括F/A-18、HarrierⅡ和F-117飞机的事故。实验表明，排放的主要挥发性化合物可能是苯基，而主要的空气微粒可能主要是2~7μm范围内的碳化合物颗粒。实际燃烧后复合结构往往只有机械风险。可能无法保护飞机乘员这种排放（虽然使用个人烟罩是一种可能的车载安全设备，但这还没有得到广泛支持，主要是出于经济原因，即使如前所述，有利于其可用性的证据是强有力的）。尽管如此，保护救援人员不受这些排放的影响至关重要,尤其是因为短期失能将阻止他们营救飞机乘客。近年来该问题受到了相当大的关注,现在所有机场救援人员(以及大多数一般消防和救援人员)都得到了足够的身体和呼吸系统保护。

与此相关的另一个问题是飞机上的电能储存。从历史上看,这是一个连续产生的小问题,以及用于启动缓冲和紧急要求的少量含液体(如含有铅酸)的电池。越来越多的飞机需要大量的电能储存。目前最流行的技术是基于锂(锂离子或锂聚合物)的技术,现在一些小型飞机完全是电动的。

例如,斯洛文尼亚管道阿尔法电路目前正在进入服役。寻找更有效的电能存储已经产生了自己的问题——过于简单化的高能密度电池就如同炸弹。锂电池热失控的问题已经有大量案例,由此可以理解对其运输提出的越来越多的限制,以及对机组人员如何在其中灭火的强制性培训。一旦发生问题,积极冷却通常是解决火灾的最好方法,但最重要的工作必须是安全储存和防止过载或损坏。显然,坠机是最严重的情况,目前对此问题知之甚少,特别是被电动轻型飞机设计师和认证团队基本上忽略了。这不可能是一个可持续的立场,未来几年很可能会导致这一领域的重大变化。

第 11 章　飞行品质评价

在空气中上下飞行的过程是一种非常不稳定的状态,一部分原因是空气的不规则,另一部分原因是缺乏掌控这台机器的经验。

——奥维尔·赖特

摘要:飞机的飞行品质可分为操控性和性能两部分。飞行品质决定了飞机对常规飞行条件下扰动的响应程度,以及飞行员从这种扰动中改出的容易程度和安全程度。本章将主要集中于飞行品质,尤其是定义最低飞行标准的民用法规,以及这些标准与最佳飞行品质的关系。

11.1　关于飞行品质

现在一些飞机可能主要由自动飞行控制系统(Automatic Flight Control System,AFCS,与自动驾驶仪类似)驾驶,但即使是 AFCS 或远程控制也需要保证飞机具有足够的性能和操纵性,并且大多数飞机在运行寿命的大部分时间内都由人工驾驶。飞行品质是工程师和飞行员必须相互理解并共同合作的一个领域。否则,任何飞机都不太可能令人满意。

有人驾驶飞机的设计规范包含关于最低飞行品质的详细建议。除非监督飞机认证的机构特别细致和积极,否则很可能设计一架仅符合特定标准所有最低要求[1]的飞机并通过认证。该飞机的飞行品质将非常差,虽然审批机构可能会通过该飞机的认证,但客户可能会拒绝采购并使用。因此,这绝对是一个最低安全要求几乎与实际结果不相关的领域。这架飞机糟糕的(但可接受的)飞行品质也会增加机组人员的工作负荷,他们不得不操纵这架飞机,且不那么安全,因为高工作负荷会增加人为错误,而且可能难以避免。

名词飞行品质分为 2 类:性能和操控性。在很大程度上,它们可以分开讨论(尽管也有例外,其中单名词性能与操控品质(Performance and Handling Qualities,P&HQ)成为一个单一主题词,特别是失速特性和多发飞机的不对称行为)。

---

[1]　有时在北美被错误地表述为"最小值"。

本节主要集中于操纵品质,一部分原因是该主题至关重要,另一部分原因是已有许多关于飞机性能的优秀教科书。

11.2 飞机稳定性的基本名词

名词"稳定性"具有误导性,结合上下文有很多不同的含义,该词不能独自使用,且经常需要注释①。

静态稳定性描述了一个参数在受到干扰后最初是否向原始中性模式移动的趋势。假设飞机初始速度为 X kn,扰动后速度调整到 $X+10$kn。如果飞机的即时反应是再次向 X 方向减速,则飞机具有正静态(速度或俯仰)稳定性;如果飞机保持在 $X+10$kn,则具有中性静态速度稳定性;而如果飞机继续增加速度,则具有负速度(或明显的纵向)静态稳定性。

其次,动态稳定性描述了参数在扰动后的长期行为。考虑到上述情况,如果飞机速度的长期行为最终稳定在速度 X,则具有正(或收敛)动态速度稳定性;如果在 $X±10$kn 范围内无限振荡,则具有中性动态速度稳定性;如果振幅增加,则动态稳定模式为负(或发散)。

假设一个滚球的虚构场景,在弯曲轨道的一侧释放,忽略摩擦力(图 11.1)。滚球的位置在轨道底部的中性模式下具有正静态稳定性,但由于没有摩擦力,动态稳定性为中性。

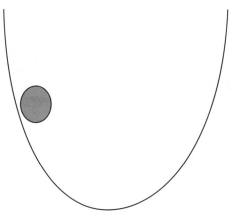

图 11.1 正静态稳定性,中性动态稳定性

---

① 根据经验:任何使用"飞机非常稳定"或"稳定性高"(或差/弱)等术语的工程师或飞行员都不理解稳定性和控制,在这方面不应依赖他们的意见。

现在,在轨道底部添加一种流体,引入摩擦力(图11.2),这使滚球每次通过轨道底部时都变慢,从而降低振动幅度,最终使滚球停止在底部。虽然静态稳定性不变,但动态稳定性已从中性变为正(或收敛)。

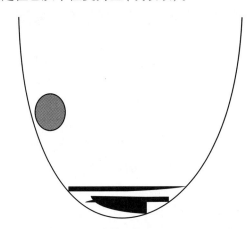

图11.2 正静态稳定性,正动态稳定性

现在翻转轨道,将滚球放在顶部(图11.3)。如果存在任何扰动,滚球将脱落,不会返回顶部,因此具有负静态稳定性和负动态稳定性。

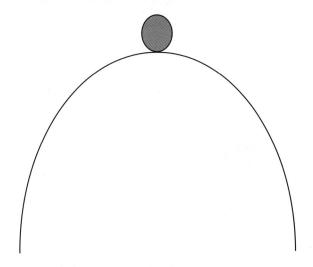

图11.3 负静态稳定性,负动态稳定性

这表明,要具有正的或中性的动态稳定性,参数必须具有正的静态稳定性。简单地说,这种正稳定性与负稳定性的结合在静态过程中也不会发生。

飞行力学中的每一个参数都可以这样描述。但是,还需要更多的条件。首先考虑人们是在使用"实际"条件还是"表观"的条件。实际条件是指飞机经历的空气动力学或惯性条件,而表观条件是那些在驾驶舱感知到的条件。虽然大多数工程分析与实际情况有关,但适航性分析通常与表观条件有关。

通常用于描述飞机运动的轴系统如图11.4所示。然而,在鉴定操纵品质时,该轴系统和名词经常发生变化,不同的组织、飞机等级或国家可能使用不同的惯例,要及时查阅!

图 11.4　经典的飞机轴系统

11.3　库珀—哈珀飞行员补偿等级量表的使用

飞行试验中的一个基本问题是如何量化飞行员的意见,并且一直以来都是。如果你乘坐一架飞机,让3名不同的试飞员在相同的条件下执行相同的机动动作,由于他们不同的写作风格和经验水平,他们对该飞机机动性的描述必然会有所不同。对于一个不是试飞员的人来说,即便是分析这些报告的语义并得出有意义的结论也是极其困难的。然而,试飞员的意见在分析任何飞机的飞行特性时都是至关重要的,需要有效地加以利用。

显然,如果工程师和任何项目的关键决策者对飞机的运行方式有很好的了解,他们的工作会做得更好,也不能避免这方面问题。20世纪50年代,美国宇航局的乔治·库珀(George Cooper)开发并于1957年发布了"库珀飞行员补偿等级量表",该等级量表在提供一种机制以描述飞行员对飞机质量意见的数字化方面向前迈出了一大步。20世纪60年代,库珀继续与康奈尔航空实验室的研究员鲍勃·哈珀合作开发这种方法,他们改进了1969年发表的方法,被称为库珀—哈珀量表。如图11.5所示,该量表迅速成为该用途的全球标准,沿用至今且从未修改。它针对飞行员执行飞行任务关于不同方面的能力意见采用1~10进行量化处理。

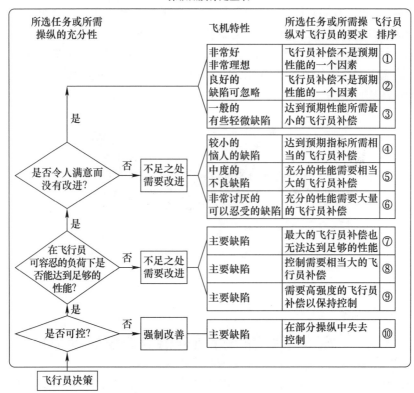

图 11.5　库珀—哈珀操纵品质评定量表

自库珀—哈珀量表提出以来，还出现了其他量表，如 NASA-TLX 和克兰菲尔德飞行员工作量评定量表。然而，所有这些基本上都是库珀—哈珀（Cooper-Harper）量表的特殊用途衍生物，仍以库珀—哈珀量表为基础。

库珀—哈珀量表基于对飞行任务的构建，得以对飞行任务进行评估，这些任务需要非常精确地定义。例如，"平直飞行""着陆"或"保持 250kn IAS"等任务都是不可用的。

然而，要考虑平直飞行的任务。典型的手动飞行任务可能是在巡航构型下以 8000ft、直线和水平、高度误差 ±100ft、航向误差 ±2°、空速 250kn ±10kn 同时保持平直飞行。规定的高度误差是 ±100ft，为使这项任务更精细一些，我们将理想的高度误差定为 ±50ft；同样，如规定的空速误差是 ±20kn，我们将理想的空速误差定为 ±10kn；如规定的航向误差是 ±5°，我们将航向误差定为 ±2°。

因此，试飞员随后将飞机飞到 8000ft 的高度，进行修正，然后继续尝试在 8000ft 和 250kn 的速度以一个容易达到的航向精确地进行手动飞行。

他执行 3 项独立的库珀—哈珀任务，所有这些任务都与报告相关。因此，试飞员的报告可能会这样读：

修正后，将高度保持在 ±50ft 范围内相当简单，只需偶尔对油门进行修正（HQR2），空速也相当稳定，几分钟内空速变化不超过 ±15kn，偶尔进行小的修正（HQR3）。然而，尽管进行了修正，飞机仍在大约 ±4° 的航向上缓慢、中立且柔和地进入横滚，并且在达到 250° 的目标航向（HQR4）以后无法保持航向误差 ±2°。

然后，适航性鉴定团队在基本的直线和水平飞行操纵中将其视为 3 个独立的任务：高度保持、速度保持和航向保持，但应尝试同时完成这 3 项任务，因为这是 1 项现实的飞行任务。前两者以不同的方式与 aLSS 相关，而第三种方式与方向稳定性相关。

分析的下一个阶段通常是检查飞行员提出这些意见时的背景。因此，在上述例子的情况下，我们会以不同的方式处理这些分数，这取决于飞行员是否首次试飞该机型，以及飞行小时数是否达到 2000h。不建议采用以下方式处理获得的操纵质量评级（Handling Quality Rating，HQR）分数：如取平均值，HQR 必须与任务定义、鉴定飞行员的经验和资格相结合，且单独使用。

请注意，HQR 值为 1 通常仅用于飞机执行需要任务且无飞行员输入的情况下，换句话说，很少（如果有的话）使用。HQR 值为 10 不一定意味着完全失去对飞机的控制，但意味着完全无法将飞机保持在规定的限制范围内（图 11.6）。

图 11.6　从左到右分别为鲍勃·哈珀、作者以及乔治·库珀在 2012 年试飞员晚宴上

注:乔治·库珀简介

乔治·库珀出生于1916年,最初是一名采矿工程师,第二次世界大战期间在美国空军接受过飞行员培训,战后成为 NACA 的试验飞行员,然后成为美国宇航局的首席研究试验飞行员。1973年退休后,他在加利福尼亚建立了一个葡萄园,在那里他生产了限量版的"试飞员"红葡萄酒。他于2016年4月8日去世,享年99岁。

注:鲍勃·哈珀简介

鲍勃·哈珀出生于1926年,1953年毕业于麻省理工学院航空工程专业。他在卡尔斯潘度过了很长的职业生涯,既是一名工程师,也是一名试飞员,在那里他专门鉴定飞机的飞行品质,包括在基础研究层面,以及包括 X-15、F-94 和 NT-33A 飞机在内的可变稳定性研究项目。

第 12 章　纵向稳定性与操纵

倾角是飞机的关键特性，因为它具有将飞机从飞行茶盘（也许是盛大的音乐会）转变为火箭，然后又变回来的优劣双重特性。

——迈克·赖利《协和式飞机操纵杆和方向舵手册》

摘要： 纵向稳定性与操纵包括速度、高度和法向加速度的操纵。与飞机的空气动力学特性不同，本章关注飞行员看到的（即表观的）稳定性。本章讨论静态和动态稳定性，以及定义可接受范围和响应的最低适航性规范。另外，还讨论了稳定性和操纵术语的定义，以及一些用于判断飞机响应是否适航的常规试验。

12.1　表观纵向静态稳定性、重心范围测定和俯仰效应

众所周知，纵向稳定性或纵向静态稳定性（Longitudinal Static Stability，LSS）非常重要，但通常对其了解甚少。"稳定性"一词的使用在技术上具有误导性，许多空气动力学教科书更倾向于理论分析而非实际理解。

纵向稳定性，又称为俯仰稳定性，是指飞机在飞行中，由于外界的干扰，使飞机改变了原来的飞行迎角，当干扰消除后，飞行自动恢复到原迎角的能力。本节分析表观纵向静态稳定性，即飞行员在操纵装置上看到的稳定性，而不一定是飞机本身的空气动力特性。这样的分析是有效的，因为与飞机本身性能表现不佳相比，驾驶舱飞行员输入操纵引起的问题更有可能破坏飞机稳定性。大多数现代飞机使用稳定性增强来改变驾驶舱感觉和实际空气动力学之间的关系。此类系统的设计和批准是一个复杂且高度专业化的课题，读者在很大程度上必须参考其他方面的建议。

表观纵向静态稳定性是关于操纵输入和飞机空速响应之间的关系，通过影响高度变化，从而影响飞行轨迹稳定性。然而，经典的纵向静态稳定性图中的输入与响应显现通过原点的连续曲线具有误导性。在解释表观纵向静态稳定性的工作机制之前，有必要解释一些标准术语，如表 12.1 所列。

表 12.1 用于描述纵向稳定性适航方面的术语

名词	解释
表观握杆 LSS	驾驶杆力与空速变化的比率(通常以 daN/kn 或 lb/kn 表示)
表观松杆 LSS	驾驶杆位移量与空速变化的比率(通常以 mm/knot 或 in/kn 表示)
可逆控制	控制界面上按钮的移动导致驾驶舱控制装置发生移动,如大多数轻型飞机
不可逆控制	控制界面上按钮的移动不会影响驾驶舱控制装置(大多数动力控制装置属于这一类。最后一架配备可逆控制装置的客机是 dH106 哈维兰彗星型客机(图 12.1)。与之类似,但现代飞机具有不可逆转的动力控制)
滑动摩擦与静摩擦	驾驶杆对飞行产生影响之前施加的力
自由调整	操纵装置对飞行产生影响之前的移动
配平速度范围	BO + F、自由调整和 LSS 的函数:在任何给定俯仰配平设置的情况下,飞机的空速调整范围
驾驶杆	俯仰操纵输入

图 12.1　最后一架配备可逆控制装置的哈维兰彗星型客机

为了从适航角度理解纵向稳定性,我们必须量化飞控机械特性(Flight Control Mechanical Characteristic,FCMC),特别是最大摩擦力与摩擦力(Breakout and friction,BO + F)、Freeplay 和配平速度范围(Trim Speed Band,TSB)。表 12.2 列出了这些测试内容(所有试飞员都熟悉这些测试,在可能的情况下,这些测试最好在工程师和/或飞行测试仪表观察员的辅助下进行)。

表 12.2 纵向飞控机械特性(Longitudinal Flight Control Mechanical Characteristics, LFCMC)试验

测试量	试验
滑动摩擦和静摩擦	建立配平飞行姿态(如果出动时间有限,可在爬升中完成),并对驾驶杆施加力,直到飞机机头相对于地平线移动。在两种测试量下进行,记录使飞机响应的力 对于不可逆控制,该试验通常可以在地面进行(但在空中进行更好),但是对于可逆飞行操纵,该试验必须在空中进行,因为机身在飞行载荷下变形时可能会发生特性变化
自由调整	与 BO + F 试验类似,格外测量了操纵杆顶部或握杆位置的位移量
配平速度范围	对飞机进行配平,并记录调整速度。然后,在轻轻松开操纵杆之前,使用操纵杆将飞机加速约 10kn。飞机空速稳定在某个值前应减速,并记录下这个速度,反向重复,结果的差值就是 TSB

掌握纵向飞控机械特性后,可以测量纵向静态稳定性。有两种方法可以在驾驶舱中测量,且都很重要,分别是表观的握杆纵向静态稳定性和表观的松杆纵向静态稳定性。

配平必须在飞机以恒速爬升/下降的情况下进行,而且空速必须恒定。以适当的空速增量变化(对于大多数飞机,大约为 10kn;对于快速喷气式飞机或客机,可能为 20kn;对于非常低性能的飞机,可能为 5kn)偏离配平姿态,在每种情况下,驾驶杆的力和位移量都可以被测量。对于"快速检查"测量,可以在偏离配平的瞬间进行(如对一架新生产飞机正确特性的确认)。但是对于原型机项目,要保证至少 ±15% 的配平速度,暂停,然后通过反向配平到另一侧,然后再次回到配平姿态。不得调整油门、螺旋桨螺距或配平器设置。

主要试验项目包括测量飞机上力和位移量的仪表,除"生产线"飞机、量产飞机或低预算项目(包括几乎所有通用航空项目)需要手持仪表以外,有必要进行两次试验。因为操纵飞机的工作量很大,应在合理的飞行技术保持范围内测量杆力和杆位移量。建议对驾驶舱进行一些标记,以提供参考数据。

获得数据后,必须绘制在两张图上,以显示表观松杆和握杆纵向静态稳定性,如图 12.2 和图 12.3 所示。现实中可能并非如此有序,如图 12.4 所示。

关于这些图表,应注意以下几点:

(1)曲线中点或端点处的变化率测量可能不可靠。如果需要精确测量变化率,则必须在需要梯度的范围之外继续进行试验。

(2)非线性不一定是坏事,事实上,如果变化率在高速和低速范围内变陡,这可以保护飞机免受误操作。但是,如果发生这些情况,必须予以考虑和了解。

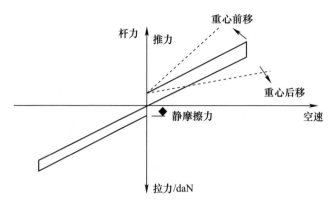

图 12.2 握杆纵向静态稳定性示例图

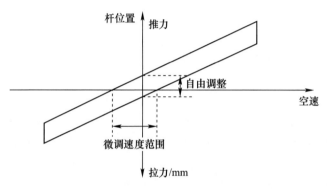

图 12.3 松杆纵向静态稳定性示例图

(3)如果讨论的飞机具有非线性空速表误差(PEC),这是非常常见的,尤其是小型飞机、以任何速度飞行的直升机或任何接近失速的飞机,必须根据校准空速绘制图,而不是根据指示空速绘制图,如图12.4所示。否则,看到的非线性实际上是空速表非线性(或者 LSS 非线性可以被空速表误差掩盖)。如果有任何疑问,绘制校准空速,而不是指示空速。

我们绘制了松杆和握杆纵向静态稳定性。因为飞行员对杆力和杆位移量的反应方式不同,在大多数情况下,大多数飞行员主要根据俯仰感觉飞行,因此杆力是最重要的因素。当然,操纵杆位移量也很有必要,因此必须按照适当的顺序,否则飞行员要么会因为需要大位移量而分心,要么会发现自己无法精准操纵飞机。F-16(图12.6)最初设计为仅依靠杆力飞行,没有位移量。由于试飞员无法对其姿态进行足够小的修正,原型机在第一次飞行时几乎失败。作者在英国 X'Air(图12.7)原型机上遇到了类似的问题,该原型机在机尾重心处具约有 0.1daN/kn 可接受的握杆变化率,但松杆变化率约为 0.1mm/kn,再加上 50kn 的

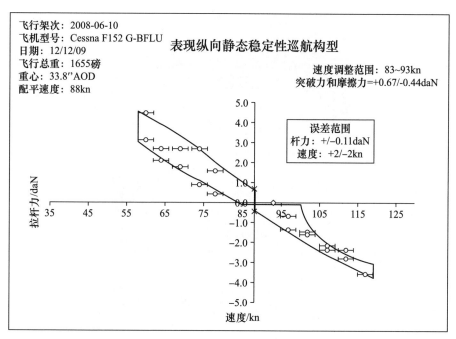

图12.4 作者在测试兰斯塞斯纳F152飞机(图12.5)时获得的表观的握杆纵向静态稳定性图

进近速度,使得精确飞行几乎不可能。解决方案是将副翼反转7.5°,并将尾部重心限制向前移动约1.5in,在新的尾部重心限制下提供1mm/kn的变化率,使飞机具备良好的速度操纵。

(这是一项公开研究项目成果的一部分。通用航空安全委员会于2010年发布的《1980—2008年英国注册轻型飞机发生致命失速或尾旋事故研究》是该项目研究的起源,在多种学术论文中提供了更多细节,主要由本书作者和考文垂大学的迈克·布罗姆菲尔德博士撰写)

图12.5 兰斯塞斯纳F152飞机

图12.6 洛克希德·马丁F-16飞机早期型号

图12.7 X'Air Mk.2 猎鹰最初有问题的 Mk.1 最新版本

12.2 可接受的纵向静态稳定性特征

民用标准很少定义最小或最大可接受的纵向静态稳定性（Acceptable Longitudinal Static Stability，ALSS）值，鉴定团队必须根据飞机的用途确定可接受特征。极低的杆力变化率完全适用于设计用于空战或特技表演的飞机，但不适用于大多数教练机或运输机（军事标准确实定义了纵向静态稳定性值，这些值也可能对民用项目有用）。

对于教练机而言，将重心后限设置为1mm/kn（松杆）或0.1daN/kn（握杆）的最差变化率通常是正确的方式。根据用途和操纵几何外形，不同的纵向静态稳定性等级适用于后置重心。例如，运输机可能需要更大的变化率才能安全操纵，而战斗机则需要更小的变化率才能达到需要的机动性水平（加上战斗机飞行员的飞行技能设定为最好，但并非所有其他飞行员都是如此）。另一个可能甚至更重要的考虑因素是失速点的总拉力。研究表明，在进近或复飞构型中，失速拉力小于10daN（2lbf）的飞机容易发生意外失速，可能导致致命事故。试飞员们有一个观点：理解飞机的用途作用比确切数据更重要，尽管数据对于支持专家的观点至关重要。

重心前限更容易定义,但也需要根据飞机的用途和几何外形来确定。飞机必须具有足够的俯仰操纵特性,以便快速使机翼改出失速状态,执行有效的改平并着陆,安全地从俯冲速度 V_{df}(由 18daN(40lbf)推动产生的俯冲)中改出,或执行该类型任何其他操纵(例如,后三点起落架式飞机必须能够执行三点着陆)①。常规需求是模糊的,让鉴定团队自行决定可接受性。在有限的误载情况下,一种好的做法是找到可接受的重心前后限,然后在任意一端向重心的中心方向施加总重心范围的 5%~10% 的操作限制。

这里没有提到标准的空气动力学名词"静态稳定裕度",也没有提到重心的任何形式的理论分析。这是飞机设计过程中必不可少的一部分,细节可以在任何关于飞机设计或固定翼飞机空气动力学的教材中找到。但是,当飞机提交适航团队进行认证时,这些理论重心极限值将包含近似值和计算误差。最好的做法是在估计的中重心条件下开始,然后通过试验程序谨慎地向外延伸,直至确定实际的前后重心极限。对于来自美国或法国等国家的小型飞机或超轻型飞机的试验,也应采取同样的谨慎措施,这些国家对此类飞机的监管很少或根本没有监管。即使已经发布重心限制,也几乎很少应用。

标准确实给出了最大瞬态力和持久性操纵力的限制,通常是最大配平速度范围。要说明认证试验条件,尽管项目研发需要更大的范围。瞬态力是由推力、速度或系统变化而产生的力,但随后会被配平(也可能配平失败)。持久性操纵力是指必须持续保持的操纵力。这些限值如表 12.3 所列,应视为绝对限值,任何接近这些限值的飞机的操纵性可能会非常差。

表 12.3 主要民用适航标准中的纵向静态稳定性最低要求

	最小纵向静态稳定性变化率	没有配平器的配平速度	实验条件	最大 TSB	临时纵向操纵力	连续纵向操纵力
旧版第 23 部适航标准(143、145、161、171、173、175)	变化率未定义,在 175 中给出的范围内和配置中为正值。通常,在所有条件下,均在配平的 15% 以内	$1.4V_{S1}^b$,起落架收起或放下,襟翼收起;$1.3V_{S0}$ 起落架与襟翼放下;以爬升速度 V_{NO},无动力 3°进近,$1.4V_{S1}$ 且 V_{REF} 建立爬升构型	145、161、175	±10% ±7.5% (巡航条件,仅限于通勤类)	60lbf(驾驶杆) 75lbf(两手操纵驾驶盘)50lbf(单手操纵方向盘)	10lbf

---

① 不得以任何允许的速度或重量使尾翼过载,但这属于结构方面的考虑。

续表

	最小纵向静态稳定性变化率	没有配平器的配平速度	实验条件	最大 TSB	临时纵向操纵力	连续纵向操纵力
新版第23部适航标准(2145)	未经特技飞行认证的飞机必须在正常飞行中具有(正向)静态纵向稳定性,并在整个飞行包线内提供稳定的操纵反馈。任何飞机不得表现出任何不稳定的发散纵向稳定性特征,从而增加飞行员的工作负荷或造成危险境地					
第25部适航标准(143、145、161、171、173、175)	与23章旧版一样,在试验条件的定义中有更详细的说明					
CS-VLA(143、145、161、173、175)	未规定	不高于 $0.9V_H$、V_C^c	161、175	高于±15% 或±15% km/h	20daN	2daN
CS-22(143、145、161、171、173、175)	1N/10km/h	$1.2\rightarrow2.0V_{S1}^d$	145、175	±10% 配平 CAS	20daN	2daN
英国民用适航标准						
S章(143、161、173、175)	未规定	$1.3\rightarrow2.0V_{S1}$	175	20daN	2daN
K章(2~8、2~9、2~10)	未规定		2~8、2~9	未规定	无限制	45N/10lbf

12.3 解决表观的纵向静态稳定性问题

关于如何解决纵向静态稳定性问题,没有标准答案。从技术上讲,这应该是设计的范畴,而不是适航性问题。然而,表12.4旨在向读者说明一旦发现问题,应在何处寻找解决方案。

表12.4 纵向静态稳定性问题的可能修正方法

问题 修正	握杆较好,松杆较差	无法拉平	无法保持进近速度操纵	高速下的中立LSS	低速下的中立LSS	松杆较好,握杆较差	抬头或低头操纵不足	操纵力过大
升降舵定中弹簧				X	X	X		
重心前限后移		X						
改变俯仰传动装置传动比	X					X		

208

续表

问题 / 修正	握杆较好,松杆较差	无法拉平	无法保持进近速度操纵	高速下的中立LSS	低速下的中立LSS	松杆较好,握杆较差	抬头或低头操纵不足	操纵力过大
重心后限前移				X				
重新调整副翼或后缘缝翼			X	X				
寻找过度的自由调整			X					
安装更大的水平安定面		X		X	X			
驾驶舱操纵杆的变形		X					X	
更改水平安定面的装配角度		X		X	X			X
改变机翼负扭转角(仅三角翼或后掠翼)				X	X	X		X

12.3.1 构件的影响

当选择或更改飞机的任何构件时,必须确定飞机俯仰的变化,并证明不会对飞机产生不利影响。典型构件包括:

(1)功率或推力变化。

(2)襟翼设置的变化。

(3)起落架收放。

(4)减速板收放。

飞机必须经过配平,选择构件,然后通过升降舵/驾驶杆进行任何必要的调整保持恒定的空速。必须测量驾驶杆力,且不得超过标准的临时纵向操纵力要求,然后调整至低于连续纵向操纵力限制标准。

有一些操纵力是可以接受的或者也有必要,如美洲虎攻击机,一架本应该有但没有这种力的飞机(图12.8),仅显示了减速板的最小操纵反馈,飞行员要将头部伸出驾驶舱,不然可能不会立即发现是否打开了减速板。

考虑推力。如果飞机在(如计划外)推力快速降低后接近失速,则飞机在推

图 12.8　美洲虎攻击机

力降低的情况下可能存在抬起机头的缺陷。在欧洲之翼航空的金翼飞机（图 12.9）中，收油门需要一个大的向前推杆动作，以防止意外失速，如果飞机确实失速，那么在这种低速条件下，由于升降舵效能差，加上大迎角配平，飞机将无法在没有推力的情况下改出姿态。

图 12.9　欧洲之翼航空的金翼飞机

12.4　纵向动态稳定性

有两种主要的纵向动态模式，分别是短周期模式和长周期模式。两者都影响飞机的可控性和适用性。适航标准，特别是民用标准，往往以有限的深度考虑纵向动态模式。因此，适航鉴定人员必须了解其对于飞机的用途，并在此背景下鉴定纵向动态稳定性（Longitudinal Dynamic Stability，LDS）。

12.4.1　短周期纵向动态稳定性

短周期模式是指短期飞行路径的迎角（AoA 或 α）振荡。这对成功操纵飞机至关重要，它会影响飞机调整俯仰姿态的能力，从而影响到所有飞机的失速和/或失速改出、作战飞机精确跟踪静止或移动目标的能力，以及大多数飞机着陆或复飞时的俯仰操纵能力。

短周期振荡(Short Period Oscillation,SPO)可以由大量教科书和论文中描述的分析预测而来,然而可接受性必须经过一系列条件和操纵下的试飞鉴定得出。有两种测试方法:①迅速增加俯仰;②正弦方向急速摇动驾驶杆(Sinusoidal Stick Pump,SSSP),也称为高频扫荡。可以采用自动方式,也可以采用手动方式。

在相关试验条件下,例如在 V_{REF} 处的放起落架/全襟翼(称为"着陆构型",或仅着陆)模拟进近时,通过小幅度或中等幅度的近似正弦俯仰操纵输入(如有疑问,从小幅度开始,然后增加输入幅度)迅速增加俯仰,在巡航或战斗速度及动力设置下,收起落架/无襟翼构型(称为"巡航构型",或简称 CR)。在定义试验条件以及执行和分析试验结果时,试飞员的意见很有价值。如果可以自动记录俯仰姿态和俯仰角,这是最理想的。通过记录表观特征,可以观察到许多信息,通常采用计时周期(以给出频率)。如果动态稳定,则计算飞行员无法察觉的振荡周期数。除了频率外,中性或负阻尼短周期振荡很难量化,无法产生作用。因此,简单的频率和不合格可能会触发纠正调查。

需要注意 SSSP 的使用,因为不正确的使用可能损坏飞机。正弦俯仰输入以非常低的速率进行,可能为 0.1Hz。然后,在观察飞机响应的同时,缓慢增加频率。飞机将在极低频率下以相同的速率缓慢响应输入,而在极高频率下响应最小。在短周期振荡频率下,飞机应对俯仰输入做出反相响应:当操纵杆向前推动时,飞机抬头,反之亦然。这确定了短周期振荡频率,飞机响应的大小有助于确定阻尼值。在短周期振荡阻尼差的飞机上完成高频操纵任务,例如,在执行仪表着陆系统(Instrumnet Landing System,ILS)着陆时的精细航向调整,或者在军用飞机空中加油(Air – to – Air Refuelling,AAR)过程中频繁修正可能会产生极大的问题。事实上,大多数现代军用飞机都有特定的空中加油操纵规则来避免此类问题,但鉴定这些条件的试验和鉴定量都是很大的。如果没有对飞机运动和高速操纵输入的自动记录,也没有外部摄像机,就无法正确鉴定此类缺陷。需要相关专家进行试验操作(如高频追踪或精确条件任务),电传飞机通常需要精确校准自动操纵输入。

作者曾经历过升降舵或升降舵调整片的颤振,其频率与阻尼较差的短周期振荡同时发生。几秒钟之内,飞机就会发生剧烈的颤振。幸运的是,通过修改操纵舵面弹簧或摩擦特性相对容易解决。

12.4.2 长周期纵向动态稳定性

长周期振荡(Long Period Oscillation,LPO)或起伏模式是指在俯仰角 α 恒定的情况下飞机的速度和高度的转化,即动能和势能相互转化的俯仰运动,可能出现在所有构型和不同飞行阶段。在巡航阶段,阻尼差的起伏模式会妨碍精确的高度跟踪。例如,图12.10给出了一架大型运输机在阻尼差的起伏运动模式下的轨迹。起伏模式的周期(以s为单位)往往在真空速(以kn为单位)的70~90%左右,因此对于需要精确高度控制的高速飞机来说,这是最大的麻烦。即使是小幅度的中性起伏也会导致乘客增加晕机发病率,特别是当坐在远离重心的位置时。一经确认,(人工)增稳或带高度保持模式的自动驾驶仪都可以渐次减弱摆动幅度。如果没有自动化设备,发散的起伏运动会要求飞行员持续配平以保持飞行高度,消耗大量飞行精力。作战飞机很可能遇到中性或发散的起伏模式,但在这种情况下是没有问题的,因为高速和连续操纵的结合导致起伏引起的高度和速度变化很少被注意到。

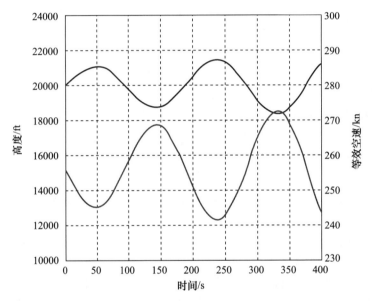

图12.10 美国欠阻尼喷气运输飞机在巡航阶段的起伏模式示意图(见彩图)

起伏模式首先以恒定速度和高度巡航,或长时间下降或爬升剖面进行评估。配平后,主俯仰操纵用于改变速度10%~15%,然后放开操纵。记录速度和高度,直到起伏完全衰减,或经过长(3个以上)周期。最好是自动完成,但也可以通过每隔10s手动记录驾驶舱仪表的值。

起伏几乎总是存在,且是一种纯粹的干扰模式,对飞机没有任何用处。因此,理想情况下,起伏阻尼在半个周期内没有显著扰动,称为"临界阻尼"或"不振荡"。图12.11来自一架调整良好的教练机,显示了初始故意扰动以及2个起伏循环,随着时间变化空速和俯仰姿态回归到原始配平条件。

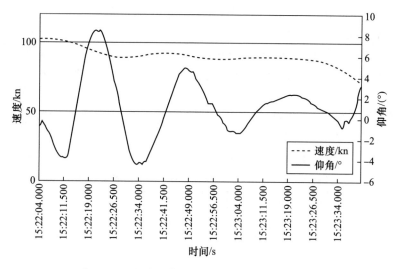

图 12.11 教练机良好阻尼长周期纵向摆动模式

苏城坠机案

1989 年 7 月 19 日,道格拉斯 DC10 在从丹佛到芝加哥的途中,2 号发动机发生了无法操纵的故障,多个机载系统出现故障,导致飞机无法操纵。通过令人印象深刻的团队合作,机组人员成功地保持了对飞机的充分操纵,航行到了苏城并完成了着陆。在飞行的最后阶段,用海恩斯机长的话说,这描绘了一幅比"仅仅"一架飞机起伏更为复杂的画面,确实证明了控制和抑制起伏模式的能力很重要。在五边进近和着陆期间未能保持完全可预测的飞行路径,致使飞机损坏和人员丧生的概率增大。

空中景象很具有欺骗性,表面上看来我们操纵了一切。我们开始了一个向下的长周期纵向振荡,并开始了一个右坡度,航向 300°,飞机开始掉高度,机组试图修正它,这就是我们的运气耗尽的开始。在空中时,我们有时间调整飞机姿态,但随着飞机高度的损失,已经没有时间调整飞机姿态。为了阻止摆动和转弯,丹尼斯加大了油门,不幸的是,左发比右发功率大,我们也是第一次发现这个问题,随后坡度增大。4s 后,我们从右坡度 4°增加到 20°,并撞到了地上。

12.5 操纵稳定性

如果飞机驾驶员拉杆,则法向加速度("g")将短暂增加。在转弯时,飞行员必须增加飞机迎角并带坡度操控飞机以保持水平转弯。如果只需要很小的拉力就可以显著增加法向加速度,那么很容易因操作不当而导致飞机产生较大的过载。因此,适航标准要求明确一个达到法向加速度的关键拉力值。

最常见的民用要求是至少 15lbf(7daN)的拉力,以达到 N_1 或极限载荷法向加速度。这是大多数飞行力学教科书中描述的"每重力加速度 g 的对应杆力"。

各种民用标准对操纵稳定性的处理非常不一致,且有要求的地方通常都在第 155 段(表 12.5)中。

表 12.5 不同标准对操纵稳定性的规定

(注意此处的不同单位,以反映每个标准中使用的内容)

标准	要求
BCAR S 节(3 轴飞机)	15lbf(7daN)的拉力,达到 N_1
CS.22	0.5daN(1lbf)的拉力,在已配平条件下以 $1.4V_{S1}$ 的速度达到 45°平衡转向,(襟翼和减速板处于最关键模式,起落架收起)
CS.VLA	15lbf(7daN)的拉力,以干净的构型达到 N_1(起落架和襟翼或减速板收起)
CS.23 或 FAR-23 关于 Y 型驾驶盘	(以 N/10 为单位的 MTOW)或(以 lbf/100 为单位的 MTOW)的拉力,达到 N_1。但是,不小于 89N(20lb.力),且不需要超过 222N(50lb) 在 75% MCP 下测试活塞式发动机,在 MCP 下测试涡轮发动机
CS.23 或 FAR-23 关于操纵杆	(以 N/14 为单位的 MTOW)或(以 lbf/140 为单位的 MTOW)的拉力,达到 N_1。但是,不小于 67N(15lb.力),且不需要超过 156N(35lb) 在 75% MCP 下测试活塞式发动机,在最大稳定动力(Maximum Continuous Power, MCP)下测试涡轮发动机
CS.25 或 FAR-25	不存在任何要求,作者建议使用第 23 部适航标准的要求

在认证项目期间必须对 F_s/g 进行鉴定。经典理论可用于估计结果并确定最关键的试验条件:尽管这不是针对后重心/轻型飞机,分析也可能不准确。通常,可能需要在 V_A 和 V_{NO} 或 V_{NE} 之间的速度范围内进行鉴定(当然,并非所有飞机都有单独的 V_{NO}),确保符合任意操纵条件的要求。

鉴定"每重力加速度 g 的对应杆力"最有效的方法是迎风转弯,在水平飞行中开始配平,并保持恒定空速,增加坡度、俯仰姿态和动力,稳定增加法向加速度。推力在某一点(轻型飞机通常在$2g$/坡度60°左右,客机为$1.3g$/坡度40°,战斗机或特技飞机为$4\sim 6g$)不再起作用,必须让飞机下降以利用重力提供额外推力。必须记录主俯仰操纵装置上的抬头操纵力(除罗加洛机翼动力悬挂滑翔机或悬挂式滑翔机外的拉杆力)在法向加速度方向的连续变化,理想情况下达到法向加速度极限,但肯定至少达到任何适航标准中为N_1定义的最小杆力。对于高速飞机,需要一定的飞行高度以及时间和规划,并可能使用一定"范围"的空域。

另一种选择是"拉起",即飞机抬头,然后向上拉杆。这形成了一种瞬态条件,当飞机通过名义上的水平俯仰姿态时,应测量操纵力和法向加速度。这很难精确飞行,且只对特技飞机或地面攻击飞机等有效。

数据记录可以是手动的,使用手持式测杆力仪和面板式加速度计,但在可能的情况下,应自动记录操纵力、俯仰姿态、空速和法向加速度等参数,以减少试飞员的工作量并改善数据分析。

最终需要的是在重量、重心和构型的每个关键条件下,绘制杆力与法向加速度的关系图。这通常是线性的,图12.12给出了从飞机上获得的符合第23部适航标准的飞机典型关系曲线,该飞机的$3.8g$法向加速度极限表示"良好"(很难产生过载)、"可接受"(符合标准,但相对容易产生过载)和"不可接受"(相对容易产生过载,也不符合要求)。

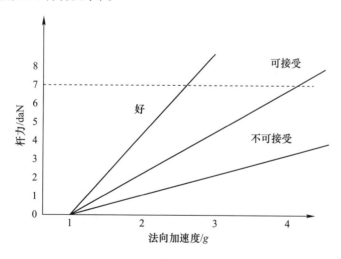

图12.12　一架飞机在N_1约$3.8g$过载范围内的操纵稳定性变化

与操纵稳定性相关的一个重要事项是"人体模型效应",用于表示飞行员为应对法向加速度变化而产生的位移。当飞行员握住操纵装置,特别是俯仰操纵装置时，身体的移动可能反过来产生操纵输入，这会产生无用的飞机响应，且不受操纵，极端情况下可能会引发飞行员诱发性振荡（Pilot Induced Oscillation，PIO），从而导致飞机发生事故。这种影响在20世纪80—90年代的一些旋翼机上得到了验证，其中俯仰操纵运动具有明显的垂直运动分量，作者首次发现该问题是在试飞员基思·丹尼森（Keith Dennison）关于e-Go原型飞机的表述。

第 13 章　横向稳定性与操纵

又一个360°,这似乎非常棒。我记得公司摄影师后来向我走来时眼中的兴奋。最重要的是,我记得抬起机头结束滚转时,在那一点跑道看起来非常宽。

——约翰·法利《空中俯瞰》

摘要:横向稳定性与操纵的理论基础是高等数学,通常在大学完成学习且实际应用较少。与前一章一样,本章再次关注"表观"横向稳定性,即关注飞行员的视觉和感觉。这是大多数试飞员学校和公司从适航角度评估横向稳定性时的惯用方法。因此,理解该方法对打算从事该领域工作的人来说至关重要。

13.1　静态横向稳定性与操纵

横向稳定性与操纵是飞机安全可控性的一个重要组成部分。适航领域有一个共识:即没有两个适航标准具有相同的静态横向稳定性要求。因此,适航团队必须根据"飞行类型"决定特定飞机需要具备哪些特性。

本章中对各种模式的描述集中于表观特性,即飞行员看到的。许多教科书都描述了固定翼飞机操纵特性和振荡模式背后的理论基础,并提供了必要的知识。对于已经在大学学习过相关知识且具有稳定性和操纵理论基础的读者而言,可能会发现本章中使用的方法有所不同,这里主要是试飞学校和大多数公司试飞部门广泛使用的一种方法。

横向稳定性与由侧滑引起的滚转力矩相关,方向稳定性与由侧滑引起的偏航力矩相关。实际上,静态横向稳定性都是由侧滑引起的,而大多数重要的模式也是如此。

如果单独使用方向舵(或其他偏航操纵装置),将在飞机机体产生侧向力,继而导致偏航,发生侧滑。如果飞机具有正向稳定性,它会将偏航转回平衡飞行状态。中性稳定性导致在松开方向舵踏板后侧滑角保持不变,而静态不稳定性导致飞机持续偏离平衡飞行——这是一种潜在的危险情况,需要飞行员不断地纠正。静态不稳定性尽管很少出现但也有可能发生。

这种侧滑的第二个影响通常是滚转力矩。如果在机头右侧侧滑的情况下,飞机右翼向下滚动,则飞机具有正侧向稳定性。然而,如果没有发生侧倾,则飞机具有中性侧向稳定性,最后侧倾偏离侧滑(偏航和侧倾相互作用)导致具有横向静态不稳定性。根据飞机的用途和设计,所有这些特性都可以观察到,并且都是可接受的。

低或中性静态横向稳定性通常较差,因为飞机在受到干扰时通常会转回平直飞行,尤其是教练机。对于教练机应该有更合理的期望,即学员出现一些操纵错误,松开操纵装置就能让飞机恢复平衡飞行。在长时间巡航飞行的飞机上,如果飞行员需要经常修正小扰动,会大大增加工作负荷。对于可能在IMC(仪表气象条件)中常规飞行的飞机,理想情况下,飞行员在没有目视参考的情况下飞行,不应该持续修正以保持航向。最可能的情况是在云层内,只需要较低的正侧向稳定性,中性稳定性也可以接受。然而,相反地——非常高的侧向或方向稳定性同样存在问题,在有气流的飞行过程中,侧滑的持续变化会导致许多大的滚动和偏航偏移,从而造成高负荷、不舒适的飞行环境。最显著的飞机类型是无尾三角翼飞机,其在大迎角/低速状态下表现出明显较高的侧向稳定性,要求飞行员在气流中飞行保持相对较高的速度。据作者所知,至少发生过一起致命事故,失控原因是由一架具有高侧向稳定性的飞机在气流中错误地低速大角度爬升造成的。

静态横向稳定性的初始试验通常从试验稳定航向侧滑(SHSS)开始。飞机在平衡飞行中建立安全航向,然后逐渐增加方向舵操控,产生侧滑,并通过使用副翼保持稳定的航向飞行。舵和副翼偏转可在驾驶舱操纵处测量,或通过仪表测量,坡度可通过使用地平仪(AH,也称为姿态指示器,或AI)测量(图13.1),或通过参考可视地平线测量。理想情况下,侧滑应使用飞机前方动臂上的校准叶片进行测量,试飞员可以通过使用水平姿态指示器(Horizontal situation indicator,HSI)(如果没有,可以使用指南针)记录飞机航向,使飞机快速转回平衡飞行,然后记录新航向,两个航向相差就是侧滑角。这种方法需要进行重复试验,在重复过程中恢复平衡飞行,而不是平稳过渡至全舵和副翼偏转。

在计划和执行稳定航向侧滑测试时,有一些安全要点需要注意:

(1)如果在低速下实施稳定航向侧滑,机组人员必须意识到在进行大舵量输入时,且飞机失速,则可能会进入尾旋。

(2)如果在高速下实施稳定航向侧滑,请记住,为了保持在构型限制范围内,在V_A以上使用舵或副翼不超过最大量的1/3。当然这只是一个操作限制,不是绝对的飞行试验限制,在进行此类试验之前,团队必须绘制最大允许方向舵偏转与空速的关系图。可能需要飞机结构专家的介入,以及潜在的专业仪表——特别是在运输类飞机中,高惯性会增加避免超过限制的难度。

图 13.1　3 种典型的飞机地平仪(最左边是现代电子备用装置,左边图像的主要部分集成到 EFIS 系统中,右边是独立的更传统的仪表)

(3) 当飞机侧滑时,全静压系统可能会出现额外的误差,因此应在所有新设计中预估误差,或者另有说明。

表 13.1 列出了在审查稳定航向侧滑试验结果时应注意的要点,所有这些要点都可能影响适航性,必须在认证飞机时予以考虑。

表 13.1　稳定航向侧滑试验结果的显著性

特征	可能原因	影响
理想情况下,飞机应能同时达到最大横滚操纵量和偏航操纵量的¾	平衡良好的飞行操纵	如果操纵曲线不够平衡,飞机可能需要延长转换训练,或不适合新合格或能力较低的飞行员
飞机同时达到最大侧倾操纵量和偏航操纵量,或首先达到最大侧倾操纵量	副翼效能不足	在极端侧滑下降或进近期间,飞行员将无法在两个方向上转向(使用横滚操纵)
高侧向力(飞行员感觉到的将其推向驾驶舱一侧的力)	高 Y_V	这是良性的,因为它允许飞行员在不参考仪表的情况下判断飞机是否失去平衡
没有表观侧向力(飞行员感觉到的将其推向驾驶舱一侧的力)	低 Y_V	这是有害的,尤其是在可能用于仪表飞行的飞机上,因为这需要飞行员依靠仪表来判断飞机是否在平衡飞行
侧滑增加时舵力梯度突然减小或反转	方向舵失去平衡或翼面突然失速(后者只可能在翼面的边缘很锋利的情况下发生)	这是不可接受的,会导致无法改出的侧滑

续表

特征	可能原因	影响
随着侧滑的增加,舵力梯度逐渐减小	翼面失速	如果方向舵力继续增加到操纵输入的极限,虽然性能较差,但并非不可接受
舵在释放时未能完全返回中央位置	方向舵的消隐,以及方向舵操纵系统传动线系中的摩擦+自由间隙	如果不能通过调整方向舵回路来解决这一不良且不可接受的特性,则肯定可以使用方向舵定中弹簧来解决

因此,此次试验可以显示许多关于飞机的有用信息。当然,尤其在鉴定一种新型飞机时,不要仅仅注重这样的技术试验,与飞机预期用途相关的(或库珀—哈珀,见第 11 章)试验也很重要。例如:

(1) 大多数飞机在服役期间都会经历中等到严重的湍流。特意在这种条件下飞行,注意飞机滚转或偏航的偏移程度,可以测试横向稳定性值对正常飞行影响的大小。

(2) 在侧风着陆期间,静态横向稳定性影响操纵。例如,洛克希德 L1011"三星"飞机(图 13.2)由于侧滑而具有相当低的侧向力,并且由于侧滑"俯冲"进近而具有中等的侧向稳定性,可以很容易地降落到地面。还有一些飞机可能由于侧滑而产生更大的侧向力,使得长时间的俯冲进近非常不顺畅,从而增加飞行员的工作负荷,并可能降低安全性。在这些飞机中,采用斜进近方式着陆,在飞机拉平时仅使用机翼下倾姿态更为合适。

图 13.2 洛克希德 L1011"三星"

(3) 对于许多飞机,单独使用方向舵飞行是有必要的,这需要方向舵效能与正向横向稳定性的良性结合。任何可以在不使用主侧倾操纵的情况下安全飞行和着陆的飞机都具有显著的安全效益,但在大迎角情况下,如果使用大侧倾操纵输入,一些飞机(尤其是偏航比滚动惯性大得多的飞机)会脱离受控飞行,麦克唐纳-道格拉斯 F-4"幻影 II"(图 13.3)是此类飞机的典型代表,通常使用方向舵而非副翼在大迎角(例如在战斗转弯时)下滚转。就民用标准而言,方向舵的方向可控性仅是第 23 部适航标准的一项要求,但易操作性则是所有飞机必检项目。

图 13.3　麦道 F4"幻影 II"

表 13.2　主要民用适航标准中的静态横向稳定性和操纵要求

	展现侧滑中正侧向稳定性的条件	坡度	方向舵操纵力	滚转操纵力	展现侧滑中正方向稳定性的条件	仅靠方向舵操控
联合适航要求/EASA 认证规定						
第 25 部适航标准(147(e)、177)	对于大多数起飞设置,带襟翼保持速度 $1.13V_{SR1} \sim 1.23V_{SR1}$。对于任意设置,带襟翼保持速度 $1.13V_{SR1} \sim 1.23V_{SR1}$,除非差异逐渐扩大且易于识别和操纵	足以展现侧滑,若没有安装偏航指示器①	对于较小侧滑,保持与 β 的比例。在少于 180lbf/满舵偏转的情况下不能反向	对于较小侧滑,保持与 β 的比例	$1.13V_{SR1}$ 至 V_{FE}、V_{LE}、V_{FC} 或 M_{FC} 中较大的一个	未要求
旧版第 23 部适航标准(147(c)、177②)	全构型,油门加至 75% MCP,速度高于 $1.2V_{S1}$(起飞构型)/$1.3V_{S1}$(其他构型)。在着陆构型中,减少 3% 油门。调整相应的 β,至少相当于 10° 转弯或 667N(150lbf)方向舵操纵力	未规定	必须随 β 持续增加,可以不是线性的,但在着陆构型升至 50% MCP 的情况下不能反向	必须随 β 持续增加,可以不是线性的,但在着陆构型升至 50% MCP 的情况下不能反向	全构型,油门加至 MCP,速度高于 $1.2V_{S1}$,调整相应的 β,至少相当于 10° 转弯	有要求

续表

	展现侧滑中正侧向稳定性的条件	坡度	方向舵操纵力	滚转操纵力	展现侧滑中正方向稳定性的条件	仅靠方向舵操控
第22部适航标准(177)	未规定	未规定	实现任意反转,不需要特别的操纵技巧	必须随β持续增加,可以不是线性的,但不能反向	未规定	未要求
第VLA部分(177③)	所有的机轮和襟翼都放下,油门增至75%,速度大于$1.2V_{S1}$,调整相应的β,至少相当于10°转弯	保持足够的稳定航向侧滑以维持航向	必须在所有构型中松开方向舵以从稳定航向侧滑改出	未规定	$1.2V_{S1} \sim V_{DF}$,怠速至MCP	未要求
联邦航空要求						
第25部适航标准	对于大多数起飞设置,带襟翼保持速度$1.13V_{SR1} \sim 1.23V_{SR1}$。对于任意设置,带襟翼保持速度$1.13V_{SR1} \sim 1.23V_{SR1}$,除非差异逐渐扩大且易于识别和操纵	未规定	对于较小侧滑,保持与β的比例。在少于180lbf/满舵偏转的情况下不能反向	对于较小侧滑,保持与β的比例	$1.2V_{S1} \sim V_{FE}$、V_{LE}、V_{FC}或M_{FC}中较大的一个	未要求
第23部适航标准(147(c)、177④)	全构型,油门加至75% MCP,速度高于$1.2V_{S1}$(起飞构型)/$1.3V_{S1}$(其他构型)。在着陆构型中,减少3%油门。调整相应的β,至少相当于10°转弯或667N(150lbf)方向舵操纵力	未规定	必须随β持续增加,可以不是线性的,但在着陆构型升至50% MCP的情况下不能反向	必须随β持续增加,可以不是线性的,但在着陆构型升至50% MCP的情况下不能反向	全构型,油门加至MCP,速度高于$1.2V_{S1}$调整相应的β,至少相当于10°转弯	有要求
英国民用适航要求						
S章(177)	未规定	未规定	必须随β持续增加,可以不是线性的,但不能反向	必须随β持续增加,可以不是线性的,但不能反向	未规定	未规定

续表

展现侧滑中正侧向稳定性的条件	坡度	方向舵操纵力	滚转操纵力	展现侧滑中正方向稳定性的条件	仅靠方向舵操控
K 章⑤ (2~8 6.2 2~10 4)	速度超过 $1.2V_{S1}$,襟翼位置(极限位置和用于稳定飞行的位置),起落架收起和放下,调整油门怠速至 75% MVP 以稳定飞行,保持无侧滑试着减少满舵偏转,保持 670N 或 150lbf 方向舵操纵力	未规定	必须随 β 持续增加,可以不是线性的,但不能反向	必须随 β 持续增加,可以不是线性的,但不能反向	为了侧向稳定性,提升至 MCP	未规定

① 偏航指示器指的是线、侧滑球或天平一类的侧滑指示器,而非转向指示器;
② 如果飞机是特技飞机且经认证可进行逆向飞行,则不需要在 CS. 23 认证中展现静态横向稳定性;
③ CS. VLA 177(b)对两轴操纵飞行有一个简化的要求,即在释放操纵装置后,飞机必须保持安全姿态 2min,并在尾部重心巡航构型中以 $0.9V_H$ 与 V_C 中较低值进行直线飞行调整,飞机还必须能够在每个构型中滚动 45°,并不表现出"危险特性",即使两轴操纵飞机非常少见;
④ 如果飞机是特技飞机且经认证可进行逆向飞行,则不需要在 FAR – 23 认证中展现静态横向稳定性;
⑤ 列出了 K 章 2 个不同的部分,有许多重叠和一些矛盾问题,表中所示的要求应满足这 2 个部分的所有要求

(4) 在副翼转弯期间,对于大多数轻型飞机(或着陆构型中的重型飞机),调整方向舵是常见的动作。需要确定是否可以在飞行方向舵失效后仅使用副翼就能安全滚转。如果此时飞机不受控,有可能因其不属于适航要求而得不到问题修正,但至少此事应在操作员手册中相关章节提及。

需要注意的是,其中一些标准并没有定义试验条件。适航团队有责任确定演示条件,该条件应基于可能的运行环境,结合参考其他标准的要求也会有所帮助。

13.2 动态横向稳定性

13.2.1 动态横向稳定性的简化理论

两个基本的静态稳定性,结合滚动和偏航惯性以及各种阻尼特性,形成一个复杂的双轴滚动和偏航振荡系统。这些振荡主要是由侧滑导致的,即使在螺旋

稳定性和较小程度的滚转模式中,对于具有摆动稳定性或摆动稳定性较小的低翼飞机,也只占很小一部分。这些模式可被视为质量—弹簧—阻尼系统在两个相关轴上的特性,其中控制变量为侧滑角(β)。"弹簧"或改出装置是通过调节侧滑角来确保横向稳定性,减振器具有调节侧滑变化率的作用(实际上,它们用于调节横滚率和横摆率,为了便于计算,两者可以被视为线性相关)。

横向特征方程可以写作

$$\left(S+\frac{1}{\tau S}\right)\left(S+\frac{1}{\tau R}\right)(S^2+2\xi_{\omega_n}+\omega_n^2)=0 \tag{13.1}$$

螺旋　　滚转　　飘摆
模式　　模式　　模式

因此,有3种主要模式,前两种(螺旋和滚转)对飞机的良好操纵至关重要,而最后一种(飘摆)对飞机来说就是一种单纯的干扰(尽管一些研究表明,许多鸟类运用飘摆快速改变空中方向)。

13.2.2　飘摆模式

飘摆(Dutch Roll,DR)是一种短时间的组合滚转模式,具有偏航振荡特点,与纵向短周期振荡(Short Period Oscillation,SPO)不同,对飞机毫无价值。飘摆是不可能完全消除的,且减弱的飘摆模式会使乘客和机组人员迷失方向,干扰导航任务,影响跟踪任务,例如对云中(湍流强烈)仪表进近产生负面影响。一架战斗机在减弱的飘摆模式中是不可能执行火炮打击任务的,空中格斗成功的几率非常低。

如图13.4所示,AMF雪佛龙是一种较小的飞机,显示了飘摆模式,但这种作用对于它而言是没有问题的,因为产生的振荡不足以干扰轻型飞机的正常操作。

图13.4　AMF雪佛龙微轻型电动滑翔机

飘摆的标准试验是采用"方向舵双联"(图13.5),在方向舵踏板处引入一个正弦脉冲,以一个适当周期频率(通常为1~2s)释放或将其锁定在中心位置

（如果飞机没有独立的偏航操纵，显然有必要进行滚转双联）。如果有相应的仪表，记录侧滑、航向和坡度与时间的关系可得到需要的所有数据，但此类仪表并不重要，也可通过目视获得需要数据（图 13.6 和图 13.7）。

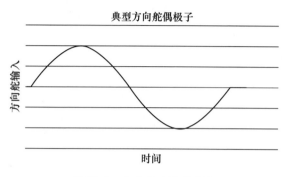

图 13.5　方向舵双联示意图

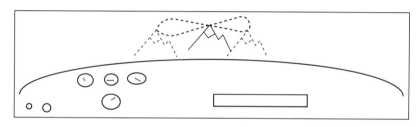

图 13.6　从驾驶舱观察飘摆运动的示意图

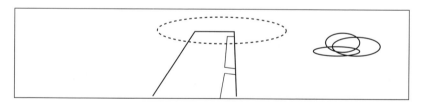

图 13.7　从飞机侧面观察飘摆运动的示意图

当实施飘摆时，最具特点的曲线是飞机机头产生"8 字形"航向运动轨迹，如图 13.6 所示。

这是飞行员对飘摆的最佳应用，当测试其对飞机的真实影响（"作用关系"）时，飞行员考虑最多的是飞机能否足够准确地跟踪目标，该目标可能是一架敌机、一次目视或仪表进近、一条跑道中心线或其他相当的任务。如果飘摆存在问题，则必须使用自动数据记录或目视采集的数据对其进行分析。目视的最佳观察点是在侧面，参考点应位于地平线上，可与翼尖或飞机上的其他固定点对齐

(如果所有其他点都无效,则在座舱盖侧面有一个软笔标记),可以视为做椭圆形运动(图13.7)。

如果发现飘摆问题,则该试验很有用,因为通过方向舵双联引起的飘摆能测出振动中滚转与偏航的比例(由于这属于稳定性变化模式,它与横向稳定性和方向稳定性的比例值相近)。通过计时和计数循环直到飘摆发生明显衰减,可以很容易地估算频率与阻尼比

$$\omega_N = \frac{2\pi \cdot \text{No. cycles}}{\text{Time}} \quad (13.2)$$

同时,可将该频率值输入飘摆特性方程来估算阻尼比

$$S^2 + 2\xi_{\omega_n} S + \omega_n^2 = 0 \quad (13.3)$$

并求解。(如果可以进行自动数据记录,如图13.8所示,则应使用自动数据记录,但最终分析基本相同。)

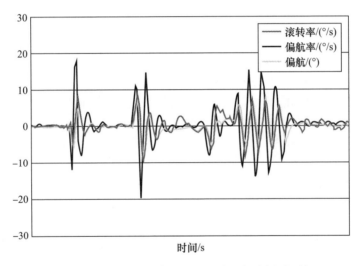

图13.8 几个测试的自动数据记录示意图(见彩图)

当然,这种分析在适航性鉴定中的作用有限。工程师应始终关注试飞员关于飘摆问题的意见,相关术语包括"蛇行"(主要指偏航时的飘摆)或"机翼摇摆"(主要指滚转时的飘摆),不要仅限于技术水平较低的飞行员。不太常见的情况是,飘摆可以由滚转输入激发,通过滚转操纵促使滚转率变化。通常来说,一架好飞机由一个方向舵双联激发后进入飘摆模式,飞行员会感觉到其在1~4个周期内迅速衰减。

如果飞机发生不良的飘摆,则需要找到相关周期、频率和阻尼的定量数据,并让相关部门解决该问题。然而,如果飘摆模式很容易激发且主要处于偏航

("蛇行")模式,则解决方法很简单,即通过更大的或背/腹翼、改变电传操纵、其他空气动力或操纵方法来改善偏航阻尼。同样,如果问题主要处于滚转模式,则需要增加飘摆阻尼,如果不能配平操纵,则可能需要检查和部分重新设计飘摆操纵系统,尤其对于具有可逆控制的飞机。

在湍流中飞行时,过大的静态横向稳定性可能会导致出现滚动或偏航振荡。对于不是上述的振荡类型,在静止空气中对飘摆模式进行检查表明,改善飞机操纵的方法不是增加阻尼,而是降低静态横向稳定性(表 13.3)。

表 13.3 民用适航标准关于飘摆的说明

欧洲联合适航要求/EASA 认证规范	
第 25 部适航标准(181(b))	必须是可控的,使用主要操纵装置,无需特殊的飞行技术,速度在 1.13V_{SR} 和最大允许速度之间
第 23 部适航标准(181(b))	必须使用自由或任意固定①位置的操纵装置进行减振。在任意速度下,飘摆必须在 7 个周期内衰减至 1/10 振幅
第 22 部适航标准(181(b))	必须在主操纵固定或自由,以失速和 V_{DF} 之间的任意速度下进行减振。对于有动力的滑翔机,必须在任何允许的动力设置下满足这一要求
VLA 适航标准(181(b))	在高于失速速度的任意允许速度下,飘摆必须在 7 个周期内减至 1/10 振幅,且主操纵装置①处于自由模式;②在固定位置
美国联邦航空要求	
第 25 部适航标准(181(b))	必须在无操纵的情况下进行减振,并在正常使用主操纵的情况下进行操纵,且无需特殊飞行技术,在任意构型下以 1.2V_S 至最大允许速度之间进行
第 23 部适航标准(181(b))	必须使用自由或任意固定位置的操纵装置进行减振。在任何速度下,DR 必须在 7 个周期内衰减至 1/10 振幅
英国民用适航要求	
S 章(181(b))	在失速速度和 V_{DF} 之间发生的任何组合侧向振动必须使用主操纵装置①自由;②固定进行阻尼。发动机在所有允许功率下运行时,必须满足这些要求
K 章(2-10 5)	必须使用固定或自由的操纵装置进行严重减震

① 如果有稳定增强系统保持可接受的操纵品质,则无需满足第 23 部适航标准的操纵固定要求。第 672 段包含了 SAS 批准要求

13.2.3 螺旋模式

螺旋模式描述了飞机机翼水平姿态一旦受到干扰,即倾向于增加坡度,或恢

复机翼水平。螺旋模式可定义为

$$L_V N_R - N_V L_R \tag{13.4}$$

如果结果值为负,则飞机可能会出现螺旋不稳定(即一旦受到干扰,坡度可能会持续增加)。而如果结果值为正,则飞机可能会出现螺旋稳定(即飞机自然会倾向于到机翼水平)。方向稳定性强于侧向稳定性的飞机可能会出现螺旋不稳定,反之亦然。过高的负螺旋稳定性可能是危险的,因为它会导致飞机不倾向于从螺旋俯冲中改出,反而会随着坡度的增加而加速下降(见第15章)。

较弱的正螺旋稳定性是可接受的。在前一种情况下,能力较差的飞行员在进行复杂操纵后放开飞机操纵装置,飞机能够自然地向机翼水平滚动。经验丰富的飞行员如果不必经常按照仪表进行坡度修正,那么他/她在精确飞行路径上飞行的工作负荷会减少。螺旋桨驱动的飞机,特别是那些发动机功率相对较大的飞机,通常表现出不对称的螺旋稳定性,倾向于转离一个方向,并转向另一个机翼水平方向,例如,皮拉图斯PC12就是这样一种飞机(图13.9)。特技飞行飞机可能更喜欢中性螺旋稳定性,有利于提高机动性。很少有喜欢负螺旋稳定性的,尽管它未必一定是不可接受的,结论的好坏必须结合飞机的类型(表13.4)。

图13.9 皮拉图斯PC12

表13.4 民用适航标准对滚转模式的要求

	注释	反向滚转测试的条件	从正向45°到反向45°的最大时间转的最长时间	从正向30°到反向30°的最大时间的最长时间
联合适航要求/EASA认证规范				
第25部适航标准	CS-25和JAR-25没有给出滚转模式的具体要求			

228

续表

注释	反向滚转测试的条件	从正向45°到反向45°的最大时间转的最长时间	从正向30°到反向30°的最大时间的最长时间
第23部适航标准(157(a)和(b))	起飞构型,飞机重量(最大起飞重量)低于2730kg		无	5s
第23部适航标准(157(a)和(b))	起飞构型,飞机重量(最大起飞重量)超过2730kg	起飞襟翼,起落架收起,MTOP(双发动机飞机,CEIO),速度$1.2V_{S1}$,处于配平姿态	无	小于10s 或 $\left(\dfrac{W+200}{590}\right)$s ($W$ = MTOW)
第23部适航标准(157(c)和(d))	进近构型,飞机重量(最大起飞重量)低于2730kg	着陆襟翼,起落架放下,3°进近时所有的发动机启动,速度V_{REF},处于配平姿态	无	4s
第23部适航标准(157(c)和(d))	起飞构型,飞机重量(最大起飞重量)超过2730kg	着陆襟翼,起落架放下,3°进近时所有的发动机启动,速度V_{REF},处于配平姿态	无	小于7s 或 $\left(\dfrac{W+1300}{1000}\right)$s ($W$ = MTOW)
第VLA部适航标准(157(a))	起飞构型	起飞襟翼,起落架收起,MTOP,速度$1.2V_{S1}$	无	5s
第VLA部分(157(b))	进近构型	襟翼展开,起落架放下,油门(怠速和PFLF),速度$1.3V_{S1}$	无	4s
第22部适航标准	未观察到表观侧滑	襟翼在途中处于最大位置,减速板装置和起落架收起	b/3s,b为翼展,单位m	无
联邦航空要求				
第25部适航标准	第25部适航标准没有给出滚转模式的具体要求			
第23部适航标准	与联合适航要求第23部适航标准的要求相同,除了重量计算基数使用lb(不是kg),起飞构型方程为$\left(\dfrac{W+500}{1300}\right)$,进近构型方程为$\left(\dfrac{W+2800}{2200}\right)$			
英国民用适航要求				

续表

注释	反向滚转测试的条件	从正向45°到反向45°的最大时间转的最长时间	从正向30°到反向30°的最大时间的最长时间
K章（2~8, 6.4.1和附录）	起飞构型,飞机重量（最大起飞重量）低于2730kg		无	5s
K章（2~8, 6.4.2和附录）	起飞构型,飞机重量（最大起飞重量）超过2730kg	起飞襟翼,起落架收起,MTOP(双发动机飞机,CEIO),速度$1.2V_{S1}$,处于配平姿态	无	小于10s或$\left(\frac{W+200}{590}\right)$s（$W=\text{MTOW}$）
S章(147)	起飞构型,飞机重量（最大起飞重量）低于2730kg		无	5s

通过引入小坡度（通常约15°）来鉴定螺旋模式（在静止空气中），通常使用偏航而不是侧倾操纵（以防止多余的侧倾操纵输入干扰测试）。然后释放操纵装置,对飞机响应记录并计时,得到 t_2 或 $t_{1/2}$,即坡度加倍或减半的时间。通常情况下,如果两值之一大于10s,则应将螺旋稳定性视为中性。一架好的教练机或一架设计用于仪表飞行的飞机可能出现 $3s < t_{1/2} < 6s$,但这不是一个严格的标准。

适航标准很少讨论螺旋稳定性,因此通常由适航团队根据飞机的预期作用来确定检查特定机型的可接受性标准。

13.2.4 滚转模式

飞机通过调整坡度方向转向预期航向,因此精确操纵坡度至关重要,而确保这一点的关键就是滚转模式（或在某些文本中称为滚转沉降模式）。滚动模式由两个指标确定:①稳态滚转速率 P_{SS};②滚转模式时间常数 τ_R。前者定义了在给定时间内改变坡度的能力,而后者定义了滚转操纵的"敏捷性"或"响应性"。

当在滚转回路中进行阶跃输入时（通常使用副翼,尽管也有其他方法,这取决于飞机类型）,且响应不是瞬时的,只要副翼偏转保持不变,滚转率也不会持续增加,响应通常如图13.10所示,最大稳态滚转率 P_{SS} 可近似为

$$P_{SS} \approx \frac{L_\xi}{L_P}\xi \tag{13.5}$$

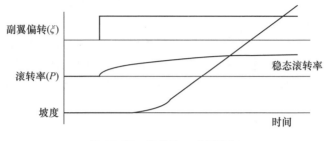

图 13.10　滚转输入时间周期

这对飞机的适航认证很重要,并且在下面给出的许多适航标准合规点中都有说明。然而,同样重要的是达到稳态滚转率需要的时间,它是滚转模式时间常数 τ_R,即

$$\tau_R = \frac{A}{-L_P} \tag{13.6}$$

根据实验数据,τ_R 约等于从初始响应至滚转率达到 $0.623P_{SS}$ 需要的时间。飞行员会感觉到 τ_R 是从初始操纵输入开始的时间,比实际时间多大约 $1/3s$,取决于操纵机制。当需要特别精确的侧倾操纵时,例如对于特技飞行飞机,这可能是一个重要的时间间隔,尽管对于客机不是很重要。测量的实际值和感知值都可以从较好的高频轨迹中获取,如果飞行员的感受与理论分析不一致,应采用必要的仪表测试。

τ_R 必须与滚转率和飞机的预期作用相匹配。例如,$\tau_R < 0.2s$ 的教练机可能会因如此"快速"的侧倾反应,让大多数学员感到害怕,而 $\tau_R > 0.5s$ 的特技飞行或战斗飞机可能动作迟缓,难以按照预期进行精度操纵。(然而即便如此,τ_R 太小会导致"滚转棘轮",需要飞行员进行短时间的"爆发"滚转输入。作者未遇到任何出现此种问题的民用飞机,但 F-14 和 F-16 战斗机确实存在此问题,需要飞行员具备一定程度的技能和手眼协调能力,不适用于民航飞行员)。

没有一个标准规定滚转率或滚动响应 τ_R 由稳定坡度反向滚转的最低标准,或改变坡度的时间确定,显然须要在两个方向上同步进行。这是可行的,因为尽管可以使用仪表,但非绝对必要的,在没有仪表的情况下也可以验证合格性。所有标准(和常识)要求不应有规定以外的俯仰偏离或高滚转率。民用飞机不太可能发生此类滚转偏离,通常是军用"高速喷气式"飞机的专属,其细长的金属管容易产生不必要的惯性耦合问题。例如,"美洲虎"攻击机在这方面是典型代表(或尽可能接近"美洲虎"攻击机性能的飞机),军用飞机适航认证充满了关于在大过载操纵过程中快速滚转的警告,包括连续滚转的最大数量等,很少有美洲虎攻击机飞行员能够完全弄清任意给定构型中的所有操作限制。

过分关注这些认证点是危险的。为了确认飞机适合使用，各小组应建立并模拟各种"用途相关"试验，例如，对于配备仪表的飞机、躲避导弹的战斗机，或躲避树木的作物喷洒飞机，在决断高度接近时应避开跑道中心线。在考查滚转模式时，在以上环境中试验比按照发布的认证要求更能表现飞机的真正适用性。

第 14 章 飞机的非对称性

只要一切进展顺利,任何人都可以做这项工作。

——欧内斯特 K·甘恩

摘要:飞机的非对称性可能由设计或故障引起。如果飞机具有非对称性,补偿非对称推力或提升转向操纵效果对飞机的安全至关重要。本章介绍了引入非对称的各种方法及其对飞机操纵的影响,特别是民航法规处理非对称的方法以及飞机非对称可能产生的主要问题。

14.1 非对称的重要性

当飞机有两台发动机时,不可能将两台发动机都放在中心线上,如果有 3 台或更多的发动机,也不可能将所有发动机都放在飞机中心线上。由于发动机永远不可能 100% 可靠,因此非对称推力的操纵效应必须视为适航问题。

另一个问题是非对称构型。如果飞机有双舵、襟翼或其他更为复杂的装置,除非它们之间有直接的机械连接,否则必须考虑非对称故障的可能性。以上这些特殊情况都与非对称推力密切相关。本章仅介绍非对称襟翼失效的情况,这是必须考虑的最常见问题,也是所有民用设计规范(军用规范也包括如非对称外挂的详细鉴定)中唯一明确列出的问题。

14.2 非对称推力操纵的基本理论

假设有一架传统的双发动机飞机,飞机右舷[①]发动机出现故障(图 14.1)。

飞机自然偏向发生故障的发动机,即向右偏航。飞行员(或高级自动驾驶仪)尝试通过使用左方向舵,将侧滑减至零来处理这种情况。如图 14.2 所示,这会产生偏向良好发动机的侧向力,从而产生侧滑。

---

① 右舷 = 右侧(并带有绿色导航灯);左舷 = 左侧(并带有红色醒目指示灯)。在英语中便于记忆,因为分别由 3 个较长的单词和 3 个较短的单词组成。

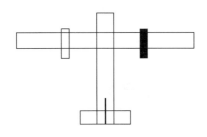 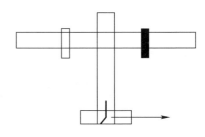

图 14.1　右发故障　　　　　图 14.2　右发故障引起的偏航运动

为了防止偏向非故障发动机一侧的侧滑,飞行员必须操纵副翼使飞机向该发动机滚转。结果是向非故障发动机方向持续的方向舵输入和滚转输入产生较小的合成侧向力(在驾驶舱中可以看到侧滑仪中的球发生偏移),如果飞机正常飞行,则不会发生侧滑(图 14.3)。

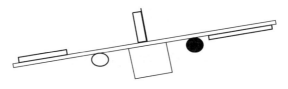

图 14.3　滚转响应

此时,无论是改变航向并着陆,还是重启故障发动机,飞机为了正常飞行,要保持一定的坡度,以及(除非飞机配备了足够强大的配平装置)一些持续的飞行员操控输入,包括滚转和偏航。

在飞行中,两个最低控制速度 V_{MCA} 和 V_{MCG}[①](空中最低控制速度和地面最低控制速度)开始发挥作用。这两个速度可以由以下计算得到:①为克服发动机故障引起偏航力矩;②为副翼力矩与横向稳定性合成的可接受的最小坡度。这些值一旦被确定,就被纳入飞机操纵说明。适航标准中给出了坡度(以及初始发动机故障后可能出现的偏航角)。

V_{MC} 的值由"最关键的发动机"来确定,即当发动机发生故障时,产生的最大偏航力矩。通常先进行估算,然后通过飞行试验进行确认。对于喷气式飞机,发动机产生的力矩通常差别不大。但对于螺旋桨飞机,由于螺旋桨都以相同的方式旋转,不同的螺旋桨位置和推力线组合,发动机之间的相差可能非常大(例如,萨博 2000 中的推力线设置在一侧约 2.5°,以抵消正常飞行期间发动机的扭矩效应),由此产生的偏航和滚转力矩效应可能很复杂。考虑到该发动机故障也会降低飞机上其他构件效果,因此需要进行相关系统鉴定。

---

① 注意:最低控制速度术语差异很大,确保对任何特定飞机或项目上使用的术语进行充分解释和理解。

14.3 空中速度控制试验

V_{MC}试验属于"潜在危险"测试,鉴定团队应非常小心地考虑其计划和执行,尤其是V_{MCG}试验,根据定义,该试验终止于飞机离开跑道一侧的某个时刻。此外,认证机构可能不接受仅关闭发动机油门并使螺旋桨顺桨的做法。切断发动机燃油供给会更快地减小推力,更接近于真实的发动机突然故障。需要注意的是,在活塞发动机的飞机上进行试验时,发动机有可能不会在突然停车后重新启动,尽量在可用跑道上空进行空中发动机停机试验!

当试验一种新的飞机类型或一种经过实质性改装的现有飞机类型(最有可能安装有经过修改的飞行控制装置或不同的动力装置)时,测试应以高于可预测的最小控制速度的空速(50%+)开始。在安全高度,采取所有常规预防措施(最少的人员、简要的改出程序、清晰的地平线以及良好的能见度等),模拟关键发动机出现故障,关闭最靠近发动机的旋塞,切断发动机的燃油供给(通常在涡轮发动机飞机上,高压或高压燃油旋塞就足够了)。记录可用的控制程度,可能要进行多次试验,以逐渐降低的空速重复该试验。当达到可接受控制的阈值时或者达到目标速度时(即使控制仍然足够舒适)停止试验。一般来说,特定的飞行试验仪表不是必需的,当然如果可以控制力轨迹、飞机坡度、发动机功率设置和坡度与时间的关系,也有助于后续分析,同时,校准空速和高度的仪表是非常必要的。

如果无法通过分析确定关键发动机,或者分析结果非常接近,以至于关键发动机存在一些不确定性,则可能需要对多台发动机重复试验,尽管一般假设关键发动机位于飞机外侧,经鉴定确定的关键发动机才是能保持最小控制转速的发动机。

在已知型号的新造飞机上进行出厂前空中试验时,通常仅在要求的最小控制速度下进行试验,并确认结果是否符合:①适航标准的最低要求;②原型机的原始试验结果。

在进行非对称试验之前,另一个需要考虑的问题是侧滑对空速压力误差的影响。一架设计良好的飞机不应该因为侧滑而需要不同的压力误差修正(Pressure Error Corrections,PEC),虽然大多飞机都有此类问题。应该考虑侧滑,以便试验团队在整个试验流程中了解指示空速和校准空速之间的关系。

14.4 发动机故障后的做法以及发动机停车时的控制

发动机故障后,飞机自然会倾向于偏向故障发动机一侧。适航标准要求一组给定的发动机故障条件以及预先确定的最小反应时间,不得导致飞机在坡度和偏航方面出现要求以外的运动。针对这一点，可以引入"无特殊驾驶技能"名词概念，虽然作者认为这对于一个认真的工程师或试飞员来说太模糊了，但这是民用标准中的通用方法(表 14.1)。因此，这也是库珀—哈珀独树一帜的领域(见第 11 章)的出现，即 CHR≤4 表示无需非凡的驾驶技能。

表 14.1 关于飞行中发动机故障的标准要求

	关于试验条件的说明	校准空速试验	测试功率	反应时间延迟	最大斜坡角	最大航向改变
第 25 部适航标准(149)	起飞后可用的最关键构型(起落架收起) 保持最大 150lb 方向舵力进行控制	V_{MC}(不得超过 $1.13V_{SR}$)	最大起飞功率	未规定	5°	20°
已终止的第 23 部适航标准	襟翼打开，起落架收起 必须在主侧倾控制系统部分或全部损坏的情况下进行控制	所有发动机的正常爬升速度为 V_{MC}	最大连续起飞功率，螺旋桨设置为正常爬升	2s	45°	未规定
新版第 23 部适航标准(材料作为"经认证的合规手段"保留，但不再是强制性的)	所有条件下，包括构型改变和可预测的合理故障		在飞行的所有阶段	未规定	未规定 可以保持对飞机的控制	
英国民用适航要求						
第 K 章 (K2-8 4.1)	性能降低不会导致高度损失 控制力"不得过大"	V_{MCA}	最大起飞功率，起飞位置的螺旋桨	未规定，一般为 2s	在接近地面时不会有危险的姿态变化①	20°
第 K 章 (K2-8 6.5)	起飞襟翼，起落架收起	建议爬升速度与 V_2+10kn 中的较小者	最大起飞功率	2s	45°	未规定

① 造成接近地面的危险姿态很大程度上取决于飞机类型、机翼和动力装置的类型和位置。如萨博 340 或波音 747 这样的飞机，如果机翼较低，起落架可伸缩，二面体有限，发动机安装在机翼上或机翼下，将无法应对较大的倾斜角度。或者，具有良好二面体和发动机的高翼飞机(如 BAe-146 或 Piaggio P166)应能在部分飞机接触地面之前进行更多的滚转。确定可接受的姿态(实际上，这意味着使用飞机的三视图图纸确定倾斜角度)是简单的(也是值得的)。

在关键发动机发生故障后,飞机必须能够以任意速度进行爬升、转弯、下降、进近和着陆等正常飞行活动。即使确实需要对飞机足够的控制,但期望对飞机进行"完全"控制是不现实的。相关试验标准较低,作者建议适航团队试验和生产飞机时要遵循比表 14.2 要求更高的标准和条件。

表 14.2 主要民用适航标准对非对称控制的要求

	关于试验条件的说明	校准空速试验	襟翼	起落架	滚转能力	侧滑能力
第 25 部适航标准(149)	保持 $1.3V_{SR1}$ 和最大连续油门的 PLF 中较小值时的油门	$1.3V_{SR1}$	进近位置	收起和放下	双向 20°(配备 4 台或以上发动机的飞机,只有 2 台关键发动机不工作,其他处于最大连续起飞功率)	双向偏航 15°,坡度不超过 5°,不超过 150lbf 的舵力
	最大着陆重量					
	带螺旋桨的失效发动机应顺桨					
	对于 4 台以上发动机的飞机,在 2 台关键发动机失效的情况下执行偏航试验					
英国民用适航要求	保持 $1.3V_{SR1}$ 和最大连续油门的 PLF 中较小值时的油门	$1.3V_{SR1}$	收回	收起和放下	双向偏航 15°,坡度不超过 5°,不超过 150lbf 的舵力①	
K 章(K2-8 4.2)	最后进近螺旋桨(发动机良好),顺桨(发动机故障)	V_{MCL-1}	根据关键发动机不工作时进近要求	放下	与失效发动机保持 20° 以上,5s 以内	未规定
	控制力"不得过大"					
	以速度 V_{ATI} 配平关键发动机不工作时进近					

① JAR&FAR 中关于舵力的要求相当模糊,其定义是,如果舵力足够低,则飞机偏航 15°。如果舵力超过 150lbf,则只需要偏航到与该方向舵力相等的任意角度。

14.5 最小控制速度

14.5.1 空中最小控制速度

通常,在 V_{MCA} 鉴定中假设起落架收回,所有发动机处于最大连续功率(Maximum Continuous Power，MCP)(或仅有的发动机)，螺旋桨最初处于起飞螺距设置（完全正常)，尽管发生故障的发动机(如果是螺旋桨类型)螺旋桨具有自转等特征，或处于针对特殊设计的应急演练状态。试验通常在最大起飞重量和海平面附近进行，因为这通常对于控制功率是最坏情况，重心位置决定了最坏情况(通常是前端限制)和起飞配平。①

14.5.2 着陆构型中的最小控制速度

V_{MCL}是在发动机突然失效的情况下，在着陆构型中飞机可获得确定控制量的最小空速。这显然是一个临界速度，特别是对于大型飞机而言，因为进近速度决定着陆距离，从而决定了该机型可以使用的机场数量。这导致一架好飞机的V_{MCL}值通常很低。

V_{MCL}试验通常在V_{MCL-1}试验完成后进行(见14.6节)。一旦确定V_{MCL-1}，将基于V_{MCL-1}进行V_{MCL}试验。在指定条件下模拟关键发动机失效，如果飞机在该速度下成功运行，则通常情况下，将V_{MCL}设置为V_{MCL-1}(对于未明确定义V_{MCL-1}的欧洲和美国标准而言，通常如此)。例外情况下，由于发动机在V_{MCL-1}失效时出现不可接受特性，或由于试验空速发生变化并重复试验需要较低的V_{MCL}值，但这并不常见(表14.3至表14.5)。

表14.3 主要民用适航标准对V_{MCA}的要求

	说明	最大方向舵力	襟翼	最大坡度	V_{MCA}的最高允许值
第25部适航标准(147、149)	离地效应	667.5N(150lbf)	升空后使用的最关键组合	5°	$1.13V_{SR}$
第23部适航标准(147、149)		667.5N(150lbf)	就起飞而言	5°	$1.2V_{SR1}$
英国民用适航要求					
K章(K2-8 4.1)		未给出	就起飞而言	5°	$1.2V_{SR1}$

---

① 关于前/后重心和最大起飞重量：许多飞机的构型，尤其是运输类型，使得实现前重心限制和最大起飞重量的任何组合都不可能。飞机可以增加尾部载重保持最大起飞重量则重心会后移，或减少尾部载重使重心前移。这使得认证情况变得复杂，需要增加试验条件限定。

表 14.4 V_{MCL} 民用适航标准要求

	关于试验条件的说明	CAS 试验	襟翼	起落架
第 25 部适航标准 (149(f、h))	在最关键的构型中进行试验,配平进近	进近构型	进近构型	放下
	发动机设置为 3°进近,故障后不允许更改失效发动机螺旋桨螺距设置,其他发动机设置为复飞功率			
	试验期间,保持最大 5°坡度,150lbf 方向舵力			
	发动机故障后,飞机不依靠故障发动机在 5s 内滚转 20°			
第 23 部适航标准 (149(c))	不适用于低于 2730kg(6000lbf)的活塞式发动机飞机	V_{REF}	着陆构型	放下
	展示着陆距离最陡坡度的试验			
英国民用适航要求				
K 章(K2-8 4.2.1)	五边进近的螺旋桨构型	V_{MCL}	着陆构型	放下
	配平速度为 V_{ATO},带有 5°的下降梯度			

表 14.5 英国民用适航标准第 K 章中对 V_{MCL-1} 的要求

	油门	最大舵力	最大俯仰控制力	最大滚转控制力	需要控制权	最大坡度
英国民用适航标准						
K 章(K2-8 4.1)	关键发动机不工作,其他发动机设置为 5%下降梯度	670N 或 150lbf	225N/50lbf 力(方向舵控制) 160N/35lbf(驾驶杆控制)	35N/30lbf(方向舵控制) 90N/20lbf(驾驶杆控制)	飞机不依靠故障发动机在 5s 内滚转 20°	5°

14.6 对 V_{MCL-1} 的要求

V_{MCL} 为当所有发动机最初正常运行,关键发动机出现故障时,能够保持充分控制的空速。V_{MCL-1} 为在关键发动机不工作(Critical Engine Inoperative,CEIO)的情况下可保持适当控制的速度。事实上,V_{MCL-1} 仅由英国民用适航标准定义,第 23 部适航标准和第 25 部适航标准未使用,这两部适航标准假设两个量相同(便于计算)。

V_{MCL-1} 的试验常通过以安全速度(约为 V_{MCL-1} 估计值的 1.5 倍)配平飞机姿态并使关键发动机失效来完成。然后逐渐降低空速,直到达到坡度或控制力的适当限制(对于 JAR 和 FAR 试验,在这种情况下使用 V_{MCL} 限制)。记录此时空速,重启故障发动机,最后进行如上所述的 V_{MCL} 试验。

英国民用适航标准给出了控制力的最大值。虽然可以接受,但一架仅满足这些要求的飞机将给飞行员带来非常大的工作负荷。因此,无论监管制度如何,设计目标都应始终着眼于使用强大的配平装置或动力控制装置,这些力都是瞬时的,并且在持续的非对称动力飞行期间基本可以不考虑。

14.7 对 V_{MCL-2} 的要求

V_{MCL-2} 的概念是通用的,即在现有关键发动机不工作情况下可以安全控制双发动机故障的空速,但仅在第 25 部(149(g)和 149(h))中有明确定义。这一概念仅适用于配备 3 台或更多发动机的飞机,因此 4 台发动机(或更多发动机)飞机中第二个最关键的发动机是已经失效的舷外侧发动机的下一个内侧发动机。对于三发动机飞机,例如 B – N Trislander(如图 14.4 所示,Britten Norman Trislander 三发动机运输机)或波音 727,它可能是中心线位置的发动机。

图 14.4 Britten Norman Trislander 三发动机运输机

V_{MCL-2} 的展示方法是通用的,应设置稳定直飞,一直到下一个关键发动机发生故障。进行此项工作时,可接受性标准始终与已给出的 V_{MCL} 要求相同。

14.8 地面最小控制速度

V_{MCG} 是指在起飞过程中,如果关键发动机发生故障,通过在起飞运行期间切断发动机燃油来保持跑道中心线在给定公差范围内的地面最小控制速度。高于该速度时,飞机可以安全地继续起飞(假设有足够的推力),而低于该速度时,为了保持在跑道上,必须使用刹车并中止起飞。在确定起飞决策速度 V_1 时考虑了这一点,该速度绝不能小于 V_{MCG}。V_1 的另一个界限显然是滚转速度 V_R,跑道长度、风、坡度、地面以及密度高度都是额外的考虑因素。

V_{MCG} 试验包括起飞、理想情况下进入风中、关键发动机在一定空速下失效等一系列操作,从小于 V_R 开始并逐渐减小,直到飞机无法保持在跑道中心线要求的距离内。起飞应在飞机后方或前方拍摄,随后对起飞胶片的分析应确定在发动机故障的速度无法在跑道上保持足够的方向控制。试验在最关键的起飞构型且重量和重心情况最差的情况下进行,起飞配平是最常用的。

这也是一次高风险试验,通常在确定所有空中最小控制速度后进行。选择一条非常宽、没有明显障碍物的跑道非常重要,且需要一个非常有能力且对试验充分了解的团队。对于更复杂的飞机,必须特别注意飞行控制系统的 V_{MCG} 试验,特别是扰流板结合驾驶杆输入特征会导致非线性滚转,也可能在最不需要的时候导致方向稳定性增加(风标效应趋势)。

在 V_{MCG} 试验期间,通常不允许前轮转向。虽然前轮转向可以抵消侧风(这些试验中未考虑),但在大型飞机上使用额外舵量也会被视为不合理(表14.6)。

表14.6 主要民用适航标准中对 V_{MCG} 的要求

	说明	油门	中心线最大偏移量	滚转控制	最大舵力	前轮转向
EASA 认证规范(以及之前的JAR)						
第25部适航标准	所有的螺旋桨都处于自然位置,无需飞行员输入俯仰设置	最大起飞油门	30ft(9.1m)	仅用于在地面上保持机翼水平	150lbf	不允许在展示中使用
第23部适航标准	第23部适航标准中未定义或使用数量 V_{MCG}。如果需要 V_{MCG},作者建议使用第25部适航标准					
联邦航空要求						
第25部适航标准	所有的螺旋桨都处于自然位置,无需飞行员输入俯仰设置	最大起飞油门	30ft(9.1m)	仅用于在地面上保持机翼水平	150lbf	不允许在展示中使用
第23部适航标准	所有的螺旋桨都处于自然位置,无需飞行员输入俯仰设置	最大起飞油门	30ft(9.1m)	仅用于在地面上保持机翼水平	150lbf	不允许在展示中使用
英国民用适航标准						
第K章	英国民用适航标准第K节未定义或使用 V_{MCG}。如果需要 V_{MCG},作者建议使用第25部适航标准					

14.9 非对称控制和构件

民用设计规范只定义了一个飞行控制非对称,是由非对称襟翼引起的故障。军用标准需要考虑非对称武器挂载以及设计审查可能需要考虑的其他非对称性,这在后面讨论。这个要求(见现代标准第 701 段)是常见的,除非机翼襟翼之间存在高整合度的机械互连,否则必须证明在非对称襟翼失效的情况下(即襟翼和/或缝翼在一侧延伸,但在另一侧不延伸),操纵是可接受的。法规中很少明确规定可接受的内容,但作者认为,适用于非对称的安全或不安全操纵特性的相同标准,是非对称襟翼或缝翼情况下可接受性的合理基础。如果需要,飞机机翼必须能够保持在水平 5°以内,不超过飞行员需要的正常最大横向或方向力,应能在 5s 内实现至少 20°的最小飘摆。这一切都应该可以在接近速度下实现,如果不确定,在 HQR 为 4 或以下的情况下进行准确的进近和着陆是可接受的正常标准。

如何试验非对称构件取决于飞机和试验机场。例如,在大型跑道上试验轻型飞机,可以简单地禁用非关键襟翼/缝翼控制,然后在安全高度操作关键侧,并评估其操纵性。如果操纵是不可接受的,那么,只要有足够的可用跑道长度,大多数轻型飞机可以很容易地执行收襟翼着陆(事实上,收襟翼着陆是正常的飞行试验和训练)。

对于大型飞机,尤其是那些带有液压或电动襟翼和缝翼控制装置的飞机,可能需要修改飞机控制系统,以便飞机两侧的空气动力学控制装置可以独立操作。这将允许飞机在空中可以选择"故障控制模式"。同时,如果操纵不可接受,为进近和着陆选择可接受的对称设置。

尽管细节根据具体项目而定,但必须考虑其他非对称配置。根据被测飞机的系统设计,可能需要调查以下事项:

(1) 双舵(双翼飞机)单一故障。
(2) 未能收回翼式空气制动器的一侧。
(3) 单起落架收回/放下,尤其是起落架能够克服很大拉力的情况下。
(4) 电动舵或副翼配平装置失控[①],或配平装置非对称。
(5) 军用飞机的非对称武器/吊舱挂载。

[①] 英国皇家空军一架图卡诺 T1 曾因机头俯仰配平装置失控而坠毁。失控力过大,以至于飞行员无法控制飞机(无可否认,他刚刚从螺旋中改出,因此可能迷失了方向,也无助于这种情况),触发了自动弹射,因此不要低估配平装置带来的问题。

第 15 章　非受控飞行

摘要：所有的飞行器均存在陷入非受控飞行的可能。即使在大部分情形下这种状态是可以改出的,但是谁也不希望发生这类情况。失速被认为是发生非受控飞行的主要原因。因此,在适航性研究中必须对其进行评估,并且根据飞机进入螺旋以及反螺旋的程度进行认证。此外,深度螺旋和翻转这两种在适航标准中没有得到很好研究的状态也被提及。

15.1　非受控的定义

航空本身并不固有危险性,但它涉及的范围比大海还广,任何的粗心大意、无能或疏忽都是不可原谅的。

——A. G. 兰普卢上尉

任何飞机都有可能失去控制。而且鉴于飞行的性质,任何非受控飞行都可能导致伤害,并可能导致整个飞机的损毁,这就使得人们一致认为应该通过采取合理措施避免一切非受控飞行的现象发生,但是在实践中这个结论却是存疑的。许多非受控的情况都是可以改出的,同时在某些情况下我们也需要飞机处于非受控状态,例如特技表演或者是飞行训练。

非受控状态存在于所有类别的飞行器中,但本章只涉及飞机的 4 种特定非受控状态:失速、螺旋、深度螺旋和翻转。失速会被重点介绍,主要因为失速是大多数认证中最受重视的状态之一,同时也因为它界定了部分飞行包线。其他 3 种状态做简单介绍,因为与失速相比情形更为特殊。

对于直升机非受控飞行有其他特殊的情形,包括丧失尾桨效应(Loss of Tail Rotor Effectiveness,LTRE)、涡环状态和动态静态侧倾[1],这里不做讨论。现阶段还不成熟的重量转移操纵超轻型飞机的侧倾状态以及飞行中一些更复杂的非受

---

[1] 参见肖恩·科伊尔(Shawn Coyle)的书《循环与集体:飞行直升机的艺术与科学》(爱荷华州立大学出版社 1996 年,或 Lulu2009 年)。

控状态,如马赫俯冲或俯仰变向①,也不在本文的讨论范围内。

15.2 失　　速

"小子,小心点,飞低点飞慢点"。虽然飞行员并不喜欢低和慢。

——唐摩尔

15.2.1 失速简介

对新机和大修后的飞机进行失速试验是十分危险的。高风险飞行试验实践是一个完全独立的主题,读者(特别是专业飞行试验的专家)可以参阅更为专业的文献。当然,与试验相关的要点是所有适航从业者都需要了解的。

飞行员感受到的失速或在适航认证中考虑的失速,与空气动力学经典理论中的失速并不相同。例如段落201。大多数民用标准中都有以下定义:

失速演示必须以航向不变的平直飞行实施,并以1kn/s的速率稳定减速,直至飞机失速,表现为向下俯仰运动或向下俯仰和滚动无法立即控制,或直到纵向控制达到停止。

一个更简单和普遍适用的定义是失速为随着迎角的增加,飞机不再受飞行员操纵的临界点。这与上面的定义是一致的,因为非受控运动或停止的纵向操纵清楚地表明飞行员不能在空间上对飞机进行有效操纵。当然,机翼摇摆(最初无意的滚转振荡及较低的初始振幅,但如果不加以操纵可能导致飞机倒置),或其他低速偏离受控飞行也可能包括在内。

空气动力学家通过分析升力与迎角的特征关系,即升力随着迎角的增加而停止增加的点,或者纵向操纵力矩系数梯度$\left(\dfrac{\partial C_M}{\partial \alpha}\right)$显著增加的点来定义失速。

当然,这个定义在适航性研究中可能会产生误导。例如,机翼可能仍处于空气动力学未失速的状态,但升降舵已经达到了运动极限。

在试验过程中,试验团队必须针对特定飞机来定义失速。尽管其他定义在某些情况下也可能适用,但以下3个是最常见的定义:

(1) 纵向操纵位于机头向上的操纵挡块上(飞行员通常称为"Mush")。这在前重心中最为常见,因为前方机头向上操纵权限不足,无法实现空气动力学上的机翼失速。

---

① 希望探索这些更专业起飞模式的读者可以从《关键和探索性飞行测试飞行员手册》开始,该手册由试飞员协会于2003年出版。

（2）向下俯仰运动（通常称为"俯仰中断"）。这是由于主翼（或前翼）的升力损失引起的,改变了飞机上力和力矩的平衡,导致机头产生向下的纵向操纵力矩。这在后重心／悬挂点状态下最为常见,此时有足够的机头向上操纵权限实现空气动力学意义上的机翼失速。

（3）机翼下倾,有时会伴随俯仰中断。当2个机翼非同步失速时,就会发生这种情况,可由飞行时存在少量未校正的侧滑、机翼和机身的相关操纵不对称或无意的操纵输入引起。

失速告警描述了失速时飞机的相关特征现象,并提示飞行员即将进入失速飞行状态,此时需要小心驾驶。失速告警描述的现象与飞机相关,必须结合指定的飞机进行确认,并记录在飞行员操作手册中。失速告警通常包括以下一项或多项：

（1）机身抖振,局部出现气流分离。

（2）操纵杆抖振,通常由于局部气流的影响,作用在传统三轴（三自由度）／尾翼飞机的机翼根部,气流在此分离并撞击垂尾。

（3）人工失速告警装置,通常基于迎角传感器或局部气流压力传感器（注意：不是基于空速,因为失速时的空速会随着飞机配置、重量、俯仰率和加速度而变化）。

（4）飞机俯仰姿态明显高于平飞时通常看到的俯仰姿态。

（5）与水平飞行时的位置相比,飞机的主节距操纵在机头向上方向表观移位。

（6）缺乏操纵响应度。

在所有飞机的适航性评估过程中需要解决以下问题：

（1）典型减速率下的失速特性是什么？这些特征可以接受吗？

（2）失速告警的提示是什么,是否能起到足够的作用？

（3）在减速到失速点期间,飞机是否完全可控？

（4）失速后,飞机是否可以在不进行特殊操纵的情况下回到受控飞行,或在高度严重损失或没有操作指令（或要求不高,术语可以在这里互换使用）的情况下返回受控飞行状态？

（5）最后,必须对操作数据进行确认,以准确安全地获取飞机的失速特性和失速速度。

15.3 非加速失速和转弯失速

"非加速"失速在很多方面极大地影响固定翼飞机适航性。它对于定义许多临界操纵速度(关键操纵速度)、进近速度和设计机动速度(V_A),特别是失速速度至关重要。它还定义了转弯飞机的机动边界,对于大多数民用单发飞机而言,它是决定设计规范可用性的关键。

(1) 在飞行怠速时进入失速,当飞机减速率不超过 1kn/s,且配平速度约为 1.4V_s(或第 23 部适航标准 V_s + 10)。

(2) 在水平飞行中通常不可能进行怠速油门失速试验,因为飞机会下降,除非以非常快的(通常 >3kn/s)减速速率。

(3) 不同飞机之间失速状态的告警是不同的,因此识别、重复和记录特征的类型和变量非常重要。

(4) 从适航性的角度来看,如果没有校准总静压系统,失速的速度数据就毫无意义,特别是在接近失速迎角的情况下,见 3.15.3 节。

(5) 失速特性会因重心位置和油门设置而异。虽然在失速特性方面几乎不存在普遍性,但可以预估在前置重心的情况下,通常会看到更高的失速速度,而在后置重心的情况下会出现更急剧的过失速。随着油门的增加,失速速度可能会降低,进而加剧机头向上失速状态。继续增加油门,可能会产生更剧烈的过失速行为,特别是那些具有大油门活塞或涡轮螺旋桨发动机的飞机,在怠速油门下失速时可能以大油门失速,并进入无指令的严重滚动机动,甚至立即进入初始螺旋(有时没有失速警告)。

(6) 失速不一定严格按照飞行手册和飞行员教科书中描述的经典俯仰中断为标志。它可能以失去机头方向操纵(许多教练机,如 PA28)、迎角触发告警("美洲虎"攻击机)、机翼下表面压力告警(塞斯纳 150)、严重的机翼下倾(布里顿—诺曼"三岛民")、不可接受的振动(洛克希德 L1011)、推杆操纵(BAe Jetstream)或其他情形。底线是当飞行员不再对飞机拥有绝对操纵权时就会发生失速,机组必须学习和理解使用的标准和接受的定义范围。试飞员、飞行试验工程师和适航工程师必须在试验程序和后续文档中对失速的定义统一标准。

(7) 无论飞机等级如何,当飞机处于失速状态时均会出现机翼下倾的现象。机翼下倾的幅度对适航性以及研判随后进一步非受控的趋势至关重要。所有标准的机翼下倾极限值都假定当前正在采取正确的改出措施。

表 15.1 列出了关于飞行怠速时以 1kn/s 减速至失速状态时相关各种标准的要点。在襟翼/缝翼/起落架/减速板的所有常用组合中,通常执行符合以下标准的试验。如果驾驶一架具有固定起落架的简单飞机,并且没有或可能有 3 种襟翼构型(巡航、起飞、着陆),将非常简单明了。如果驾驶可能拥有各种配置的更复杂的飞机,如运输机,请在向认证机构提出试验申请之前咨询相关标准和经验丰富的机组人员。

在尝试进行失速试验或获取认证之前,建议飞行试验或适航工程师尝试在类似级别或类型的飞机上获得一些失速的个人感受。对于工程师来说,如果他们自己经历过这些现象,那么会很容易得出合理的结论并写出有意义的报告。

表 15.1 主流民用适航要求的一般条件下机翼水平失速要求

	最大俯仰变化	最大高度损失	智能失速告警	最大不需要的偏转	最大机翼下倾	最大失速速度	失速告警间隔
EASA 认证规范/联合适航要求							
第 25 部适航标准(103、201、207)	"可控"	无限制	允许,但不能单独可视	无限制	20°	公式	大于 5kn/5%
旧版第 23 部适航标准(49、201、207)	"可控"	无限制	允许,但不能单独可视	15°	15°	61kn V_{S0}(V_{S0}是指着陆构型下的失速速度或最小稳定飞行速度)(单发和低于 2730kg 的双发无法在 1.5% SEI 条件下爬升)	5kn
第 22 部适航标准(49、201、207)	无限制	无限制	允许,但不能单独可视	无限制	30°	80km/h(V_{S0}—无配重)90km/h(V_{S0}—全配重)	5%~10%,如果 A/C(直流交流)状态完全可控,则更少或无
VLA 适航标准(2、201、207)	无限制	无限制	允许,但不能单独可视	15°	15°	45kn(V_{S0})	5~10kn
联邦航空要求							
第 25 部适航标准(103、201、207)	无限制	无限制	允许,但不能单独可视	无限制	20°	无限制	7%,如果足以防止意外失速,则更少
旧版第 23 部适航标准(201、207)	无限制	不过大	允许,但不能单独可视	15°	15°	61kn(V_{S1})[①](仅限单发或低于 6000lbf)	5kn
英国民用适航要求							

续表

	最大俯仰变化	最大高度损失	智能失速告警	最大不需要的偏转	最大机翼下倾	最大失速速度	失速告警间隔
K 章(2~11)	30°	100ft，除非有记录在案	允许	无限制	15°	60kn V_{so}（单发和miti发动机双发无法在1%坡度SEI下爬升）	5kn，减少时由鉴定人员自行决定
S 章(2、201、207)	无限制	无限制，但必须记录在案	不鼓励②	没有限制，但不能产生螺旋	20°	35kn(V_{so})③	由鉴定人员自行决定

① 如果单发失效，爬升可以保持在1.5%的坡度（FAR 23.67），或者满足FAR 23.562中紧急着陆的额外安全要求，则无需遵守FAR-23要求，即单发飞机或多发飞机的V_{so}和V_{S1}必须不超过61kn；
② S 章的不同之处在于，如果未提供失速告警，则会列出一系列可接受的操纵特性，这适用于失速警告通常很差但低速操纵性能极佳的飞机，人工失速警告绝对是最后的手段，但也可以使用；
③ 如果机翼载荷不大于25kg/m²，第S章允许更大的V_{so}。实际上，这是一种效率极低的机翼设计，基本上也是一个无关紧要的要求

15.4 转弯飞行失速

对于民用适航认证，尽管对油门和襟翼设置的要求可能会有所不同，转弯飞行失速通常在协调转弯的30°处发生。对于军用飞机，不同机型的试验条件变化更大。由于转弯飞行失速是一个不加速的失速，因此进入率不应大于1kn/s。

大多数飞机在转弯飞行失速时会产生滚转，通常在转弯飞行失速后更加明显。这种现象通常用"进入转弯"和"脱离转弯"进行描述。如果飞机向特定方向倾斜，并且到达失速点后向特定方向倾斜更多，那么就说它已经滚转"进入转弯"（这种现象常见于下单翼飞机）；而如果它倾向于向机翼水平滚动（这是上单翼飞机中最常见的特征），那么它可以说是"脱离转弯"。

要说明的是，协调转弯时的失速不会导致螺旋。研究人员曾经见过几架飞机确实表现出这种趋势（即永远不要假设它不会发生！），其中最著名的是北美哈佛（图15.1），它经常会从怠速以上的失速进入初始螺旋，这一特征被广泛认为在第二次世界大战期间造成许多飞行学员牺牲。同样，在失速点或其附近出现任何表观俯仰上升或纵向操纵力变轻也应被视为是不被允许的（表15.2）。

图 15.1　北美 AT6 哈佛

表 15.2　转弯失速在民用适航标准中的主要要求

	配平速度	最大高度损失	所需油门配置	起落装置	襟翼	最大进弯滚动	最大出弯滚动
EASA 认证规范/联合适航要求							
第 25 部适航标准（103、201、203）	$1.5V_{S1}$	无限制	急速维持 $1.5V_{S1}$ 水平飞行		"任何可能的组合…认证运行"	30°	60°
旧版第 23 部适航标准(203)	$1.5V_{S1}$	无限制	以适当的俯仰状态进入急速，并且维持水平飞行①	收起与放下	收起并完全伸展 + 每个中间正常工作位置	60°	90°
第 22 部适航标准②(201、203)	$1.5V_{S1}$ 如果安装配平设备	无限制但必须记录在案	急速 90% 的最大持续油门（需要提供整襟翼流罩，推进起飞）	收起与放下	任何位置	并非不可控	
第 VLA 部适航标准(203)	高于 $1.5V_{S1}$ 或者最小配平速度	"不过分"	75% 最大持续油门需要提供整襟翼流罩	收起与放下	收起并完全伸展	60°	60°

续表

	配平速度	最大高度损失	所需油门配置	起落装置	襟翼	最大进弯滚动	最大出弯滚动
联邦航空要求							
第25部适航标准(201、203)	未指定	无限制	急速 维持水平飞行 或者 $1.6V_{S1}$		"任何可能的组合…认证运行"	30°	60°
旧版第23部适航标准(203)	$1.5V_{S1}$	无限制	以适当的俯仰状态进入急速并且维持水平飞行③	收起与放下	收起并完全伸开+其他"可能使用"的设置	60°	90°
英国民用适航要求							
K章(2~11)	$1.5V_{S1}$	无限制	急速并且维持水平飞行④	收起与放下	收起并完全伸开+其他"可能使用"的设置	60°	90°
S章(203)	未指定	无限制,但必须记录在案	急速 最大持续油门	收起与放下	处于所有可用设置状态	30°	60°

① JAR-23 规定的"维持水平飞行的油门"设置通常为 75% 最大持续油门,除非这会导致不可接受的俯仰姿态,在这种情况下,应使用最大着陆重量下的维持水平飞行的油门和 $1.4V_{S1}$ 或 50% 最大持续油门中的较小值,前围板应符合配置要求;
② 第22部分的独特之处在于要求在 45°而非 30°的条件下执行转弯飞行失速,JAR-22 还要求测试表格包括任何位置的空气制动器、不对称压载舱(除非不太可能发生)。显然,如果该标准适用于无动力的帆船,那么所有动力装置项目都应该被忽略;
③ FAR-23 规定的"维持水平飞行的油门"设置通常为 75% 最大持续油门,除非这会导致不可接受的俯仰姿态,在这种情况下,应使用最大着陆重量下的维持水平飞行的油门和 $1.4V_{S1}$ 或 50% 最大持续油门中的较小值,前围板应符合配置要求;
④ 第K章规定的"维持水平飞行的油门"设置是指对于 MTWA 不超过 2730kg 的飞机,应使用 75% 的最大持续油门。对于较重的飞机,油门应为 50% 最大持续油门和 MTWA 和 $1.4V_{SO}$ 水平飞行所需油门中的较大者(但不需要超过 75% 最大持续油门),打开整流罩襟翼(在K章中称为"冷却鳃",应符合配置要求)

15.5 定义大型飞机失速试验的试验条件

第25部适航标准没有规定转弯飞行中失速的试验条件。因此,适航团队必须检查试验飞机的方案和可能的操作环境范围,并使用它来定义试验表格。

以这种方式定义试验条件是试飞员培训的一部分,工程师通常应该在试验规划中将该部分交流试飞员来做。当然,在开始试验之前,公司必须同意试验表格,该表格包括符合适航性管理机构的相关要求(并获得他们的书面同意!)①。

近期,波音公司和空客公司合作,发布了关于大型飞机失速试验②最佳实践的联合建议。这是一门正在发展的科学,特别是因为联邦航空局越来越倾向于将避免失速作为第 23 部和第 25 部适航标准的首要目标,当然目前波音/空客的联合工作是最好的选择。概括地说,它表明除了需要更高水平的安全预防措施和仪表之外,大型飞机的失速方式和失速试验与小型飞机的大致相似。重量超过 100t 的大型飞机在失速和改出时的高度损失可能在 5000~7000ft 左右,而轻型飞机的高度损失可能是前者的 1/20。当然,大型飞机,特别是在高空飞行时,极易在高马赫数下失速——这种情况很难预测,并且很难在明确的条件下实现。这也引起了人们对大型飞机飞行控制日益高度自动化所带的困难的关注,以及它们与机组人员应对失速或失速相关事件的反应。

15.6 失 速 改 出

大多数飞机在失速时会(也应该)进行推杆操作。这自然会使飞机进入俯冲状态,现有的配平设置应该允许它在飞行员不进行操作的情况下改出,虽然飞行员可以进行高效(和舒适)的正确处理。最初允许飞机俯仰方向推机头向下以减少迎角,利用推力以减少初始高度损失,然后拉出俯冲并重新进入正常的直线和水平(或爬升)飞行。

重点是要确保失速后立即加速(机头向下俯仰运动的次要影响)不会导致速度意外超过 $V_{NE}/V_{MO}/M_{MO}$。此外,拉出(特别是由俯仰配平设置自然引起地拉出)不得导致超过 N_Z 或迎角限制的极值。

大量研究表明,大多数飞机的最佳失速改出是同时应用推机头进行向下俯仰操纵和增加油门实现的③。实践中,这导致油门总是应该略微滞后于俯仰,因

---

① 或者,不得不在一天很晚的时候向财务总监或总工程师解释为什么需要额外几个小时的昂贵飞行试验,这是不值得考虑的。

② 目前关于这项工作的最成熟的文章是保罗·博里斯·莫雷海德等撰写的《失速中的运输机》,2013 年发表在《航空杂志》第 117 期,第 1183 - 1206 页。对于任何对大型飞机失速感兴趣的人来说都是必读内容。

③ 自引:Gratton 等,《为轻型飞机找到一套最佳失速改出措施》,RAeS 航空杂志,第 118 卷,第 1202 号,第 461 - 484 页(2014 年 5 月)。

为大多数飞机的俯仰输入响应比推力响应更直接。

当然,出于适航目的,最重要的是通过广泛的试验,证明飞机已可以通过飞机操纵手册中规定的一套失速改出措施改出到正常飞行姿态。在一些适航规定中,确定高度损失量是一项次要要求。这很简单明了,尽管实用性很小,因为该值极其依赖于处理技术和环境。虽然对于大多数飞机,实际的失速和改出飞行操纵作为飞行员培训和/或定期适航飞行试验的一部分,均在安全高度进行,且有着充分的准备和总结。但现实情况是,意外失速最有可能发生在靠近地面的地方,而且完全出乎意料。此类试验场景常不合常理与不安全。合理的方案是在可以安全实现的范围内,建议采取的改出操作与其他类似飞机类型上使用的动作相同,和/或飞行员要训练的类型相同,以便飞行员在意外失速时可以通过"本能"进行有效处置。

15.7 其他失速情况——加速和动态失速

15.7.1 加速或动态失速

虽然为了确定失速速度,普遍使用1kn/s的减速,但这并不一定适用于所有实际情况。事实上,有些类型的飞机很难在仅以1kn/s的速度进入失速。因此,大多数标准还需要考虑更快速的失速进入,无论是从快速的水平飞行,还是大机动转弯。每个标准的具体要求差异很大,这并不奇怪,因为在实际的操作中,不同的飞机飞行方式大相径庭。

当加速进入时,大多数飞机将产生表观机头向下失速后俯仰运动(或者如果以前不存在的话,则为可测量的运动)。具有层流提升表面的飞机在失速时可能会产生较小的机翼下倾(因为两个机翼同时失速),而具有常规机翼表面的飞机可能会产生更多的机翼下倾。一些上单翼飞机,当大机动转弯失速时,在改出直线和水平飞行之前,倾向于自然地进入机翼水平滚转(可能由于机翼失速,摆动态稳定性成为主要的滚转效应标识)。

表15.3列出了各种标准的主要要求。当然,读者应该谨慎对待这一点,即所有标准的要求都有些模糊(通常太模糊),最重要的是构建反映飞机实际飞行方式的试验。大多数进行飞行试验的机构(特别是那些处理较轻型飞机认证组织)有特定的类型或级别的附表和指南,这可能比主要认证标准更有用。除非另有说明,否则试验条件与上面讨论的30°转弯飞行失速相同。

表 15.3 民用适航性主要标准的动态和加速失速要求

	最大高度损失	最大俯仰下降	最大进入转弯机翼下倾	最大改出转弯机翼下倾	转弯飞行方案	机翼改平方案
联合适航性要求/EASA 认证规范						
第 25 部适航标准(201、203)	未指定 1	未指定	60°	90°	在坡度 30° 条件下,速度升至 3kn/s	无要求
第 23 部适航标准(201、203)	未指定	未指定	60°	90°	在坡度 30° 条件下,速度 3~5kn/s	无要求
第 22 部适航标准(201)	仅限平飞的特殊性情况 当滑翔机以 $12V_{S1}$ 的平直飞行时,其配置适合通过快速拉动操纵杆来绞盘牵引起飞,必须达到水平向上约 30° 的俯仰角,并且由此产生的失速不可以很严重,否则使快速改出变得困难					
第 VLA 部适航标准(203)	"不过分"	无限制	60°	60°	在坡度 30° 条件下,速度 3~5kn/s	无要求
联邦航空要求						
第 25 部适航标准(201、203)	未指定	未指定	60°	90°	在坡度 30° 条件下,速度升至 3kn/s	无要求
第 23 部适航标准	"不过分"	未指定	60°	90°	在坡度 30° 条件下,速度 3~5kn/s	无要求
英国民用适航要求						
K 章(2~11 2.4)	无限制	无限制	总计不超过 90°	总计不超过 60°	坡度 30° 以上,2g(实用程序)[①] 4g(特技飞行)	无要求
S 章(143)	无限制	无限制	无需考虑转弯动态失速[②]			爬升至极限位置至发动机失效而产生失速

① 英国民用适航要求第 K 章的 2g 和 4g 失速事例分别用于实用程序和特技飞行,配备襟翼和可收放的起落架,配平和动力,如操纵所需(尽管在操纵或改出期间不能增加发动机功率),重心对改出最不利(可能是重心前移事例);
② 尽管有第 S 章的要求,英国轻型飞机协会有自己的试验计划 BMAA/AW/010(以及英国最大制造商 P&M 航空使用的内部计划)确实包括动态转弯档位

15.7.2 预测动态失速速度

众所周知,1kn/s 的失速速度可以被扩展为

$$V_{S_{ACTUAL}} = V_{S_{MTOW}} \sqrt[2]{\frac{W_{RE}}{MTOW}} \sqrt[2]{N} \tag{15.1}$$

式中：$V_{S_{ACTUAL}}$为真实的失速速度；$V_{S_{MTOW}}$为最大起飞重量下的失速速度；W_{RE}为飞机的真实重量；N为法向加速度系数。当然，由于在迎角迅速增加期间失速延迟开始，动态失速中的失速速度可能低于预期（或者类似地，失速迎角可能更高，但迎角很少被检测）。在所有独立事例中，都需要大量的空气动力学研究才能准确预测这一点。在大多数情况下，这项研究几乎没有价值（例外可能是现代战斗机，动态失速成为电传飞控系统控制规则的基础）。当然，通常期望动态值比上述等式预测的动态值低 5%~10%。

15.7.3 动态失速中的失速告警裕量

正规的动态失速告警要求通常与非加速失速相同。乍一看这完全是明智的，但在实践中并非如此，明智的适航团队应该致力于超越标准的最低限度。以 CS.23 为例，它要求至少 5kn/s 失速告警裕量，动态失速的试验减速速度为 3~5kn/s。通常只会给飞行员 1s 的时间处置失速，仅足以让最警觉的飞行员（并且在具有高升降舵油门和非常短的单点故障周期的飞机上）采取适当的行动。对于可能经常以剧烈转弯机动飞行的飞机（如特技飞行飞机、短程飞机或农用飞机、军用飞机或大多数教练机），重要的是在即将发生的油门失速前向飞行员发出明确无误的警告。除了明确的人工失速告警装置或自然抖振外，这可以通过高带杆力，非常高的机头向上俯仰姿态或迎角传感器触发的警报来实现。

通过这种方式超越适航标准的最低限度可能需要一些政策和财政支持，特别是可能需要对飞机进行的昂贵改装。当然，最近任何一组伤亡事故报告都提及了几个由于飞行员未能识别动态失速而导致飞机损失的案例，再加上诉讼风险，通常足以说服保守的公司会计部门。

15.8 螺 旋

螺旋是一种失速后状态，如果飞机失速并且存在表观侧滑，则可能发生这种状态。它还包括一个通常可以自我维持的滚动/偏航/俯仰运动和高下降率组合（称为"自动螺旋"），除非刻意采取行动来改出飞机[1]。从理论上讲，所有飞机都可能进入螺旋。在实践中有一些例外：大多数大型飞机的失速保护足以有效地防止螺旋的发展，虽然很少应用，但目前已经制定了"抗螺旋"标准，并且在某种程度上存在飞机具有抗螺旋性能的认定。

---

[1] 美国联邦航空局《飞机飞行手册》（参考 FAA-H-8083-3B，可在线获取）第 4 章"维护飞机控制：防干扰和改出训练"中对螺旋进行了详细介绍。

预测螺旋特性是非常困难的,对于自旋特性或从自旋中改出的可靠性,都不存在可靠的分析工具①。使用遥控模型进行试验,或在垂直风洞中使用模型试验得到的结果可能更具备可信性,但也应相当谨慎地对待,因为模型和完整尺寸飞机之间的比例也影响螺旋特性,很难完全弄清②。

因此,任何飞机的适航计划都可能需要在某种程度上必须探索螺旋。几乎在所有情况下,这都被视为高风险试验,因此需要大量的安全监督③。尽管如此,这也是有必要的,因为如果飞机进入螺旋,飞行员必须知道如何识别螺旋,以及如何改出。从适航性的角度来看,进入螺旋的可能性也必须与飞机的作用相称。对于客机这种可能性必须很小,而在设计用于表演特技飞行的飞机中,螺旋进入和改出均应该可以让飞行人员易于理解。

对于教练机,螺旋的潜在可能更具争议性,飞行训练领域在是否应该教授螺旋方面存在分歧。一种观点认为,由于飞机可能会产生螺旋,所以飞行员应该熟悉它,并能够识别和做出适当的反应。相反的论点是,历史上由螺旋训练造成的死亡人数比训练阻止的死亡人数更多。目前,只有滑翔和军事训练中,螺旋训练仍然是常态,大多数训练大纲不包括螺旋,大多数现代教练机没有资质进入螺旋。当然,虽然进行广泛的螺旋评估(包括处理不当和多转螺旋)是必不可少的,但在特技飞行飞机的飞行试验期间,几乎总是需要对所有的飞机进行螺旋(或抗螺旋)鉴定。通常一架不适用于主动螺旋认证试验的简易飞机可能需要50~100次螺旋来证明符合要求(表15.4),需要抗螺旋认证的要有300~400个试验数据(表15.5),需要被主动螺旋认证的,大约需要500~1000次飞行试验螺旋,这主要取决于寻求认证的性质差异。

表15.4 民用螺旋试验设计规范最小值

标准(段落编号)	试验环境	转弯次数	最低改出率
第25部适航标准	没有公布的标准。这可能取决于公司与其主管部门间的协议和企业内部使用手册		
旧版第23部适航标准(无需螺旋认证)(221a)	有和没有襟翼(襟翼在改出期间可能会收起)	长于1圈或3s	最多1个额外转弯

---

① "尾阻尼功率因数"或TDPF的概念可以预测良好的自旋恢复特性。这个概念最初是在20世纪30年代由皇家飞机公司开发的,然后在20世纪40—50年代由NASA进一步开发。当然,20世纪70年代后期,美国宇航局的工作得出结论,该方法不可信,且不应被使用。

② 参见1977年11月的NASA技术论文1076《典型单引擎通用航空飞机设计螺旋特性的螺旋风洞调查》。

③ 参见《航空航天工程百科全书》Https://doi.org/10.1002/9780470686652.eae602。

续表

标准(段落编号)	试验环境	转弯次数	最低改出率
旧版第23部适航标准(需要螺旋认证)(221b-c、807d)	有和没有襟翼(如果不寻求故意的襟翼螺旋,襟翼只能在改出期间收起)	至少6个转弯(根据间隙要求更多),或者如果在3个转弯后开始自然深度螺旋	最多1.5个额外转弯还必须可弃机
CS.VLA(221)(假设无需主动螺旋认证)	有和没有襟翼(襟翼在改出期间可能会收起)	长于1圈或3s	最多增加1圈
CS.22(221)	滑翔机和有发动机提供动力的滑翔机,包括:临界不对称时的配重、中性和自旋副翼、反向方向舵和副翼、中立和最临界状态的襟翼和减速板	至少5个转弯或自然深度螺旋开始,以先到者为准	寻求最佳的螺旋间隙:在螺旋的任何一点,最多额外1圈;不寻求螺旋间隙:最多1.5个额外转弯
BCARS章(221)(假设无需主动螺旋认证)	襟翼,减速板,机轮在任何允许的位置。襟翼和减速板在改出过程中可能会收起	长于1圈或3s	最多增加1圈,不得超过第143段操纵力限制

注:所有适航标准和认证实践也坚持在不同重量、油门和重心条件下进行试验

表15.5 退出时的抗螺旋包线试验

	质量	重心	升降舵	方向舵
第25部适航标准	没有公布的标准。这可能取决于公司与其管理部门之间的协议,和企业内部使用手册			
旧版第23部适航标准	抗螺旋标准已经存在,但尚未公布标准。它们是公司和当局之间的协议。基于CS.VLA的变化标准可能被证明是可接受的			
CS.22	不存在抗螺旋标准			
CS.VLA(221b)	至少1.05倍的最大起飞质量	到至少0.03倍的空气油门弦长落后于后部重心限制	至少以4°向上的行进超出正常允许的限制	双向至少7°超出通常允许的限制
BCAR S章(221)	不存在抗螺旋标准,但VLA标准是可以接受的			

"标准螺旋改出"的概念,通常概括为:

(1) 收油门。
(2) 向后拉满杆。
(3) 反方向满舵。

(4) 逐渐向前推杆，直到螺旋停止。

(5) 缓慢改出接下来的俯冲。

有一个普遍的假设，即这是或者至少应该是从螺旋中改出飞机的唯一方法。这并不符合实际，以下几个原因对理解起来很有帮助。具体包括：

(1) 一些飞机对这些动作的反应并不好。例如，大多数 3 轴超轻型飞机有可能通过"完全相反的方向舵"反方向满舵，并且由于它们在低速下具有动力极强的垂直安定面和方向舵，因此使用集中操纵装置更好地从螺旋中改出。

(2) 一些飞机需要修改这些动作。例如，奥斯特（图 15.2）要求在方向舵和俯仰输入之间有一个短暂的延迟，否则飞机会进入一个显著且有问题的负过载的周期。

(3) 一些飞机虽然可以通过这些动作充分改出，但对动作变化响应会更好。特别是特技飞行飞行员经常可以再次增加油门，以便在改出期间准确的定时螺旋改出。在这种飞机上，试验和记录两种改出是适当的，以便获得良好的操作数据来支持非特技飞行和特技飞行操作。

图 15.2 奥斯特 J5L 半特技教练机

15.9 深度螺旋

在适航认证中较少考虑的是深度螺旋，它在某种程度上与螺旋状态相互关联（见第 13 章）。对于一些飞机，特别是那些方向稳定性明显强于横向稳定性的飞机，有可能进入具有显著坡度，机头向下姿态状态，并在降低高度的同时增加空速，通过对飞机同时进行俯仰和滚动触发深度螺旋，飞行员熟悉这一点，这作为飞行员训练阶段的一部分称为"异常姿态"。很多情况会导致飞机进入螺旋式俯冲，例如，飞机自转，飞行员在大转弯机动期间未能保持飞机平衡，或者长时间未监控飞机姿态，特别是在湍流中（这种组合很容易在云中实现，当飞机处于手动飞行和/或自动驾驶仪故障）。

从深度螺旋中改出在理论上是很简单的,飞机处于高速状态,因此应具有良好的操纵性,俯仰和滚转操纵都应该随时可用。当然,问题在于不当的操作会给机身施加应力,副翼和升降舵的组合输入引起俯仰和滚转速率以及大多数飞机结构设计范围内不允许的高速度值变化,可能导致机身的严重损坏。因此,必须设计和试验一系列动作,确保提供一致的改出。理想情况下,还要保持尽量小的高度损失。这些动作可能包括降低油门以降低推力的加速效应,通过协调使用飘摆和偏航操纵来滚动飞机使机翼保持水平,同时保持机头处于低位(从而避免增加加速度),一旦飞机处于水平,然后将飞机从俯仰改到水平飞行姿态,达到该水平时重新加油门以恢复高度。这些行为对于大多数飞机和情况下都是常见的,但可能不是飞行员使用的提示。对于目视条件下飞行的轻型飞机,可以通过参考风噪和外部线索来实现改出。而相同的飞机在对流云中是不可行的,因此改出机动必须参考仪表,特别是使用地平仪和空速指示器。客机可能会使用基本相同的操作。当然,在任何一种情况下,还必须考虑部分仪表故障。例如,主姿态指示器,需要将空速和航向单独参考。所有这些问题都是正常的,并且可按规程解决,但在认证飞机时必须解释清楚,尤其是在设计操作文档时。

必须进一步考虑的因素是,虽然空气动力学上它们可能非常不同,但在目视条件下,深度螺旋和螺旋对飞行员来说非常相似,其主要差异在于空速(风噪或空速指示器都提供此信息,但必须特别观察两者)。这些差异及特征也必须包含在一些飞机的操作文件中。可以发现,并且在飞行力学理论上也可以得到印证,即容易螺旋的飞机对深度螺旋具有很强的抵抗力,反之亦然。当然,这不应被视为一项普遍规律。

大多数适航标准很少或根本没有对深度螺旋的说明,在关于高级飞行训练的文本中可以找到更多的建议,特别是在"复杂状态改出训练"的主题下。当然,就适航鉴定而言,尽管希望减少工作量,但这需要结构和操纵专家之间的必要合作。

15.10 翻　　转

翻转模式是无尾翼飞机的特点,不太可能在一些形式的设计中出现。当然,它确实存在于一些尺寸的具备高度后掠角的无尾翼飞机(或三角翼),并且在各种大小不一的飞机上都造成过死亡。如果飞机在 Z 轴重心偏离机翼气动中心(图 15.3),此时存在非常高的俯仰率,则可能在重心的反方向形成漩涡,并随着其从前缘过渡到后缘而增加,然后在后缘产生一个显著的压差,进而继续加速俯仰运动(图 15.4)。

图 15.3　带偏移重心的无尾翼飞机示意图

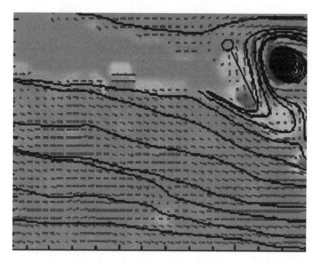

图 15.4　翻转机翼上表面涡流的风洞试验示意图（图示为机翼表面向下过渡并形成逆时针螺旋，在机翼后方出现的螺旋中心）（见彩图）

最早记录在案的翻转实例是 1948 年由试飞员罗伯特·卡德纳斯（Robert Cardenas）驾驶的 YB49 飞翼试验轰炸机（图 15.5），随后飞机在一次被认为与同一状态有关的事故中坠毁。作者认为，早期但记录较少的其他试验飞机损失（无法证实）也与翻转有关，其中包括 1945 年的哈维兰彗星型和 1946 年的 Northrop XP79P（美国 XP‑79"飞槌"验证机）。

后来，翻转已成为罗加洛翼悬挂式滑翔机和超轻型飞机的已知故障状态，一种遭受多次翻转事故的机型是美航"双子座闪光 2"超轻型飞机（图 15.6），尽管通过强制修改操纵和飞行员培训相结合的方式予以解决。作者还与后来参与诺斯罗普·格鲁曼 B‑2"幽灵"隐形轰炸机（图 15.7）飞行试验的同事讨论了这个问题。在这种情况下，该团队意识到这种状态的隐患，但通过符合飞机操纵要求的飞行保护措施解决了这一问题，防止了俯仰姿态或俯仰率的极端情况。因此，

图 15.5 诺斯罗普 YB-49(历史照片不受版权保护)

该型飞机在飞行中从未遇到过这种情况。当前对此的空气动力学设计分析仍然是保密的,无法进行研究。

图 15.6 美航双子座闪光 2 超轻型飞机

图 15.7 诺斯罗普-格鲁曼 B-2"幽灵"隐形轰炸机

翻转状态很少可改出,在大多数情况下惯性力太大,导致飞机在碰撞地面前已然破裂,并且经常导致飞行员丧失驾驶能力。因此,对于高度后掠的无尾翼飞机,重点必须始终放在操纵建议和设计的混用上,以防止飞行中的机动产生过高的俯仰率,从而造成翻转。

任何级别的飞机都没有翻转状态适航标准,但悬挂式滑翔机定义了翻转状态,悬挂式滑翔机的适航性标准只是建议性的。因此,对于研究这种飞机适航性的团队,虽然他们应该利用所有现有的经验和知识,但对于应该采用哪种最佳做法,基本上都是靠自己的经验和知识来确定。

第16章 系统评估

未来的客机座舱只需要一名飞行员和一条狗。飞行员负责与乘客交谈,如果他试图触摸任何东西,狗就负责咬他。

——一则虚构的老笑话

摘要:虽然个体飞机可以被视作为一个系统整体,但如果提到适航性,有必要将大多数个体飞机视为几个不同系统的总和。每一个系统都必须能够作为整体中的一部分工作,而且一个系统的正常运行不得妨碍任何其他系统的正常工作。此外,如果一个主要系统丧失功能,必须有一个次要的独立系统能够复制其功能,以保证飞机在得到维修前可以安全运行。本章包括系统分类、评估方法、降低系统风险以及可接受风险等部分。此外,还讨论了评估系统风险的条件。

16.1 定 义 系 统

所有飞机常用的系统可能包括导航系统、座舱显示、控制连杆、液压动力储存和/或转移、电力储存和/或转移、燃料储存和供应等。当然可以简单地把整架飞机看作一个单一的复杂系统,但实际上,只讨论纯粹的复杂性是没有任何价值的,因为即使是轻型飞机,更不用说现代运输或作战飞机,也无法在同一时间对整架飞机做出任何有意义的分析。

因此,为了进行系统评估,适航团队必须就系统的分类问题作出决定。这是一个困难且往往有些主观成分的任务。例如,整个液压系统是否应该被视为一个单一的系统,或者应该被拆分为起落架、主飞行操纵、分配系统以及其他部分?同样,如何评估一个复杂的综合航电系统?是将其作为一个整体,还是将其拆分成全球卫星定位系统(Global Positioning System,GPS)、自动驾驶仪、甚高频全向信标系统(Very High Frequency Omni-directional Range,VOR)/测距仪(Distance Measuring Equipment,DME)、增强型近地告警系统(Enhanced Ground-Proximity Warning System,EGPWS)等组件? 对此没有直接答案,只有结合飞机的用途和使用方式做出相应判断。因此,让操作员(飞行员)在飞机论证的早期阶段就参与系统评估很有必要,因为非飞行员出身的工程师往往会对系统使用以及其故障后果做出错误假设。①

为了更直观地看出系统结构,我们可以构建如图 16.1 所示的系统层次树状图,尽管在飞机研发结束前,不可避免会存在歧义,甚至有重合部分,但这却是一种有用的方法。例如,从图 16.1 中可以看出,俯仰配平系统可以作为一个单一机械系统进行单独评估,但仍要考虑如何处理机械辅助系统和起落架之间紧急收放系统的重叠问题。当然,对于大多数飞机来说,真正的系统层次图要比图 16.1 复杂得多。对于尝试理解主要内容的学生来说,建议从更简单的图表开始,如轻型飞机或制导导弹的层次结构图。轻型飞机的优点是有很多操作人员手册或维修手册可以作为问题参考,随时提供学习信息,即使对于那些注定要在更大、更复杂的飞机上工作的学生,这也是作者首选的教学方法。

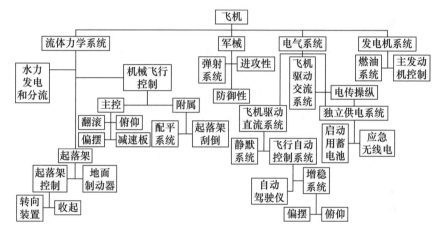

图 16.1　虚构的轻型战斗机的部分系统层次树示例

16.2　系统故障数值分析

一旦确定了有必要进行分析的离散系统,就一定要遵循另一个主观性稍强的过程。对于每一种系统,我们都需要反复研究 3 个问题:

(1) 哪些系统会发生故障?
(2) 发生故障的后果是什么?
(3) 故障的概率有多大?

---

① 有许多针对专业飞行员的飞机系统的实用教科书,可以在大多数"飞行员商店"的目录中找到。而针对工程师的一个资料来源是 Duane Kritzinger 主编的《飞机安全系统安全》:ISBN978 - 0 - 08 - 10088908(Elsevier 出版社 2017 年出版)。

所有这些问题都要以大量的经验作为支撑,并依靠专家的判断来进行回答,特别是第三个问题,因为系统设计的初衷是尽可能可靠,所以很难对故障率进行准确预测或试验证明。

对这些问题的答案,我们需要进行2种表达:①广泛的概念表达;②数字表达,数字表达的经典例子如表16.1所列,在许多其他形式的风险评估中也曾使用这种类似方法。专家会对每个离散系统进行分析,从而预测可能出现故障的方式,以及出现故障后的潜在后果。这些后果会与最坏的结果相对应,形成分级。例如,甚高频全向信标系统(Very High Frequency Ommi-directional Range,VOR)/仪表着陆系统(Instrument Landing System,ILS)接收器或航线偏航指示仪(Course Deviation Indicator,CDI)的故障是很常见的,而几乎所有由类似或替代系统构成的驾驶舱被归类为存在2级风险,即需要维修整改;可能导致飞机冲出跑道的地面刹车故障被归类为存在5级风险,即存在潜在生命危险。除此之外,故障率也必须得到预估,虽然这项工作很困难。尽管想要得出系统是否可靠的理论预测并不容易,而且通常需要至少一名专家进行判断,但仍可根据早期飞机中类似系统的经验、大量的地面测试或理论分析来实现相关预测,故障率通常也会被赋予1~5的分数,其中5代表最有可能的,1代表最无可能。

表16.1 典型系统风险评估网格

风险等级	风险术语	最糟糕的后果
5	灾难	失去生命
4	主要问题	飞机严重损坏和/或损失和/或第三方重大损坏
3	中等问题	飞机轻微损坏和/或第三方轻微损害
2	轻微问题	可进行维修整改
1	可忽略问题	一些小麻烦

值	每单位时间的最大预估概率①	每单位时间的最小预估概率	术语
5	1	$1:10^3$	非常可能
4	$1:10^3$	$1:10^5$	可能
3	$1:10^5$	$1:10^7$	不太可能
2	$1:10^7$	$1:10^9$	大概率不可能
1	$1:10^9$	0	极其不可能

① 作者在这里故意使用"单位时间"这种模棱两可的词语。根据飞机、系统和评估的性质,"单位时间"可能指得是:飞行时间、起落周期、飞行航班、发动机周期、武器发射周期或其他对应该任务的单位。

下面是风险因素定义,会得出以下结论:

灾难	5	5 中等	10 中等	15 高	20 非常高	25 非常高
主要问题	4	4 低	8 中等	12 高	16 高	20 非常高
中等问题	3	3 低	6 中等	9 中等	2 高	15 高
轻微问题	2	2 低	4 低	6 中等	8 中等	10 中等
可忽略问题	1	1 低	2 低	3 低	4 低	5 中等
		极其 不可能	大概率 不可能	不太可能	可能	非常可能
		1	2	3	4	5

我们通常会对着 2 个数值做乘法,从而得出 1~25 之间的某一个数,如表 16.1 的最后一部分所列,从而得出系统总风险从"低"到"非常高"之间的判断。一般来说,对于民用飞机而言,所有的结果都是为了判断飞机是否适合飞行。当然,最终认证都会是低风险,尽管在遵守应急程序并获得当地政府允许的情况下,一些"中等风险"的评估也可以获准。任何"高"或"非常高"的结果大概率是不会通过认证,并需要改正,最有可能是通过系统重新设计或复刻已有系统。显然,如果 2 个或多个备份系统的故障率本质上是独立的,那么结果就可以从根本上得到改善。例如,主飞行操纵液压系统每飞行小时的故障概率被评估为 1×10^{-3},得到 25 分,这就会存在一个潜在的灾难性结果,是绝对不可接受的。我们可以用第二个系统备份的方法改善这一数据,从而使概率达到 $(1 \times 10^{-3})^2 = 1 \times 10^{-6}$,总的分数就会是 15。虽然仍然无法接受,但是一个很大的改进。(三重)液压系统的引入导致整体故障率达到 1×10^{-9},分数为 5 分或 10 分:这是一个中等但可接受的结果,仍需经适航团队和当局批准。

对于适用第 23 部适航标准的飞机(或第 27 部适航标准的直升机)和二线军用飞机来说,通常只需考虑单一故障情况即可(对于低于第 23 部适航标准的飞机,只考虑极少数基本情况即可,如发动机故障和控制电缆干扰)。对于第 25、29 部适航标准或一线军用飞机双重故障的情况可能需要特殊考虑,并需要专家作出关键判断,确定可能存在问题的故障组合。举例来说,我们可以合理地认为无线电通信故障和前轮转向的组合不会产生值得关注的问题,因为它们不会增加彼此故障后果的严重程度。而交替使用地面制动和前轮转向故障组合可能会导致飞机在地面上完全失控,因此,这应被视为故障事件。

所有这些故障模式都需要进行分析,而分析后的一种结果便是采取机组人员惯用的程序:发布检查单(手册中通常包含用于培训的检查单)。图 16.2 给出了摘自二战时期战斗机的手册,这已经不是一种新概念了。二战后,军用飞机特别是运输机的操作变得更加复杂,而手册也变得更加复杂。在这种情况下,机组人员进行的个人决策也会随之减少。对于经验丰富的机组人员来说,这一变化是否合适是他们经常争论的话题,但无论合适与否,这一现状已经变成了一个既定事实。读者可以通过查阅一些易获取的飞机手册来了解这一点。

```
                    航空出版物 1565J, p&L-P.N.
                        飞行员笔记

                         第四部分
                         紧急处理

57 起落架紧急处理
(1) 如果操纵杆卡住,在移出闸门后无法移动到完全下降
    位置,则将其退回到完全前进位置几秒钟,以将车轮
    重量从锁销上卸下,使其自由转动,然后将其移动到
    向下位置
(2) 但是,如果操纵杆卡住,无法向前或向下移动,可以
    通过将控制柱向前猛推或翻转飞机,将车轮重量从锁
    销上卸下,从而释放操纵杆。然后可以将操纵杆移到
    向下位置
```

图 16.2　喷火式战斗机 Mk. IX 飞行员笔记中关于紧急情况部分的摘录,
展现了系统故障管理的各个方面

一个易被用来进行研究的反面案例,协和式超音速喷射飞机,名义上也是第 25 部适航标准飞机的一部分(在实际操作中,该飞机通过了 19 世纪 60 年代为该项目编写的一次性专用适航标准认证),具体来说,这架飞机于 2000 年 7 月 25 日在巴黎失事(法国航空 4590 号航班)。当时,跑道上的一块碎片扎破轮胎,甩出一大块材料刺穿了飞机油箱,导致溢出的燃油着火。这一事故造成 113 人死亡,并导致该型号飞机停飞超过 1 年。停飞的原因现已确定,

该事故为单一故障（跑道外来物损伤（Foreign Object Debris, FOD）[①]被抛入油箱）导致的灾难性后果，这在任何第 25 部适航标准飞机中都是不可接受的。但与此同时，这一事件也表明潜在问题，即目前仍缺少处理具体组合故障的程序。而在飞机机队停飞的 1 年多时间里，有大量系统需要进行重新设计和重新认证。

显然，我们需要考虑的事很多很复杂，特别是像现代客机或战斗机这样与现代系统关系紧密的飞机，不应该低估相关任务的规模。同样，我们应该明白，故障不一定专指那些突然停止工作的系统。对于适航工程师来说，在设计阶段就要明白这一道理；对于机组人员来说，在操作上也会有无法预见的变数，这对于他们解决问题都更加具有挑战性。例如，左舷和右舷主轮制动器之间的性能差异，可能会导致在刹车着陆滑行期间失去部分方向控制。再例如，导航系统在出现位置漂移时仍然显示正常，从而导致态势感知降低。

这一系列"问题"的复杂性需要 3 个概念集进行阐释：

（1）包括在上述系统故障分析中实际存在的"部分故障"模式的识别系统。

（2）在飞行前，或者在飞行期间可以识别这些故障的方法。

（3）管理和减少故障的方法。

16.3 系统测试和性能识别

虽然大多数飞机系统在管控和理解的情况下，都能够正常运行，我们也很容易被系统故障分析困扰。什么是"正常"，"正常"意味着能理解、能测试，并向地面和空中机组人员提供在正常运行参数范围内的管理系统程序。

对于民用和军用飞机或者更复杂的飞机来说，创建一个"铁鸟"（系统集成试验台，更恰当却也很少用的说法。）是惯用做法，因为它能在地面上模拟飞机布置的所有系统及附属有代表性的结构和负载。在真正的飞机飞行之前，"铁鸟"会模拟一系列加速飞行周期，以便获得良好的系统运行经验，并对那些可以正常运行的参数和步骤进行临时认证。通常情况下，铁鸟的作用远远好于飞行试验和服役效果。因此，在飞机服役期间的任何时候，在地面使用系统的时间都会明显多于在飞行中使用的时间，以至于潜在的灾难性故障或器件退化问题可

---

① FOD 是一个双重用途的缩写，意思是"外来物碎片"和"外来物损坏"。大多数飞机机库配有现成的、标有"FOD"的垃圾箱，大多数机场将定期进行"FOD 清理"，始终确保这些碎片在成为安全隐患之前被回收和处置。

在飞行前就得到处理①。

最新的现代方法会将"铁鸟"与飞行模拟器相关联,以确保飞行周期试验尽可能准确地代表实际飞行负荷。航天工业也采用了"铁鸟"的原理,他们通常会用此原理评估卫星系统,将机械或流体流动部件放置在一个非常大的平台上(以尽量减少重力梯度效应),也因此形成了该行业的术语"平面卫星"。"平面卫星"和"铁鸟"的原理、用途基本相同,只是在压力上略有不同:虽然很少有航天器在服役后仍有机会进行修正,但是航天器所产生的故障并不会如重大飞机事故一样,几乎没有造成伤亡的隐患。

一旦在地面上进行了充分测试,飞机系统就可以用于制定维护、操作和整改程序,原型飞机或系统就可以进行飞行试验。对于较简单的飞机,如单发飞机/固定螺距螺旋桨飞机/固定起落架飞机来说,系统测试是最低标准,会被纳入主要操纵和性能测试中,而越来越多的复杂驾驶舱电子系统正在改变这一点。然而,对于大型飞机来说,系统测试成为开发和认证飞行测试计划的主要部分。它可以识别各种系统模式组合及飞行条件使用情况,进而预测飞机运行,然后评估和确认飞行状况。鉴于现代客机或战斗机的复杂性,该测试阶段可能需要花费几年时间用几架飞机进行测试。虽然耗费比较大,但基本过程是具有一定条理性的,是构建可能发生的复杂条件网格,在短时间内(可能是几小时或者几个月)评估所有这些条件的有效方法。在这一点上,难以取得缜密周全和高效的平衡,并会成为引起持续争论的主题。

随着模拟(电气、机械和电子)系统越来越依赖数字电子系统,这背后的相关理念也必然发生了变化,从而导致模拟系统的效果降低(更低)。从理论上讲,数字系统应更好预测,更易于进行地面测试。但事实却并非如此,认证计划中的系统飞行测试部分占比要比以前大得多,这一趋势目前没有任何改变。大多数拥有更高价值的现代飞机使用数字电传系统,对于拥有飞行操控测试程序的机型(如"台风"战斗机)来说,这一现象只会愈发突显,因为它使用了拥有最少计算输入量的液压飞行控制系统,而且需要比"狂风"战斗机(主要使用模拟电传系统)更长、更复杂,比它取代的F-4幻影Ⅱ难度更大。当我们将完全由电传控制飞行的飞机(如波音787)与具有增强稳定性但基本上为传统液压控制的老式波音737进行比较,或与主要采用无动力可逆控制的波音707比较的时候,我们会发现相同的道理在民用飞机中同样适用。在欧洲,类似的情况可以在

---

① 一个虚构但准确,特别是考虑到结构故障预测的处理方法,是在内维尔舒特的畅销小说《无路》(ISBN:978-0099530091)中提出,后来该小说被好莱坞拍摄成电影"天空无路",演员詹姆士·斯图尔特扮演航空工程师西欧多尔。

A320 上看到,其前身是 A300,电传系统为飞机提供动力并强化控制,但基本上都是直接控制。再之前是哈维兰彗星型客机(de Havilland Comet),它具有机械可逆控制,但没有强化。对于所有提到的例子来说,飞行试验计划都是一次比一次长,系统试验的比例也大大增加(图 16.3)。

图 16.3　飞机系统强度的发展:从上到下为德哈维兰彗星、空客 A300、空客 A320

16.4　电气和 EMC 的相关考虑

与其他电气设备一样,所有的飞机电气系统都至少存在一种理论上的潜在故障,而这并非是我们想要的,因为这会引发潜在飞机过热甚至火灾。因此,所有系统都必须相互隔开。而飞机系统评估的一个固定环节就是确保每个电气系统都可以用开关、断路器或保险丝进行离散隔离(现代实践中最常用的是开关和断路器相互配合:现在很少使用保险丝)。机组人员需要能够接触到这些设备,以便在驾驶舱内最关键的系统发生故障时关闭系统,但在较大的飞机上,可能需要在独立的航电设备舱内设置断路器组(独立的航电设备舱通常在驾驶舱下方的隔间,可通过地板上的舱口进入)。作为适航性评估的环节之一,我们要保证自己有设置断路器组的能力,并确保机组人员的使用手册、标语牌和检查单的效用。就算使用断路器或熔断器(熔断器现在非常罕见,但在1980年之前制造的飞机上倒很常见),也必须从机组人员可以接触到的位置重新设置。正常的飞行员培训建议是,如果设备上的断路器出现故障,可以重置一次,但如果第二次出现故障,则需单独进行维护操作。显然,在飞行中可能用得到的所有保险丝和断路器必须触手可及并明显地贴上标签。轻型飞机(超轻型飞机、VLA适航标准、第22部适航标准以及更轻型的第23部适航标准)通常也可将这些断路器用作设备开关,但在较大的第23适航标准飞机和第25适航标准飞机上,这是不允许的,除非这些装置专门用这种方式进行设计。

所有电气和电子系统都会产生电磁场,并会使设备之间产生相互干扰。任何不小心把手机放在扬声器旁边的人都见过这些干扰效应。① 与这个简单的例子相比,现代飞机显然是一组更为复杂的系统,因此相互电子干扰的可能性很大。外部射频发生器(如地面雷达、无线电发射机或电源线)使系统更加复杂。当然,飞机系统在对新获准的或改进的电气装置期间进行测试,依次启动,并直到所有系统一起运行,并对所有可能受影响的系统进行功能检查,以确定是否存在任何不可接受的相互干扰。对于军用飞机来说,这一点特别重要,因为这种测试必须要延伸到武器的电子管理和紧急爆炸系统,其中如弹射座椅和舱盖断裂以及军事试验与鉴定(Test and Evaluation,T&E)组织也使用一种称为射频发生器(Radio Electrofrequency Generator,REG)的设施,以模拟服役中可能遇到的各种射频频谱功率和频率的组合。②

除了最简单的目视飞行飞机之外,几乎所有的飞机都需要一定形式的备用电源。在小型飞机上,需要有相应的电池容量,而且在操作文档会就容量问题给予建议(即从发动机或发电机故障到全功率故障的可用时间)。在较大的飞机

---

① 手机能干扰飞机系统吗?至少BAE系统公司报告了一个明确的事件。一部在14F座位上的诺基亚3210干扰了BAE-146驾驶舱内的霍尼韦尔GNS-XLS飞行管理系统。就目前而言,这一事件证明有理由禁止大多数客机上的大多数功能手机,直到这些功能被明确证明是安全的。

② 还有车!一些老式的英国车,特别是Rover200,通常都禁止在伦敦盖特威克机场停车场行驶,而且必须停在离机场1/4mile的地方,然后乘客需要从那里走过来。

上,可能会使用辅助动力装置(Auxilliary Power Unit,APU)、双机发动机发电机甚至冲压空气涡轮机(Ram Air Turbine,RAT),结合系统层次结构和对故障率的预测,我们可以做到总体电力的低风险损失。(APU 和 RAT 通常具有多种功能,可以提供电气、液压和潜在 APU 的可调节空气供应——可能由适配主发动机的单独设备提供)。少数活塞发动机飞机使用电池驱动的电点火系统,尽管这类系统并不常见,但也必须进行备份。大多数活塞发动机使用磁点火系统,而磁点火系统与用于其他服务的发电机存在一定区别,当然大多数磁发电机也会被备份。

必须对所有供电能力的演示建模(这对于微型飞机来说是一项非常简单的任务,对于客机或战斗机来说则要更简单——其他类飞机则介于其中),并在地面上进行测试,如果有必要的话,也可以在空中进行测试——包括关闭各种发电机和汇流条,以确保在削弱状态下能有足够的电力供应。

注:VFR,VMC,IFR,IMC

这些术语经常用于认证、飞机操作和系统评估,并可对其进行解释。首先是缩略语:

VFR = 目视飞行规则

IFR = 仪表飞行规则

VMC = 目视气象条件(由最小能见度和与云的分离度决定)

IMC = 仪表气象条件。

当然,所有飞机都能在 VMC 上飞行,但只有具有内部地平仪和导航系统的飞机才能在 IMC 上安全飞行。VFR/IFR 差异是一个合法差异。(我们)假设使用 VFR 飞行的飞机能够根据需要进行小航向和高度修正,以保持 VMC。假设使用 IFR 飞行的飞机能够保持非常精确的高度和航向,那么在 VMC 和 IMC 条件之间的转换也可以符合要求。因此,允许按 IFR 飞行的飞机需要携带更高级别的设备。尤其是客机等较大的(较大的第 23 部适航标准和第 25 部适航标准的)飞机,要对备份动力系统(通过多个发电机和汇流条)驱动制定要求,这些设备的运行需符合系统完整性分析,而且任何与安全相关的问题都需要证明其最大故障率。

16.5 环境测试

飞机系统在服役过程中会遇到各种各样的环境条件,这些环境条件很难提前设计。对于轻型飞机来说,这些问题通常被忽略,或仅会在一定程度上在大型飞机上进行有限的评估,且通常限于污染跑道测试和防冰、除冰系统评估(防冰系统是指防止积冰的系统,而除冰系统则意味着清除已经形成的冰)。

军事设备通常在更大范围的环境条件下进行测试。显然,整架飞机根据基本要求评估受污染跑道上的可控性和性能退化程度,且任何防冰和/或除冰系统在已知结冰条件下进行测试。通常情况下,这些是在自然条件下进行的,但是这可能很难实现,所以通常的做法是在飞行试验计划中确定所需的条件和最初的部署地点,在该部署地点上,可以将飞机暴露在逐渐恶化的结冰条件下。然后,寻找机会,把测试飞机从正在进行的飞行试验计划中移出,并在已知结冰条件下进行评估。应该提到的是,已知结冰条件下的首飞属于高风险试验。

另一种方法特别用于不设防冰系统、适用于小范围冰雪清除的飞机(或应急清除,在这种情况下,在主动规避之前可能会发生短暂暴露的情况)。在这种情况下,可以使用专门的积冰预测建模程序(如 NASA 的 LEWICE 或 SmaggIce 软件包)来预测机身上积冰的形状,也可以将飞机部件暴露在地面的人工结冰条件下,通过实验确定积冰的形状。然后,针对人工积冰的出现,可能会用到快速复原技术,并附着在飞行试验机机体进行试验飞行(通常采用早先的飞行力学建模,以预测可能性能和操纵效果)。由于性能和操纵的变化相对未知,这仍然属于高风险的试验,但一种可行的评估方法通常用于如拥有 9~19 座涡轮螺旋桨的高级第 23 部适航标准飞机。

其他环境测试,特别是那些很可能在全球部署的军事设备试验,或者对地面设备进行的测试(同样的方法也可用于非航空航天产品,如移动电话地面站),通常由作业环境界定,可能包括:

(1) 极低温(全球最低温通常可下降到 -40℃),通常进行长时间的暴露试验,直到整架飞机已经全部被寒冷浸透(通常由全燃料箱中心的温度探头表示),然后尝试启动和运行设备。

(2) 极高温(全球最坏的情况通常可达 54℃)。

(3) 关于暴露在严重的灰尘和沙子环境中的数据,通常来自于在北非或阿拉伯湾。这些数据对于所有含有高速旋转部件的设备有很大帮助,如燃气轮机发动机、传动轴和冷却风扇。

(4) 高度法向加速度/高频率振动,通常在振动台或离心机上产生,适用于部署火箭发动机的系统,包括导弹的大部分部件、机炮周围的部件或火箭发射的卫星部件。

(5) 可能包括如臭氧一样的高比例电离气体,往往会在近真空暴露的时候产生降解,对合成材料的降解尤为明显。这一特性很可能会被用于高空长航时(High-Altitude Long-Endurance,HALE)无人机的航天器部件或组件。

(6) 极端(模拟)太阳辐射暴露,通常在达到全球最大值 1.4kW/m² 的时候最适用于在炎热的气候下长期停留在开放状态的任何飞机、系统,或 HALE 无人机。

(7) 长时间的盐水喷雾暴露,用于可能在沿海地带或船上使用的飞机或设备。

这些测试方案通常与飞机飞行试验同时进行,以对飞机进行全面评估。

16.6　人机工程学:系统中的人因

让飞机降落在地面上,需要的是前人 103 年的飞行经验,而不是我们任何人实际练习过的 1min。所以,我怎么可能比其他 3 个人更了解如何在这种情况下让飞机着陆呢。只有使用机组资源管理(Crew Resource Management,CRM)①,让每个人都全身心投入,我们才会成功。

——海恩斯机长,美国航空公司 232 航班

任何机载系统,即使是无人驾驶系统最终也都是由人类操作的。这就要求工作站能够高效地找出错误(即,无论在任何一点发生错误,整个系统都能阻止这些错误演变为更加严重的问题),以及设备操作员(包括飞行员、武器系统军官、客舱乘务员、无人机地面站操作员……)始终能够充分了解系统的运行状态。

任何以人为因素为导向的环境,都可以用 SHELL 模型来解释(图 16.4 定义了以人为本系统中的 5 个因素):

(1) S(Software)代表软件(意思是程序、手册和说明,不一定计算机软件)。

(2) H(Hardware)代表硬件。

(3) E(Environment)代表环境。

(4) L(Liveware)代表人件(人)。

(5) L(Liveware)代表人件(其他人)。

SHELL 的工作原理是,系统人机工程学中需要考虑的所有问题可归类为 4 个方面:

(1) 软件—人件:程序文件和实践起来是否容易,以及设备高效安全运行是否彻底。

(2) 硬件—人件:人与设备之间的物理对接。对于一架飞机来说,这种对接

---

① 在这种情况下,CRM 是机组资源管理,这是一套在压力和安全关键环境中进行沟通和决策的最佳实践概念。

图 16.4　经典 SHELL 模型

显然意味着驾驶舱中视野、操纵力、在仪表上的视力范围和操纵权的变化,以及到达一切的能力。

(3) 环境—人件:这部分主要是关于环境对操作人员的影响。例如,温度、噪音和振动水平是否有利于有效工作等。

(4) 人件—人件:这在飞机飞行过程中至关重要,可能是航空中最大问题及其解决方案的根源,但人与人之间的相互作用显然超出了初始适航性评估的实践范围。①

虽然这 4 个方面都不应被忽视,但初步适航评估的实践倾向于围绕前 3 个方面展开,其中的软件—人件和硬件—人件,这里倒叙进行考虑。

16.6.1　硬件—人件

关于硬件—人件界面最明显的部分是驾驶舱。从技术上来说,无论是专为矮个子设计还是为马赛勇士设计,民用飞机都完全由设计团队来决定。但实际上,这在一定程度上限制了销售范围,因此,驾驶舱必须留有足够的空间,让大部分人能够占据并有效发挥作用。例如,一个典型的"完整人群"模型可能需要采集 100 人中从第 5 位成年东方女性到第 95 位白人男性的信息,尽管这可能意味着不得不采集第 1~99 位的信息。军事标准通常要求更加严格,而且也必须这样做。军事组织面对的是一小部分已知人群,他们应该(与背景人群相比)相对更为健康,且没有人超重。与此同时,通常情况下民用运营商只寻求标准水平的表现,而军队则更重视最佳表现。

人的身体可以通过一系列关键维度来定义。美国宇航局在 NASA – STD – 3000 给出了 2000 年 40 岁的美国男性和日本女性的身材尺寸(同时也包含其他有价值的数据),其核心点如表 16.2 所列。

---

① 读者如要对人因及其对航空和其他活动中差错的影响,不妨从詹姆士·李森的著作的《人类贡献》(ISBN – 13:978 – 0754674023)和英国民航局 CAP737 号文件《飞行机组中的人因》开始。两者都非常有价值。

表 16.2 成人身材尺寸范围

指标 \ 人员 数据	黑人和高加索男性			东方女性		
	百人中第5人/mm	百人中第50人/mm	百人中第95人/mm	百人中第2人/mm	百人中第50人/mm	百人中第95人/mm
立高	1697	1799	1901	1489	1570	1651
坐高	889	942	995	783	848	912
坐姿:臀部到眼睛高度	768	819	869	681	738	795
坐姿:屁股到膝盖高度	568	613	658	416	456	495
肩到肘长	337	366	394	272	298	324
前臂(肘到指尖)长度	NK	NK	NK	373	417	446
小腿高度（脚跟到膝盖长度）	325	362	400	255	289	323
臀部宽度	327	358	390	305	329	353
功能性前伸（肩胛骨至末端拇指）	749	816	882	652	716	780
脚长(赤脚)	254	273	293	213	229	244

注:1. NK 表示数据不清

基于设计工具的现代计算机能够根据原型驾驶舱或其他工作站评估这些信息及其他尺寸。然而,通常的做法是,为任意评估计划确定可用团队中最大和最小成员,以参与对工作站、驾驶舱、甚至(特别是军事应用)服装,通常称为飞行机组装备(Aircrew Equipment Assembly,AEA)的更积极评估。

这些评估的一个特别重要的方面是所谓的设计眼位(Design Eye Position,DEP),即驾驶舱内飞行员眼睛所在的空间位置。设计眼位的重要意义是评估驾驶舱内部和外部的关键仪表是否适合使用;从驾驶舱中显示外部视图的经典方法是用等面积修正的 Mollweide 投影,也可称为 Hammer 图。图 16.5 中给出了"美洲虎"的一个例子,对于一架 20 世纪 80 年代的攻击机来说,作战飞机和所有直升机是最关键的飞机类别,这种方法对于所有飞机都是有价值的。显然,这里给出的示例适用于坐在大多数飞机中心线上的飞行员。对于各种级别的飞机来说,这些图是不对称的,因此我们建议为每个座位绘制一个图,如图 16.6 所示,适用于波音 737。一个相关的表述是,这些图表没有体现驾驶舱外视图的一个重要点,即比瞳孔之间距离更窄的障碍物(成人为 53~70mm(美国男性:第 5 位 55mm 和第 95 位 70mm;美国女性:53mm 和 65mm))实际上不会对远距离观看物体造成任何障碍,或者比其稍宽些的障碍物也不会对其造成阻碍。因此,无论角度投影如何,在驾驶舱评估中,任何大于52mm的障碍物都特别重要。

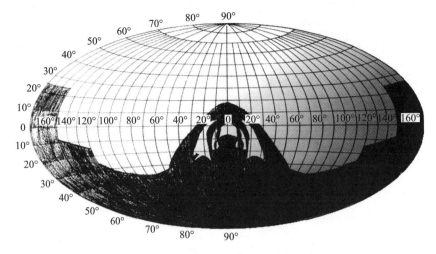

图 16.5　PECAT 美洲虎的 Hammer 图

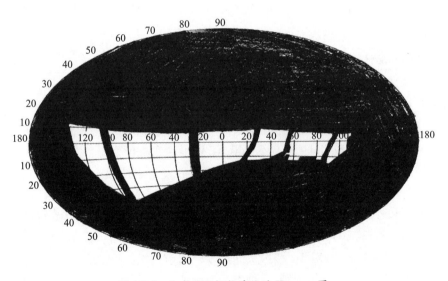

图 16.6　波音 737 机长座位的 Hammer 图

同时,考虑飞机照明因素。对飞行员来说,在夜间操作时,驾驶舱内的照明情况无疑至关重要,既要能保证看清所有仪表及座舱内操作文本,也不能太过明亮,导致看不清座舱外的情况。当然了,对于某些专业飞机(如担任军事或警察支援角色的直升机),如果飞行员佩戴夜视设备,则会出现此问题,因为这些设备需要广泛的匹配和评估,确保其特性与驾驶舱内部照明兼容,同时仍然能够满足在驾驶舱外工作的要求。① 在外部,频闪防撞灯也值得注意,如果防撞灯光反射回驾驶舱(如在云中飞行时),会让驾驶员分心,产生极端不良效果,而 4~20Hz 范围内的频率通常最容易产生问题。②

振动,特别是在 1~40Hz 范围内的振动也可能存在问题,主要取决于其幅度大小。标准参考文献表明,1~4Hz 会影响呼吸,4~10Hz 会引起胸部和腹部疼痛,8~12Hz 会引起背痛,10~20Hz 会引起头痛和肌肉紧张,30~40Hz 会干扰视力。但是这些数值背后的研究基础有些薄弱,所以这些数值和所声称会产生的效果我们应谨慎对待,并通过实验在典型环境中进行验证。

对某些应用程序来说,更为谨慎的进一步评估就是正式评估操作员的工作负荷。这需要熟悉驾驶舱或工作站的有经验的操作人员进行常规操作或执行非标准任务(如在模拟飞行中处理应急情况),在此期间,就可以评估他们的工作负荷。除此之外,还有包括心率监测在内的很多方法可以做到这一点,最常见的方法是系列问卷调查。也可使用如贝德福德和克兰菲尔德在内的其他工作系统,可能是一些应用程序的首选,但最常见运用的系统还是美国的 NASA – TLX(任务量指数)系统,如图 16.7 所示。

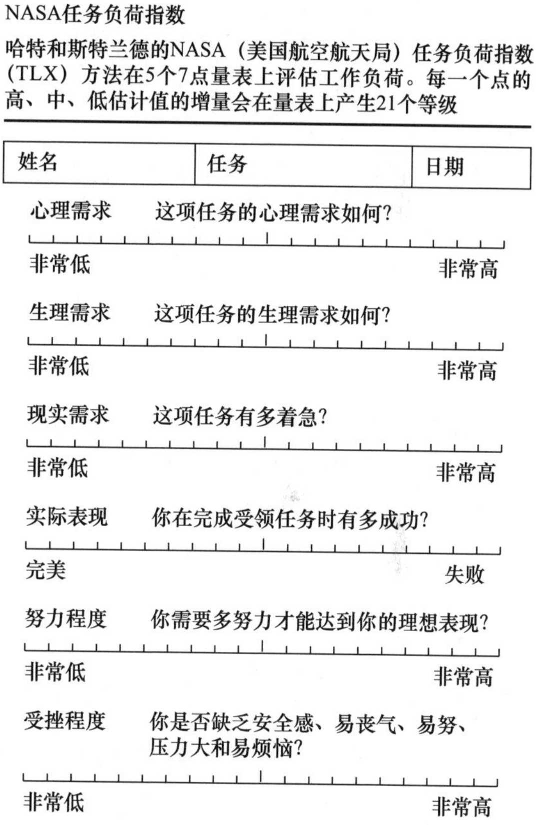

NASA任务负荷指数

哈特和斯特兰德的NASA(美国航空航天局)任务负荷指数(TLX)方法在5个7点量表上评估工作负荷。每一个点的高、中、低估计值的增量会在量表上产生21个等级

姓名	任务	日期

心理需求　这项任务的心理需求如何?

非常低　　　　　　　　　　　　非常高

生理需求　这项任务的生理需求如何?

非常低　　　　　　　　　　　　非常高

现实需求　这项任务有多着急?

非常低　　　　　　　　　　　　非常高

实际表现　你在完成受领任务时有多成功?

完美　　　　　　　　　　　　　失败

努力程度　你需要多努力才能达到你的理想表现?

非常低　　　　　　　　　　　　非常高

受挫程度　你是否缺乏安全感、易丧气、易努、压力大和易烦恼?

非常低　　　　　　　　　　　　非常高

图 16.7　美国航天局的任务负荷指数表

---

① 夜视镜认证是一个不断发展的知识体系,从业人员在进入该领域时应进行最新的文献回顾。然而,一个有用的起点是美国航天局的 101039 号技术备忘录《直升机飞行与夜视仪——人因方面》发表于 1989 年 3 月。

② 第二次世界大战期间,盟军地面部队在使用了一种闪光武器,频率大约为6Hz,用于分散敌军的注意力。英国装备时被称为"运河防御探照灯",美国装备时被称为"运 T10 厂牵引车",这两个名字都故意进行了保密处理。德国探照灯有时可能对盟军轰炸机使用类似的干扰原理。

16.6.2 软件—人件

通常,飞机和系统的操作数据可分为5类,所有已交付的飞机或系统都有一些或全部数据,分别是:

(1)检查单,无论是正常还是应急操作,检查单都可在实际操作期间使用。

(2)主要在培训环境中使用的扩展检查单。

(3)操作员手册(也称为飞行员须知、飞行手册、飞行员操作手册或其他术语,这取决于飞机、系统和/或环境情况)。

(4)维修手册。

(5)标语牌。

通常,这些要求应在航空航天产品的初始开发过程中编写,应体现适当的产品复杂性。同时整个飞机需要一套非常全面的文件,对于一个相对较小的系统,如一个新的驾驶舱显示器,则需要详细。在整个适航性评估过程中,应对所有项目的效用性、实用性、准确性和工作量进行审查。

16.6.3 环境—人件

我们在第2章已经讨论过,关于大气条件及其对飞行员某种程度的影响。然而,周遭环境的其他方面也会影响人的表现,也属于适航范围。无论舒适度、振动、温度、光线,还是噪音水平都会产生重大影响。通过设计或请教适航工程师,我们可以做很多事情来减少这些影响。措施可能包括"机组人员设备"或AEA,即适航范畴内的机组人员或一些乘客所穿的设备和专业服装,例如,头盔、太阳镜、飞行服等装备的设计和适航性可能会影响或改善实际操作。而其他方面,如压力、工作时间或机组乘员在飞机以外享受(或忍受)的环境条件,则不会产生任何影响。

一旦系统整体被视为适航或适合投入使用,拥有较高价值的飞机通常会进入下一阶段,在民用航空中没有相关定义术语,军方定义该阶段为作战试验与鉴定(Operational Test and Evaluation,OT&E)(相比早期开发试验与鉴定(Development Test and Evaluation,DT&E))。在这一阶段,经验丰富的操作员在飞机飞行中对其进行评估:军方会模拟作战环境,航空公司会模拟搭载付费乘客的代表性航线,培训机构则会评估飞机在飞行训练中的表现。在这些情境中,那些经验丰富的操作员会根据符合操作要求并适合特定操作规范的早期记录形成最终版本。

至少在北约国家内部,现代军用方法是将DT&E和OT&E过程结合起来,以便将公司适航和飞行试验部门、政府雇佣的评估人员和前线作战鉴定人员在一个单一的联合鉴定团队中共同工作,通常被称为联合测试部队或综合测试团队。在最初的争论之后,这种方法的必要性现在已被普遍接受,但关于这一过程应在何处进行仍存在争议,不同的地方有不同的方法。大多数专业的试飞鉴定人员倾向于官方试验中心的客户领导力,即便在做出此类决定时,他们并不一定掌握最高政治权力。现实中的领导力可能来源于政府机构,且一部分会转向官方试验中心,并归于 OT&E 组织,而 OT&E 的流程也不仅限于此,还特别涵盖了操作实践和文档记录。

第17章 环境影响

如果英国政府想顺利扩建希思罗机场,就需要证明修建和运营第三条跑道产生的空气污染并不会超出法律规定的限额,同时也不会超出碳排放预算。减少新跑道产生的空气污染,降低碳排放量和噪声指数等问题必须在开工修建前就纳入考虑范围。政府各部部长需要更加努力地证明希思罗机场的扩建计划不会违背英国做出的具有法律效力的环境承诺。

——国会议员玛丽·克鲁格,英国议会环境审计委员会主席

2017年3月

摘要: 飞机的排放物可分为4类:噪声、表面污染物、温室气体和生活垃圾。其中,机场噪声是人们最关心的问题,自1972年以来政府对机场噪声的管制力度也在逐渐加大。但在机场环境中,表面污染物包括氮氧化物(NO_X)和颗粒物,很难将此两种物质与很多其他的污染源区分开来。飞机的温室气体排放问题同样令人十分关切,虽然每名乘客每英里的碳排放量正在稳步减少,但由于航空业的发展,现有的排放量还需要进一步降低。同时,尽管在循环利用方面受到新航材带来的挑战,但航空产业对废旧飞机回收处理的能力正在变得越来越强。目前有多达90%的飞机被例行回收利用。

17.1 环境影响的定义

当飞机刚被发明出来的时候,可能没有人考虑到它产生的排放物。但后来,这却成了一个引起公众广泛关注的问题。飞机的排放物主要有4种:

(1)噪声。

(2)温室气体。

(3)微粒和表面污染物。

(4)生活垃圾。

如果考虑军事用途,飞机还存在第5种排放物,即热和雷达辐射信号,以及这些信号的可探测性。这一点在这里不做深入考虑。

17.2 噪声的影响

虽然最近几年关于飞机排放物的讨论大多聚焦于温室气体,特别是二氧化碳(CO_2),但实际上,这些讨论都过于抽象。对于那些居住在机场附近或者任一主要机场起落航线下的人们来说,噪声才是最主要的问题。世界上每一个大机场可能都要面对由当地居民针对噪声问题组成的抗议团体。这些团体会定期组织抗议活动,表达政治诉求。不过,如果有这些抗议团体代表可以参与的会议,情况或许会好一些。在这些会议上,他们有机会与机场管理者共同讨论噪声问题。研究表明,噪声暴露对人体健康有很大影响,而这也促使机场附近居民产生了更加强烈的诉求愿望。

其实,噪声这个基本问题已经成为对飞机运营能力的一种考验。各国政府正在制定越来越严格的规定,不符合这些规定的飞机得不到飞行许可。因此,虽然噪声不是一个安全问题,但毫无疑问是一个适航问题。

从20世纪60年代起,国际社会开始对飞机噪声立法展开讨论。针对客机噪声问题的第一个主要立法是1972年起实施的《国际民用航空公约》附件16中的第2卷[①],明确了客机噪声排放的法定标准。该标准的制定采用标准3°仪表法,需要选取飞机外的"三点"测量噪声值,即起飞航线正下方距刹车释放处3.5n mile(6500m)点、偏离跑道轴线450m处的最高读数点、在进场航线下距跑道入口前1n mile(2000m)点。最初,人们将这3个点的噪声读数加在一起,来表示"累积水平"噪声值。后来,随着航运量增加,人们对噪声的容忍度越来越低,于是又制定了一系列规定。这些规定要么将以前没有考虑过的内容纳入立法,要么则收紧标准。这个过程显著推动了技术和法规的相互促进(表17.1)。

表17.1 《国际民用航空公约》附件16有关飞机噪声的部分

卷号	飞机类别	使用时间
2	涡轮动力亚音速飞机	1972—1977
3	涡轮动力亚音速飞机	1977—2005
3	5700kg以上螺旋桨飞机	1985—2005
4	涡轮动力亚音速飞机	2006以来
4	5700kg以上螺旋桨飞机	2006以来

---

① 《国际民用航空(ICAO)公约》附件16第2卷是"亚音速喷气飞机和螺旋桨驱动飞机的噪声认定"问题。

续表

卷号	飞机类别	使用时间
5	5700kg 以上螺旋桨飞机	1977—1985
6	8616kg 以下螺旋桨飞机	1975—1988
8	3175kg 以上直升机	1985 以来
10	8616kg 以下螺旋桨飞机	1988 以来
11	3176kg 以下直升机	1993 以来
12	超音速飞机	自始至终

第3卷取代了仅为初始标准的第2卷,根据各种测量方法和飞机最大质量计算出更复杂的容许噪声值(表17.2)。

表17.2 第3卷(1977—2005)大型飞机噪声限值

最大起飞重量(MTOM)/kg	0 +	20200 +	28600 +	35000 +	48100 +	280000 +	385000 +	400000 +
横向噪声限值/dB	94EPN				80. 8. 51logM EPN			103EPN
飞越噪声限值 (单发或双发)/dB	89EPN				66. 13. 29logM EPN			101EPN
飞越噪声限值(3 发)/dB	89EPN			69. 13. 29logM EPN				104EPN
飞越噪声限值(4 发)/dB	89EPN		69. 13. 29logM EPN					106EPN
进近/dB	98EPN				86. 0. 3 + 7. 75logM EPN			105EPN

注:1. EPN/dB(effective perceived noise decible)有效感知噪声/分贝

民航客机的复杂特性要求飞行员精准执行起飞参考程序,例如,起飞爬升阶段发动机功率下降的最低高度从四发飞机的210m(689ft)增加到三发飞机的260m(853ft),再到单发和双发飞机的300m(984ft),并且不允许在关键发动机不工作的情况下将功率降低到维持4°爬升梯度或水平飞行所需的功率以下。这套起飞参考程序是在温度 −10 ~ 35℃、相对湿度20% ~ 95%、离地10m(32ft)、风速不超过12kn(最大侧风速7kn)的空气条件下进行测试的,最终确定了国际标准大气海平面压力下,温度为10℃、相对湿度为70%的无风条件的基准条件,其他所有的操作参数也随之实现标准化。

新的第14卷从2017年开始编写,计划在2017—2020年间分阶段完成。新卷章的编写仍采用了与第4卷类似的结构,但规定比第4卷更为严格。国际民航组织已经开始讨论更加严格的规定了,这些讨论持续到2030年。尽管相关细节仍不清楚,但必然会出现更加严格的规定。图17.1给出了从20世纪70年代到21世纪20年代噪声容许总量的变化。随着技术的改进、人们对噪声容忍程度的降低,以及未来"超级巨型"和超音速飞机的出现,图17.1中所示图表也会更复杂,标准更高。

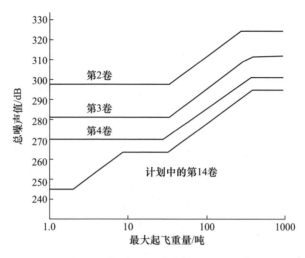

图 17.1 1972—2020 年附件 16 中各卷对飞机噪声限制的变化

其他种类的飞机也必须强制使用为其开发的各种程序,但与大型飞机相比,这些程序有所不同,主要与飞机性能有关。第 6 卷中的小型飞机最初测试是在测量仪表上方 300m(984ft)处,以最大连续功率(Maximum Continuous Power,MCP)做简单空中分列式。在第 10 卷中改为在起飞航线下方以最大起飞功率(Maximum Take – Off Power,MTOP)飞行进行测试。第 8 卷中的大型直升机测试包括最佳爬升率/最大起飞功率爬升、150m(500ft)飞越和 6°进近,直升机测试包括 150m(500ft)的单点飞越。与安全相关的适航标准类似,这有效地将验证标准延伸到了风险级别的判定(或者在这种情况下,更准确地说,是对危险级别的判定)。

历史上,协和式飞机(Concord)和图波列夫图 – 144(Tu – 144)飞机是唯一 2 架在噪声标准方面获得较宽松管制的民用超音速飞机。目前,各种方案都提议推出新式的小型超音速商用喷气式飞机,如维珍集团(Virgin group)赞助的"Boom"超音速客机(图 17.2)。未来,在没有出现过此类飞机的地区,人们会制定出针对这些客机的新噪声标准,以应对新的噪声问题。这些标准很可能对音爆和高推力涡轮喷气发动机的噪声严格规范。噪声的来源和控制是一个复杂的问题,如飞机的设计应符合安全标准一样,必须符合降低噪声的要求。如果在设计飞机时无视这些标准,很可能会在申请运营许可时遇到问题。噪声的来源是多样的,但大部分是由发动机和发动机的运行产生的,特别是在飞机起飞爬升过程中。此外,气动阻力(特别是由于襟翼、起落架和产生干扰阻力的其他构件)

也是一个重要原因,尤其是在飞机进近的过程中。由于噪声产生的复杂性,解决方案也是复杂多样的。每一个方案都为飞机降噪做出了虽小但可迭代的改进。如图 17.3 和图 17.4 所示的空客 A319 和 A350 客机。虽然 A320 系列客机在服役时是当时最先进的客机,但从新的 A350 客机中可以看出,在降噪方面空客已经做出了大量的改进,如流线型轮廓、较少边缘和凸出、起落架整流罩等,都有助于减少噪声(这些设计也有助于减少飞行阻力,提高飞机操控效能)。

图 17.2　"Boom"小型超音速飞机(图片由"Boom"公司提供)

图 17.3　空中客车 A319 客机

图 17.4　空客 A350 客机

减少噪声的另一个主要部分在操作环节。可用措施包括在连续下降进近

(Continuous Descent Approach,CDA)和基于性能的导航(Performance Based Navigation,PBN)初始爬升路径设计与噪声传输模型以及人群分布地图通盘考虑,采取有助于减少噪声排放的设计爬升和进近程序,尽量减少对人群的噪声干扰。例如,安装空气减速板(通常安装在机翼顶部)通常会比加长起落架更有助于降低地面感知噪声。当然,在更高的速度下,阻力引起的噪声也会更大。因此,对地面观察者来说,在进近过程中,尽可能晚地降低打开起落架的速度,有助于减少噪声。然而,要实现此目的,无疑需要相关程序、操控,特别是导航系统与自动驾驶仪的结合使用,以确保最优设计程序可以精确发挥作用。目前,一些较老的机型,如波音747客/货运输机,已被证明不具备足够理想的导航操纵能力,无法支持其完成最新的爬升噪声操纵航线。

  对于较小的飞机,通常是螺旋桨驱动的飞机,设计解决方案不同于大型飞机。对这类飞机来说,操纵螺旋桨叶尖速度是有效的,可以采取的方法有:综合考虑桨距、直径、发动机速度的组合;选用智能排气设计的活塞发动机和一些涡轮螺旋桨发动机;使用消音器并使排气口向上等。对于轻型飞机来说,阻力引起的噪声不是问题,因为它们的速度较低,而且可以采用相关操作程序,使用自动驾驶仪耦合噪声优化的飞行路径可能无法实现降噪目的。

  用于减少感知噪声的其他非适航措施包括:预先安排变更航线、在发动机启动前将飞机拖到跑道上、定位地下的地面电力和空调电源、建造偏折噪声的土堤、变更起飞点、为房屋隔音改造提供资金保障、禁止夜间飞行。以上这些措施都将改善机场周围社区受噪音影响的状况,但它们本身并不是适航问题。

  大约在2005年,美国观察到空客A320系列在进近着陆飞行的初始阶段会产生令人极其不快的"啸声(howl)"。这件事是众所周知的,但最初空客并没有采取任何措施来解决这一问题,因为这不是一个安全问题,而是一个适航问题。在英国,由于一家廉价航空公司专门使用这种型号的飞机,它又被称为"易捷航空的尖叫(Easyjet whine)"。这个问题被鉴定为是由于机翼下表面圆形通风孔的空腔流动引起的。最终,在降噪抗议团体组织的多次抗议活动和至少一次大型请愿活动的压力下,德国国家航空航天中心(德语Deutsches Zentrum für Luft- und Raumfahrt,DLR)开展了一个研究项目。该中心设计了一个50mm宽的涡流发生器(空客将其称为气流导流板),该涡流发生器安装在机翼下表面,紧挨每个通风孔前端。此设计使飞机在进近阶段的总体降噪量达到6~9dB,得到了利益相关团体的广泛认可。全世界大多数空客A320客机已经或正在加装这种涡流发生器(图17.5)。

图 17.5　空客 A320 客机机翼下通风孔前的降噪涡流发生器（图片由 Iain Clark 提供）

17.3　温室气体排放

众所周知,气候变化主要是由人类活动造成的。大量的温室气体(Greenhouse Gas,GHG)排放(人为的和自然的)到平流层大气中是导致气候变化的主要原因。

虽然这其中的科学原因自 20 世纪 70 年代初以来就已为人所知,但对减少温室气体排放量做出主要贡献的是 1989 年签订的《蒙特利尔破坏臭氧层物质管制议定书》,通常简称为《蒙特利尔议定书》。《蒙特利尔议定书》对飞机制造业产生了非常直接的影响,限制使用并稳步撤回了一系列被称为氯氟烃(Chloro Fluoro Carbon,CFC)、氢氯氟烃(Hydro Chloro Fluoro Carbon,HCFC)和氢氟烃(Hydro Fluoro Carbon,HFC)的化学品。这些化学品包括被广泛用作飞机制造和维修的 1-1-1 三醇乙烷(1-1-1 Tricholoroethane)溶剂和哈龙(Halon)系列灭火剂(轻质、高效的积聚窒息性气体,对人体无害)。除哈龙以外,大部分已在全球范围内被撤回,包括在航空领域。哈龙于 1994 年在全球范围内停止生产,但它仍在被回收利用,并作为最安全、最有效的灭火剂用于飞机消防。人们正在研发哈龙的替代品,用于手持和厕所消防系统,而发动机消防的替代品却仍然没有进展。

继化学品之后,二氧化碳成为人们讨论最广泛的温室气体,其产生途径已广为人知。粗略估计,飞机发动机中燃烧的每单位质量煤油会产生 3.15 单位的二氧化碳。这意味着一架飞机的财务效率越高,它在减少温室气体排放方面的效率也越高。2015 年,航空业二氧化碳排放量估计约为全球二氧化碳排放总量的

2%(使用世界交通运输业约13%的化石燃料)①,与航空业对人类经济和社会的极大重要性相比,这一数字略显微不足道。

然而,航空业却存在2个问题:①由于碳氢燃料单位质量的热值极高,因此航空业目前无法在没有碳氢燃料的情况下生存;②每年的航空客运量在以超过4%的速度增长,大约每15年就会翻一番。在全世界都积极努力减少碳排放的大背景下,航空业目前的碳排放量似乎是不可持续的。从1965—2015年每英里每名乘客的燃料消耗约减少了80%,这给了一些人希望,可现实却是如今要想再取得这样的成绩已经变得很困难了。由于发动机效率的提升和操作程序的优化(这与已经讨论过的降噪措施没有什么不同),燃料消耗继续减少,但行业增长的速度可能仍大大超过效率提升的速度。根据2016年国际民航组织大会达成的协议,国际民航组织和国际航空运输协会(International Air Transport Association, IATA)的目标是无论航空业如何发展,都要将全球航空业碳排放总量稳定在2020年的水平,而这个目标极难实现。②

对此只有2种可行的解决办法,而且这2种办法都可以使用。第一种是购买碳排放额度的经济解决方案,本质上是向碳排放更灵活的行业购买碳排放额度,通过这些行业的减排为航空业争取排放空间。目前有一项由国际民航组织管理的国际贸易计划致力于实现这个方案,即国际航空碳补偿计划(Carbon Offsetting Scheme for International Aviation, CORSIA)。尽管在计划之初并不强制加入,但多数航空大国从一开始就自愿加入了这个计划。第二种方案是使用非化石燃料,通常称为生物燃料。由于生物燃料(用于替代航油,是生物柴油的近亲)通常可以回收大气中的二氧化碳,因此尽管生产生物燃料需要消耗更多的能源,但从理论上讲,二氧化碳的排放量却可以大幅降低。可是,有关在飞机上使用生物燃料的适航性问题却非常多,其中包括:

(1)燃料计量,因介电性能改变。

(2)金属腐蚀和聚合物降解,因水和乙醇含量的增加以及燃料化学成分的其他变化。

(3)生物航空煤油多种来源(如农林废弃物、藻类、回收食用油)产生的不同化学成分。

(4)每质量热值的轻微变化(通常<2%,但可测量),这可能会改变飞机性能。

---

① 联合国政府间气候变化专门委员会(Intergovernmental Panel on Climate Change, IPCC)发布了详细说明这些分类的报告,详见www.ipcc.ch。

② 国际民航组织关于这一主题的最新出版物详见https://www.icao.int/environmental-protection。

(5) 鼓励生物燃料"经济作物"的种植可能会危害世界某些地区粮食安全。

因此,在飞机上使用生物燃料肯定需要大量的再认证工作,并且很可能需要针对多种燃料进行多次再认证。目前研究表明,通过将生物燃料与化石燃料以 1∶1~1∶9 的比例混合,这些问题可以得到显著缓解,但不能完全消除。就目前而言,与化石燃料煤油生产相比,生物柴油生产规模相对较小。这种情况虽不少见,但也不会持续下去。因为人们期待着通过增加非化石燃料的使用来减少碳排放量。然而这些问题都是新出现的,最佳的解决方案还有待探索。

同时,要认识到(与许多公开的建议相反)二氧化碳并不是唯一的温室气体。各种氮氧化合物(NO_X)、未燃尽的碳氢化合物、煤烟和(最不确定但可能很重要)水都在温室效应中发挥作用。尤其是煤烟可能产生凝结尾迹(图 17.6),因为在飞行期间,煤烟会与过饱和空气中的冰晶凝结散开,形成凝结尾迹卷云。越来越多的证据表明,尽管在白天凝结尾迹可通过将短波(太阳)辐射反射回太空来产生冷却效果,但由于在夜间将长波(红外线)辐射重新反射回地球,从而对地球产生了净变暖效应。虽然目前对这种现象的影响还知之甚少,但有趣的是,人们普遍猜测未来可能会使用气象数据来优化设置飞机巡航高度,实现地球降温。随着人们对这一科学现象理解更清晰,利用更充分,轨迹形成和控制几乎肯定会成为未来适航性鉴定的关注问题。①

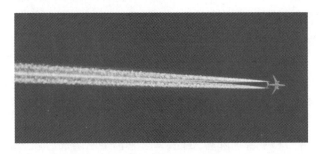

图 17.6 在巡航高度飞行的现代客机产生的凝结尾迹

关于凝结尾迹

多年来,凝结尾迹一直是军事飞行领域关注的问题。英国皇家空军高空飞行队(High Altitude Flight,HAF)于 1942 年在法恩伯勒(Farnborough)成立,专门研究凝结尾迹的形成。在二战中,他们尤其善于追踪高空轰炸机;在 1950 年代

---

① 希望探讨这一主题的读者应查阅英国雷丁大学基思·希恩教授和艾玛·欧文博士以及德国宇航中心乌尔里希·索尔曼教授的出版物。

至20世纪80年代的冷战期间,专门负责追踪高空侦察机,如U2侦察机或堪培拉PR9轰炸机。当时的研究尽管明确了凝结尾迹的特殊机理,但未能充分预测凝结尾迹的形成。冷战中的侦察机大多只能使用后视镜来监视凝结尾迹的形成,如果发现凝结尾迹,这些侦察机就会改变自身高度(图17.7)。

图17.7　冷战时期英国堪培拉PR9高空侦察机

17.4　微粒和表面污染物

想确定飞机近地表污染物的规模并不容易,因为机场通常会受到许多其他地面污染物的影响。这可能涉及汽车、地面动力装置、火车、热电联产装置以及大量人员。

尽管如此,飞机在机场表面或附近肯定会排放化学物质,特别是未燃尽的碳氢化合物、颗粒物、氮氧化物、一氧化碳和二氧化碳等。还有一些证据表明,飞机在着陆点处产生的橡胶粉尘会在短距离内传播,且对人体有害。[①]

机场周围的空气质量很重要,有研究表明,机场附近居民发生心脏病(这可能与噪声有关)和呼吸道疾病的概率在增加。[②] 由于不可能笼统地将飞机污染与其他地源污染区分开来,也就意味着这主要是机场及附近区域土地使用和规划问题,而不是纯粹的适航问题。尽管如此,机场和土地使用规划者往往需要关于飞机排放的详细资料,以便他们能够预测和解决空气质量问题。目前,此类信息还没有收集惯例可循,想获得这些信息可能非常困难。随着法规制度的完善,这种情况可能会在未来有所改变。

[①]　研究该主题一个很好的起点通常是英国原曼彻斯特都市大学迈克尔·贝内特博士的出版物。

[②]　参见沃尔夫拉姆·施伦克和里德·沃克于2016年在《经济研究评论》发表的文章"机场、空气污染和同期健康问题",(第83卷,第2期,768—809页),文章评估了加州12个机场的空气污染与人的健康关系问题。

17.5 报废损耗引起的回收问题

因环境保护和经济发展的需要,在飞机使用寿命结束时,人们通常希望对报废飞机进行回收利用。飞机的全寿命周期已经消耗了大量的资金,如果在其退役时不能适当地拆除、回收或处置,这些飞机包含可能对环境造成损害的材料还会产生污染。

对飞机回收过程的妥善管理,首先取决于一架飞机是否还具有合格的持续适航性。经检查,如果那些安装在飞机上的零件,其来源、剩余寿命和可维护性都合格的话,这些零件还可以重新循环回商品供应链。虽然实现其循环价值可能需要数月或数年的时间,但这个过程本身就会使报废飞机的经济价值高于其即将退役前的市场价值,尤其当该类型飞机仍在广泛使用的话。同时,报废飞机上所有的液体也必须被移除,通常包括液压油、润滑剂和水基液体。这些液体都不太适合立即重复使用,但回收途径却有很多。

在剩余的材料中,特别是钢和铝合金,通常很容易回收利用,并可以作为新的金属材料应用于工程建设,因此对飞机全寿命过程的记录和了解是至关重要的。例如,作者了解到一架波音747客/货运输机被一位"最低投标人"回收后发生的一次事故,该投标人不经意间将大量贫铀添加到了用于冶炼的铝合金中,而这些贫铀铝合金曾在飞机服役期间作为压舱物用来控制飞机重心位置的。

现代飞机面临着一个日益严峻的问题,即如何使用像碳纤维增强塑料(Carbon Fiber Reinforced Plastic,CFRP)这样的纤维聚合物复合材料,因为这种材料不容易回收利用。不过,这一领域的研究已经展开。未来越来越多的碳复合类材料会经过精细切碎加工,作为一种轻质但又非关键结构的材料,用来制造第三级飞机结构(如内饰)或类似的非航空应用的基底部件。需要明确指出的是,飞机设计者必须考虑到这种材料寿命期的结束,即使在这方面没有法律要求,也至少会成为一种事实上的适航性/认证要求。尤其重要的是,企业也必须极力证明自己正在最大限度地考虑这些部件的可回收性。

有时,回收飞机是需要想象力的。这就需要适航工程师的参与,因为他们是最清楚如何确保飞机部件能够发挥新作用的专家。例如,图17.8给出了保存于英国曼彻斯特机场的一架DC10客机的前机身,该客机在使用寿命结束时被回收改造成了一间教室,包括飞机上的座椅也得到重新利用(图17.9)。

虽然本书前面详述的初始适航标准可能不太适用于DC10这种大型的飞机回收部件,但这些标准定义了这种结构作为初始部件使用的最低强度和完整性。因此,对于从事跨学科工作的工程师来说,将这些适航标准映射到适用于回收部

图 17.8 位于曼彻斯特机场的由 DC10 客机改造成的教室

图 17.9 曼彻斯特机场由 DC10 客机改造成的教室内部

件的制造、健康和安全标准中是相对简单的。这样就可以使回收后的大型飞机部件发挥新的作用,而无需对其进行全面的重新分析。

据估计,目前在新式飞机(如报废的 A320 客机或波音 737-700 客机)中,大约 90% 的飞机可以被回收利用,而老式飞机零件的再利用价值很有限,例如,波音 747-200 客机大约只有 50% 的零部件可回收,其余那些不可用的部件最终在垃圾填埋场被填埋。飞机回收行业以飞机回收协会(Aircraft Fleet Recycling Association,https://afraassociation.org/)为中心,致力于稳步开发回收飞机的价值。估计全球每年回收大约 600 架大型飞机。

第18章 促进持续适航

> 我始终认为一艘船的好坏取决于维修它的工程师。
> ——美国企业号航母舰长 蒙哥马利·斯科特

摘要：初始适航性决定了飞机或新的部件能否投入使用。然而，对一架飞机来说，为其提供持续、安全、有效的运营，保持持续适航才是关键。具备初始适航性的部件或飞机需要定期检查、维修，在必要时更换或定期进行标准对照来保持适航性。本章介绍了初始适航性与持续适航性的关系，以及确保具备初始适航性的飞机或部件投入使用后，可以持续保持适航状态的一般方法和程序。

18.1 持续适航的本质

本书的大部分内容是关于初始适航性的，即决定某一飞机或系统是否适合投入使用。初始适航是至关重要的，但同样重要的是确保其既符合已获批准的设计标准，又适合使用。与任何工程产品一样，飞机会在使用过程中逐步损耗，人们也发现在使用过程中需要修正飞机设计或制造的缺陷，也就是说不能假定初始适航认证是绝对可靠的。本章向读者介绍持续适航的基本原则，旨在确保飞机在全寿命周期内适合飞行，确保已获批准的设计标准与飞机的实际建造标准一致。美国联邦航空局在适航性的定义中明确了这一点的重要性，即：飞机符合其型号设计规范，并处于安全飞行状态。

18.2 建立维修程序

维修一般是在一系列分阶段检查的基础上进行的各种维修工作。通常这些检查和维修取决于2个数值的最小值，即飞行小时数和自上次维修以来经过的时间。维修通常有5个等级，如表18.1所列。

表 18.1　五级检查和维修

日检	每次飞行或当天首次飞行前进行。这类检查一般不是由技师、工程师或机械师来执行，而是由一名具有适当资质的飞行员来完成①
A 检	最低等级的检查和维修，通常每 500 个飞行小时或 3 个月进行一次（以先达到者为准）。除了一些轻型飞机外，其他所有飞机都需要一名技师、工程师或机械师来进行此类检修
B 检	此类检查和维修通常每 6 个月或每 1000 个飞行小时进行一次
C 检	此类检查和维修通常每 12~24 个月进行一次，或执飞 1000~3000h 后进行。这类检修有时也被称为"年检"，常常要求飞机停飞几天或几周的时间
D 检	此类检查和维修通常每 3~5 年进行一次，或执飞 5000~10000h 之后进行。在此类检查中，飞机上大量部件需要拆卸检查或大修。在一些国家，又被称为"星级年检"；而在另一些国家，D 检并不存在，因为 A~C 级检修已涵盖所有重要内容

　　这里列出的飞行时间代表了 20 世纪 90 年代客机的情况，如空客 A320 或波音 B737。大多数其他类型的飞机可能需要在更少的飞行小时后进行检查和维修。例如，在许多轻型飞机中，A 检与日检是融合在一起的，B 检可能在 50 个飞行小时左右，D 检每 1000h 或每 5 年进行一次（图 18.1）。战斗机检修时间的确定更为复杂，需要根据飞机的使用情况来确定维修间隔，而现代高价值民用飞机（如空客 A380 或波音 B787 客机）的维修间隔时间更长。

　　最严格的检查，特别是 B 检和 C 检，通常是分阶段分模块进行的，这样可以尽量减少飞机停飞的时间。总的来说，采用这种方式，时间和资源成本会更高。不过对于运营商来说，这样做是有价值的，因为可以最大限度利用宝贵的资产。同样，对于那些拥有多架飞机的运营商来说，他们会错开飞机的使用时间，确保不会同时发生大项检查和维修，否则飞机会出现短缺，也会导致过重的维修负担。

　　民用航空器的国际最低标准规定了飞机维修人员所需的培训和资格，这些标准由国际民航组织制定。在实际工作中，只有担任监督和认证工作的高级维修人员才需要满足最严格的标准，而大部分工作是由资质较低的人员在高级维修人员的指导下完成的。这些标准的具体细节在国际上各不相同，而且需要定期修订。因此，应经常翻阅和参考最新的地方当局出版规定，从中获得有关资格和标准方面的指导。维修军用飞机所需的资质由国家决定，并服从于国家优先

---

　　① "工程师""机械师"和"技师"这 3 个术语在不同的地区和国家都有不同的含义。这里的含义是受过训练且有资质在飞机上执行和鉴定维修活动的人。在英国，"持证工程师（licenced engineer）"这个术语最常见，在美国则为"注册机械师（certified mechanic）"，欧洲则倾向于使用"技师（technician）"这个术语。在高资质专业人群中，经常有人因在错误的地点使用错误的术语而冒犯到别人，应引以为戒！

飞行控制：

编号	任务内容	任务类型	任务间隔	技师	视检员
18	主要/备份飞行控制和配平系统可以正确操纵飞机进行完全和自由飞行。位置指示器与地面移动情况一致。	操作检查	50飞行小时/6个月		

液体、空气和气体系统

编号	任务内容	任务类型	任务间隔	技师	视检员
19	液压、气动、真空、其他流体系统	目视检查	50飞行小时/6个月		
20	油箱中的液位、蓄压器压力	加注保养	50飞行小时/6个月		
21	皮托管/静态系统通风口、空速管、排水孔畅通。空速管对正。	目视检查	50飞行小时/6个月		

设备和环境：

编号	任务内容	任务类型	任务间隔	技师	视检员
22	正确存放设备，应急设备的有效期	型号验证	50飞行小时/6个月		
23	座椅、安全带/背带、接头、锁紧装置和解脱装置	目视检查	50飞行小时/6个月		
24	用于泄漏或排放的灭火器	型号验证	50飞行小时/6个月		

飞机润滑：

编号	任务内容	任务类型	任务间隔	技师	视检员
25	根据型号设计建议进行飞机润滑	润滑	50飞行小时/6个月		

图 18.1　摘自一典型的通用轻型飞机维修计划

（英国民航局的轻型飞机维修计划，参考 CAP411 轻型飞机维修计划表）

事项，而且同样需要定期修订。军机维修资质与民用飞机要求大致遵循同一基本模式，实际上，现在许多军事部门为激励应聘者，会为应聘者提供获得双重资格的机会。不过也有2个例外：①民用飞机很少需要具备维护武器系统和弹射座椅资质的维修人员，这些专业的维修人员通常被称为"军械员"；②军事部门将维修专业分得越来越细，并且各专业均有规定的服役年限，这样有助于提高培训效率。无论是军用还是民用飞机维修，(非爆炸性)专业资格都包括机身、动力装置和航电设备的维修，且许多维修人员都具有多重资质。

一般来说，维修人员都拥有通用资格或"执照"，如果只从事轻型和超轻型飞机的维修工作，通常通用资格就能够满足需求。然而，对于更复杂的飞机，他们还需要型号资格，需要在飞机设计和系统方面有更深的理解，并接受鉴定。

为有效工作，维修人员必须按照与培训专业一致的原则分配任务。因此，不管飞机的型号如何更新，维修计划和维修文件的结构和顺序都是相似的，这一点很重要。同时,维修工作和基础设施都需要花费时间和费用。因此,所有此类计划都必须最大限度地减少飞机停飞时间(特别是计划外停飞时间)、"特殊"设施或工具的使用,以及人员培训安排或资格认定不足的现象。

在航空业早期,飞机在出现故障之前都不会维护,通常是直到出了问题才解决,在当时这是可以接受的,也是正常的。但多年来,这给航空业带来了无法承受的安全与财务挑战。因此,需要使用以下3种相互关联的维修理念来管理飞机维修工作:

(1) 预防性维修。这类维修是建立在分析和测试的基础之上。通过分析和测试,可以预测出部件可能因磨损、疲劳或材料老化而失效的最早时间点。然后将安全因素纳入考虑范畴,在部件有可能发生故障之前进行更换,或安排大修。

(2) 预测性维修。在这类维修中,会对部件性能进行监控(例如,通过测量发动机内部参数或飞机在全油门爬升等关键阶段的性能来测量动力装置性能),当部件性能下降到可接受水平以下时,就要对其进行更换或大修。

当然,这2类维修都需要机组人员和一线维护人员定期检查,并在故障发生或部件性能不佳时进行报告,这些做法有助于第3类修复性维修。

(3) 修复性维修。在这类维修中,飞机部件一旦出现故障就需要更换。这种故障不应该发生在安全关键部件(如动力装置或起落架部件)上,但对于非关键部件(如涂层、非紧急照明或机上娱乐系统)来说尚可接受。

因此,作为设计和认证过程的一部分,需要为所有飞机或独立子系统创建一套维修手册和维修计划,以及相应的培训和资格认证方法,这使拥有飞机的合格运营商能够保持良好的持续适航标准。在设计和认证团队中安排专业的维修人员,便于在制造飞机和飞行试验期间,对设计过程中初拟的维修程序和方法进行压力测试和修订。军事部门还可能会在作战试验与鉴定(Operational Test and Evaluation, OT&E)中对此做进一步完善。

这些维修程序文件与所有相关的指南和信息都必须是受控的,以保证在飞机或系统的使用寿命周期里,如果出现需要更改的问题时,监督设计部门可以随时对其进行修改。历史上这些文件都是纸质的,并以纸质形式传送(或以可打印形式通过电子方式传送),大多数第23部、第27部和国际民航组织子类型飞机的维修文件都是如此。而大部分第25部、第29部适航标准或军用作战飞机使用的是一些安全的、可以不断修改的在线资源,维修人员可随时访问这些资源以查找所需信息,这些信息始终保持最新版本。(然而,经验显示,在"维修现场"实际上很少使用电子文件,人们仍然会将文件打印出来使用,这些文件通常会被丢弃。因为如果文件上有明显油渍和手写笔记,使用后会立即丢弃。)

在这个过程中,还需要一些其他文件,而这些文件名称经常会随着监管制度

的变化而改变,这些文件有:

(1)型号认证数据表(Type Certificate Data Sheet,TCDS),也称为"军用飞机放行单(Military Aircraft Release)""型号认可数据单(Type Approval Data Sheet)"等。型号认证数据表定义了被批准飞机的批准配置标准,并列出了飞行手册和维修计划等衍生文件的名称和批准的修改状态。

(2)主最低设备清单(Master Minimum Equipment List,MMEL),主最低设备清单通常是由商用飞机设计所有者制定,反映其对任何特定类型飞行所需的可用设备绝对最低数量的意见。例如,一架飞机可能有3个高度表,但主最低设备清单规定必须有2个可以工作的高度表,并为修理和更换第3个不工作的高度表,设定了一个允许的最长时间。

(3)最低设备清单(Minimum Equipment List,MEL),最低设备清单通常是由商用飞机运营商基于主最低设备清单和运营偏好制定的,如机组成员培训、安全管理系统(Safety Management System,SMS)鉴定以及营运环境等相关要求。通常情况下,这方面的限制可能不会比主最低设备清单少。

总之,最低设备清单和主最低设备清单的确切概念是民航商用飞机特有的。然而,在大多数与飞行相关的操作文件中,对于可用于开始或继续飞行的最低设备数量的界定都比较宽泛,尤其是军用飞机,通常是视当地军事行动情况而定。

18.3　持续适航监督

适航监督首先是要在当地对飞机的维修检查工作进行监管。这通常涉及2种文件,由驾驶舱机组人员完成的"技术日志",以及对于客机来说,由高级乘组人员完成的"机舱缺陷日志"。

当飞机返回主运营基地时,基地维修人员会审查这些日志的内容,并将日志内容记入主飞机日志中。最初,这些日志都是纸质的。而如今人们已越来越多地通过电子方式来维护这些日志,特别是高价值军用飞机和运输机,不过这些电子资源是在纸质记录的基础上建立起来的。通常情况下,飞机机体有自己的日志,每个发动机和任何变距螺旋桨也都有额外的日志。军事部门可能也需要为类似的大型便携式武器系统(如空射导弹)建立日志,而科研部门可能需要大型机载科学仪表方面的日志。这就使得大型可拆卸的部件可以很容易地在相互兼容的飞机间进行互换,同时也保持了文件的连续性。

在最基层,都会有一名专业的维修工程人员定期审查这些日志记录,并确保维修计划得以实现。维修人员也会向运营规划者和维修资源经理指出即将出现的问题,以便他们规划飞机的使用和配置,安排维修人员,调集维修资源,保证高效维护。

他们还监测所有重要事件的维修记录,将这些记录重点报告给设计部门(在民用环境中通常是型号合格证的持有者,在军事环境中是供应飞机的主承包商)。此类事件(例如,某一安全设备的测试失败,或预防性维修中定义的安全关键寿命部件在使用寿命结束之前要求更换)将遵循一份通常称为强制性意外报告(Mandatory Occurrence Report,MOR)的文件。图18.2给出了此类事件的一个例子,适用第23部适航标准的某型飞机尾翼连接结构内的支架。该部件的失效时间远低于设计的"安全寿命",导致该型号的所有飞机都被进行强制改进(幸运的是,这次事故虽然严重但不致命)。

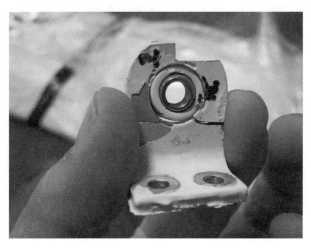

图18.2 第23部适航标准飞机的主要结构部件失效,导致强制性意外报告

这说明了属于强制性意外报告故障①情况时通常会遇到的状况,而设计工程人员通常需要调查故障的原因。上述案例中的故障是因为使用了不恰当的制造技术(使用锋利边缘喷丸来固定轴承座,这可能会引发疲劳裂纹)造成的,勤务通报②(Service Bulletin,SB)要求快速更换有问题部件,随后相关部门对部件的设计进行了修改。在对所有飞机进行持续适航监督中,此类事件是常规的、正常的,只有在对问题没有进行适当的调查和整改时,才应引起关注。与大多数适航工程师一样,作者在职业生涯的大部分时间里,也曾处理过几次"鉴定—报告—整改"事件。处置方法可能会有所不同,有机队停飞、强制修改,再到简单

---

① 术语强制性意外报告(Mandatory Occurrence Report,MOR)一词在经认证的民用飞机中很常见,但在次ICAO标准或军用飞机中也存在有其他术语。然而,这一概念是普遍性的。

② "勤务通报"也是一些监管制度中的术语。跟"强制性意外报告"一样,这个概念是通用的。

的加强检查等。

飞机的设计商设有适航部门,负责接收强制性意外报告(或类似文件),并自行展开调查,然后决定后续应采取的应对措施。这些部门的角色通常很微妙,为了采取最佳措施并符合法律规定,他们必须授权大量且通常是计划外的企业支出。有时,他们的行为还可能引发重大负面报道(例如,2013年和2014年波音B787客机电池相关的勤务通报,或几年前许多单发塞斯纳飞机的翼梁改装事件)。虽然所有的适航实践必须强调职业道德,但在适航领域,复杂的道德决策却尤其耐人寻味。

各当局通常会监督和定期审计这一职能,对相关决策形成独立观点。一些监管部门可能会根据情况的严重程度勒令强制修改。这在国际上偶尔会出现2种不同的情况,即虽然勤务通报是全球发行的,然而一些政府将它视为强制性的,而另一些则视它为可选的。鉴于航空业固有的国际性质,这种情况是不可取的。理想情况下应该避免这种现象的发生,但如何避免在很大程度上取决于谈判,因为在大多数情况下没有真正的国际机构来解决相关问题。

第 19 章　适航工作中的职业道德

摘要：本章阐述了适航专业工作实践中道德原则的重要性，并提出和分析了几种实践守则；本章将戴维斯的 7 个阶段过程视为一种可行方法，表明适航工作人员只具备道德规范还不够，还要辅之以决策过程的重要性。本章用案例研究来说明这一点。

我保证：

(1) 尽我所能。

(2) 保有一颗诚实的事业心。

(3) 遵守人类法律和最高职业行为标准生活和工作。

(4) 将服务置于利润之前，将职业荣誉和地位置于个人利益之前，将公共福利置于所有其他考虑因素之上，谨以谦卑的态度和神圣的名义誓言。

——该誓言于 1954 年 6 月由美国国家专业工程师协会通过

19.1　注意事项

本章作者是一位有近 30 年经验的专业工程师，并拥有超过 20 年特许工程师经验。他始终遵守最高职业标准要求以及若干行为准则。他并没有获得哲学或伦理学专业方面的正式认证，所以请将本章内容视为个人观点，该部分内容不如本书其他内容具有权威性，仅供参考。尽管如此，本章内容还是通过大量思考并基于大量经验基础上而得的，希望读者能够看到它的价值。

19.2　职业行为准则的使用与必要性

医学可能是最早公布和采用正式行为准则的专业，其表现形式为希波克拉底誓言。下面是已知最早的英文译本（该版本由剑桥圣凯瑟琳学院的 W. H. S. 琼斯医生于 1923 年出版）。

我以阿波罗医生、阿斯克勒庇乌斯、健康、灵丹妙药和所有诸神和女神的名义发誓，我将根据我的能力和判断，履行这一誓言、践守契约。将老师视为父母、生活的伙伴;为他提供钱财;将他的家人视做我自己的家人,当他们想要学习时,倾囊相授,不予收费;我将向我自己的儿子,我老师的儿子,以及已经宣誓过医生契约的学生传授训诫、给予口头指导及其他所有帮助,除此之外,闭口不言。再不向其他人传授。我会依据自己的能力和判断来帮助病人,决不会以伤害他人为目的。当有人要求我下毒时,我也不会给任何人下毒,我也不会诱导他人这样做。我不会给任何女人作引产。我将保持生命和专业的纯洁和神圣。我不会将刀子对准石头做的病人,我会让位于工匠来解决(术业有专攻)。

很有趣的是,把这些分成几个部分,并将它们翻译成简单的现代语言:

原文	现代语言
1. 我以阿波罗医生、阿斯克勒庇乌斯、健康、灵丹妙药和所有诸神和女神的名义发誓,我将根据我的能力和判断,履行这一誓言、践守契约	这是一个庄严的承诺
2. 将老师视为父母、生活的伙伴;为他提供钱财;将他的家人视做我自己的家人	感念老师的恩情,我要回报那些教我知识的人,以及他的家人
3. 当他们想要学习时,倾囊相授,不予收费;我将向我自己的儿子,我老师的儿子,以及已经宣誓过医生契约的学生传授训诫、给予口头指导及其他所有帮助	我将与有资格获得这一知识的人分享我的专业知识
4. 除此之外,闭口不言。再不向其他人传授	我知道一些秘密的知识,我绝不会与无权知晓其奥秘的人分享
5. 我会依据自己的能力和判断来帮助病人	我会用我的专业技能做好事,尽我所能
6. 决不会以伤害他人为目的。当有人要求我下毒时,我也不会给任何人下毒,我也不会诱导他人这样做。我不会给任何女人可导致流产的子宫托	即使被要求这么做,我也不会故意做任何伤害他人的事情
7. 我将保持我生命和专业的纯洁和神圣	我将保持我的专业技能
8. 我不会将刀子对准石头做的病人,我会让位于工匠来解决	我只会做我有能力做的工作,当我能力不足的时候,我会服从专家

简单地说,人们可以将这些道德原则合理应用于任何职业,专业精神也很重要,在任何形式的航空工程实践中都是如此。美国国家专业工程师协会[①]发布了更复杂的道德准则,从以下基本准则开始。

工程师在履行专业职责时,应当:

---

① 此代码的最新扩展形式以及其他许多内容将在 https://www.nspe.org/中显示。

（1）维护公众的安全、健康和福利。

（2）只在其职权范围内提供服务。

（3）仅以客观真实的方式发布公开声明。

（4）为每个雇主或客户充当忠实的代理人或受托人。

（5）避免欺骗行为。

（6）将荣誉、责任、道德、合法作为行事原则，提高本专业的荣誉、声誉和应用性。

除了（3）之外，这里的每一项内容都直指 3 世纪希波克拉底誓言。该条实际上与希波克拉底的第(2)条和第(3)条正好相反。信息不应该被封闭，而是应该（通常必须）公开发布，并在发布时严格保证真实性。

同样，皇家航空协会（总部设在英国）要求其成员需遵守以下业务守则。

成员在履行专业职责时，应注意以下几点：

（1）以应有的技能谨慎、勤奋行事，并适当考虑专业标准。

（2）避免对健康或安全造成伤害。

（3）按照可持续性原则行事，防止对环境和社会产生不利影响。

（4）要保持能力，只承担能够胜任的专业任务，并说明相关能力限制。

（5）对在其监督下开展的工作承担相应责任。

（6）公平待人，并予以尊重。

（7）鼓励他人提高学习能力。

（8）在可能情况下避免实际或感知上的利益冲突，并在发生这种冲突时向受影响的各方提出建议。

（9）遵守对当事方的保密义务。

（10）拒绝贿赂和一切形式的腐败行为，并积极努力确保其他人也这样做。

（11）评估和管理相关风险，并进行适当沟通交流。

（12）鉴定相关责任，并酌情持有专业赔偿保险。

（13）如被判犯有刑事罪行或破产或丧失公司董事资格，应通知协会。

（14）当另一名成员严重违反学会《职业行为守则》时，应通知协会。

（15）在受法律保护的司法管辖区，对影响他人的危险、不当行为提出关切（"吹口哨"），并支持善意提出此类担忧的同事或其他人。

该规范是根据英国工程委员会发布的通用指南制定的，它提出了另一个普遍认同的观点——尽管该组织并没有具体讨论任何与航空航天相关的内容。

我们在航空航天领域可获取的最详细准则可能是由澳大利亚飞行试验协会发布的：

制定本道德守则是为了向协会成员提供从事飞行试验专业方面的指南，并促进协会的目标推进和宗旨落实,助力其在飞行试验方面取得卓越成就。

按照本守则行事的成员将得到本协会的支持。支持的方式和范围视不同情况而定。

飞行试验的卓越性不仅取决于飞行试验产品本身,还取决于飞行试验产品的衍生方式。作为一项多学科活动,卓越的飞行试验需要有能够鼓舞人心的领导和切实有效的团队合作,并在当代专业标准中得到最大限度的应用。

作为社会的一员,我们对我们的职业、其他社会成员和我们服务的群体承担个人义务。无论是个人还是集体,我们都致力于维护社会的核心价值观,并按照这些价值观及其代表的原则行事,如下面所述。

(1) 安全意识。为了更广泛地防范与飞行试验和航空有关的相关风险,我们应始终把安全问题放在首位;我们会积极判断个别活动存在的风险,并尽量减低风险。

(2) 道德行为。无论是个人还是集体,我们始终将对社区福利、健康、安全的责任置于部门或个人私利之前。我们应尽可能避免利益冲突,并在确实存在利益冲突时告知受影响方。我们不会对同事的不道德行为漠不关心,我们要引起社会对违反本守则行为的关注,并公平但坚定地对待这些行为。

(3) 能力表现。就个人而言,我们在各自的能力范围内,以谦虚谨慎的态度提供服务、提出建议或进行飞行试验工作。

我们可以将所有这些道德守则归纳为一套非常简单的规则:

(1) 确保你能够熟练地执行一项任务,如果做不到,要么提高你的能力,要么把任务交给其他人。

(2) 考虑一下你的工作和行为对每个人的影响,并确定这些影响大家都可以接受。

(3) 如果想要沟通你的工作,请确保你如实进行沟通,并明确什么时候进行沟通。

(4) 在法律约束范围内。

(5) 只为正当职责或工作而做事,不隐瞒个人利益。

(6) 努力支持其他人遵守这些原则。

然而,对于适航实践而言,作者补充两个先前任何规范中从未明确说明的要点:

(7) 即使跨过法律法规的最低要求,也要用足够严谨的态度来维持工作的良好运行。

(8) 始终确保对任何影响生命风险的决定进行独立核查。

这些可能被称为"道德规范"——事实上,这也是作者首选的术语,以区别于以下的道德决策。然而,它们无一例外,都是极其简单和笼统的——它们没有涉及任何一般或分领域实践的复杂细节,也没有涉及专业精神的真正含义,专业精神在这里肯定意义重大。

道德决策

所有人都以某种形式的道德准则行动。我们从我们的父母、教师、宗教领袖、朋友、同事那里了解到,他们的行为守则可能掺杂一些个人层面的东西。而上层的道德规范,无论称其为什么,都覆盖整个社会——例如,特定的宗教行为规范,如十诫或对众人更广泛的道德标准及法律要求。

然而,在现实中,大多数人会经常遇到比单独处理单一道德准则更复杂的情况。简化的流程示例如图 19.1 所示。

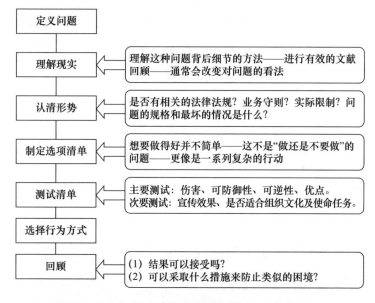

图 19.1　(修改版)戴维斯道德决策的 7 个阶段过程

你是一名工程师,负责一个贫穷国家的大规模工业过程。你已经意识到,由于你管辖的部分污染了当地供水,当地爆发了重大健康问题。你有权利也有责任停止这一进程,但这样做会使几十个当地家庭的主要劳动力失去工作,使他们没有足够的收入支付家庭食品开销及教育费用。

如前所述,这是一个难以处理的决定。当然,现实情况是,任何一位高水平的工程师现在都会陷入无数的次要问题:例如,如何梳理整个流程?如何缩短流程的停工期?组织内的备选问题如何解决等。对于其他现实世界的困境,情况也是如此。

很明显,这需要一个鉴定道德问题的流程,以及一个可接受的解决方案。对此普遍使用的一种方法是如图 19.1 所示的戴维斯道德决策的 7 个阶段过程①。

如前所述,这仍然是一个抽象化名词,需要更好地理解如何使用它,考虑下面的案例研究(该案例有简化,但绝对真实)。

19.3　案　例　研　究

19.3.1　米斯特拉尔失速案

以下事件发生在作者担任英国超轻型飞机协会首席技术官期间。

Aviasud Mistral(图 19.2)是 20 世纪 90 年代初进口到英国的法国飞机。进口该型号飞机的公司购买了 12 架飞机(约 200 架在解除管制的制度下在法国制造),但在获得"型号批准"证书(即工厂制造飞机的批准)之前破产。这使得 12 架飞机无法获得"飞行许可证",但订购飞机的客户已经支付了费用。BMAA 对此进行了调查并寻求解决方法,最终在 BMAA、CAA 和飞机所有者三方的法律协议中,这 12 架飞机获得了"业余制造飞机的飞行许可证"。该飞行许可证可用来证明飞机已符合英国超轻型飞机安全标准(BCAR 第 S 章,见第 1 章),但并不表示它们是由监督工厂制造。

图 19.2　英国版 Aviasud Mistral 超轻型双翼飞机

这件事的重点在于,该飞机被认为适合私人使用,但不能合法地用于商业飞行教学(即除了认证试飞之外的唯一空中作业形式,后来允许在超轻型飞机上租赁使用)。未能获得此项批准的一个重要原因是,在认证期间,飞机在符合安

---

① 作者根据迈克尔·戴维斯《道德与大学》(1998 年 12 月,伦敦,劳特利奇)中的原始版本对其进行了修改。

全要求的失速情况下未显示出可操纵性,即飞机机翼有可能脱落并显示出进入螺旋的迹象。由于这个原因,飞机安装了人工失速告警装置(一个蜂鸣器,由一个机翼上的迎角叶片触发,可在驾驶舱内鸣响)。

2001年6月,一名符合要求但没有驾驶经验的飞行员驾驶私人Mistral开始了一次愉快的飞行。飞行约40min后,许多人看到飞机在低空飞行,有人看到飞机飞得特别慢,两名目击者(其中一名是经验丰富的滑翔机飞行员)甚至看到飞机失去平衡。几秒钟后,人们注意到这架飞机偏航并迅速翻滚,急剧俯冲,然后消失在视线之外。

一名目击者回忆,就在飞机明显失控后,他们听到发动机停止了。有几个人朝着最后一次看到飞机的方向跑去,发现飞机残骸,从飞机残骸来看,飞机几乎是垂直俯冲坠落,驾驶舱区域大面积受损。两名乘客被证实当场死亡。

英国航空事故调查处[①]对飞机残骸的后续检查发现:

(1)在事故发生前,一个不明松散物体的吸入导致了发动机故障。

(2)在事故发生前,有证据证明飞机在进行低速飞行。

(3)飞机的可拆卸顶盖不匹配。

可以理解的是,此类由飞机发动机故障导致死亡的事故并非不可避免。此类事故主要是由发动机故障后导致的飞机失速/翻转造成的。

确定事实和问题——戴维斯过程的第2和第3阶段。

作者花了一些时间调查这一事件的背景,发现:

(1)法国当局在1996年曾记录过类似致人死亡事故,也曾有过两次失速状态下飞机失控导致的无人死亡事件记录,但未发现任何向英国任一当局报告的记录。

(2)一则传闻和一份向BMAA提交的正式报告,揭示了一架Mistral非人为翻转的情况,正式报告事件现已存档,但尚未得到进一步调查。

(3)驾驶飞机进行初始认证的试飞员建议安装失速告警装置,以减少失速情况。当时的安全标准没有明确允许该方案,也没有对该方案进行深入讨论,但是人们默认该方案提出的失速告警装置具有同等安全性。可是在事故发生后,当对另一架具有代表性的飞机进行测试时,该失速告警器并没有提供适时且连续的失速告警。

(4)此类飞机应装有一个可拆卸的舱盖,在英国对此类飞机的认证测试中,全部飞机都安装了可拆卸舱盖,但这架飞机并没有安装,因此也没有正式的文件可以用来说明可拆卸舱盖到底会对操纵造成什么影响。在没有安装可拆卸舱盖

---

① AAIB报告可在线访问网址 www.AAIB.gov.uk。事故飞机的登记是G-MYST。

的情况下,此类飞机的飞行应该被明令禁止。

这4点中的任何一点都可能是导致这起事故的原因,这符合詹姆斯·雷森著名的瑞士奶酪模型①。然而,BMAA在适航工作中仍尽可能维持善意的设想,只将精力专注于防止未来事故再次发生,试图将以前的错误归咎于其他人的责任,从而致使关注点分散。

注:善意的设想

这一原则在事故和事件的调查和报告中得到广泛提倡。该方法是,除非有压倒性的证据,否则应假定事件的所有参与者的行为方式不会导致事故。这种方法可能不受管理层、权威或法律专业人士以及媒体的欢迎,因为它积极反对责任归咎。然而,经验表明,这对于达成彻底的调查结果和防止事件再次发生非常有益。然而,许多部门现在提倡另一种名为"公正文化"的文化,在这种文化中,责任分配和相关惩罚更容易实现。欧洲法规②规定……

"公正文化"是指一线操作员或其他人员不因个人经验或培训所学而做出的行为、疏忽或决定受到惩罚,除非其重大过失、故意违规和破坏性行为会受到相应惩罚。

这一原则现已载入世界各地大多数权威法规③,因此,善意的设想其实更难适用。

确定和测试——戴维斯过程的第4和第5阶段。

可供选择的方案很多,但所有方案都带有重大不便或高昂成本,这些方案包括:

(1)停飞剩余的11架飞机——这肯定是安全的,但这却违背了BMAA为其成员提供安全可靠飞行条件的使命。

(2)向所属单位发出最后通牒,共同解决存在的问题。但此类经验告诉我们,这种方法收效甚微,因为私人飞机所有者基本没有能力或财力来解决问题,BMAA的主要任务也会再次失败。

(3)维护飞机缺陷部分,建议所属单位停飞相关飞机,应用集中解决方案或

---

① 哲学家杰姆斯,曾为曼彻斯特大学教授,因航空事故调查与分析的理论模型而被人熟知。这位作者提醒读者不要引用他早期的作品,如《人为错误》(1991),因为他后期的作品在思想上其实更为成熟,例如,《人类贡献:不安全行为、事故和英雄式恢复》(Routledge 2008)是对他的工作及其理论应用的一个很好的介绍。

② 2010年7月29日第691/2010号欧盟委员会条例(EU)。

③ 全球航空信息网络(GAIN)2004年9月的文件"公正文化路线图:加强安全环境"中可以找到对公正文化背后意图的有用解释。一些读者可能会注意到该文件中描述的文化与某些制度实施之间的差异。

找到自己的解决方案。这带来了一个问题,即负责改进飞机的设计部和其批准组织拥有相同职能,这会导致不必要且无法溯源的潜在错误(如前所述)。

选择行为方式——戴维斯过程的第 6 阶段。

在这种情况下,不能单独做出决定。BMAA 和 AAIB 的专家进行了长时间的讨论,确保民航监管专家了解情况并对讨论感到满意。AAIB 报告详细说明了做出的临时决定:

(1) BMAA 进行飞行试验,以确定移除舱盖后对 Mistral 操纵的可行性。此外,在进行这些试验之前,不得在没有舱盖的情况下驾驶 BMAA 的飞机。

(2) BMAA 审查目前安装在 Mistral 飞机上的失速告警系统的合理性,着重审查其结构的标准性及声音警告的合理性。

最初执行了第一项建议,发现飞行员将手臂伸出驾驶舱会影响低翼飞机的气流(双翼飞机的低翼全部参与飞行,用来操纵翻滚),导致飞机翻滚。因此可得出结论,此类情况极有可能导致事故飞机在飞行中失控,飞机的效用不会因安装舱盖而受到显著影响,而且由于所有飞机都有舱盖,因此安装舱盖不会产生任何成本。而且从道德上讲,这是一个很好且很合理的决定:安全性的提高是显而易见的,在金钱和(不太重要的)声誉方面付出的成本也是最低的。

由于适航办公室正在设计和进行飞行测试工作,第二项建议可能会导致资源的不断消耗及决策失误。不过这一问题现在已经得到了解决,除了请外部机构对流程进行监督外,还可以让另一名外部试飞员验证解决方案并进行飞行测试。最后我们得到的解决方案是将一个新的失速告警器安装在飞机不同位置,并对每架飞机进行校准。

回顾——戴维斯过程的第 7 阶段。

随后的回顾包括了对 Mistral 飞机适航性的重新鉴定:鉴定后并没有发现重大错误,但存在一些小问题,现已得到了纠正。这其中包括对 BMAA 每架飞机年度气密性监测进行更为明确的指导,以确保新的失速告警装置能够安全运行。

在撰写本报告时,即事故发生 16 年后,其余 11 架英国注册的 Mistral 飞机中有 7 架仍在服役,没有发生新的严重事故。

19.3.2 Nimrod 坠毁案

2006 年 9 月 2 日,Nimrod MR2(图 19.3)XV230 在阿富汗上空进行例行侦察飞行,代表英国对抗阿富汗境内的塔利班部队。空中加油后不久,飞机起火坠毁,机上 14 名军人全部遇难,这是皇家空军自 1982 年马尔维纳斯群岛冲突以来最严重的一次损失。不熟悉事件的读者参考:

《Nimrod 案件回顾:2006 年皇家空军 Nimrod MR2 飞机 XV230 失事的独立

审查》,Charles Haddon – Cave,2009 年 10 月 28 日。

图 19.3　Nimrod MR2(官方版权,拷贝于开放政府许可 v2.0)

关于那次事故,已经有数千页的报道,包括上面列出的那篇影响深远的报告——Haddon – Cave 报告,其中明确指出了一些没有履行专业职责的工程师。XV230 出事的根源是因为安全和管理的不足,缺少对在役飞机系统安全的全面鉴定及严格审查。而这些问题原本应由制造商 BAE 系统、国防部、皇家空军和部分国有专业承包商 Qinetiq 合作解决。

Charles Haddon Cave 先生在其报告中特别总结到,BAE 系统工程经理在构建安全案例时不够诚实——只想着如何"按时生成一套令人印象深刻的报告",而不是尊重其严谨性和完整性。一些管理者明明看到报告中存在一些重大漏洞但却未能给予足够的重视。这些文件随后交给 Qinetiq 进行独立查验,但 Qinetiq 未能对这些文件进行严格鉴定,并在没有相关专家或管理人员阅读过的情况下签署了这些文件。整个过程由陆军将军及国防后勤部的英国皇家空军上校进行监督,对于后勤部来说,他们的主要任务是节约 20% 的部门成本。在这项任务上他们很可能无法完全胜任。因为他们将这项任务委托给了一位更初级的民用工程师,而此工程师在此类任务上的经验本就不足,此次任务既没有提高他的技能水平,也没有让其他管理者意识到该工程师的技能不足。

与前面描述的 8 项道德行为原则相比,我们可以看到各个层面的不足(表 19.1)。

表 19.1　(NimrodXV230)事件中遵守道德原则的情况

确保你能够熟练地执行一项任务,如果做不到,要么提高你的能力,要么把任务交给其他人	特别是在军事监督组织内,工作人员都未能确保他们有足够的技术能力来监督复杂的安全情况,也未能将工作委托给有能力的工作人员

续表

考虑一下你的工作和行为对每个人的影响,并确定这些影响大家都可以接受	国防部追求成本,BAE系统公司追求企业优势,都是为了追求比飞机及其乘客安全更不重要的目标。但在高层方面,他们追求的似乎都没有实现
如果想要沟通你的工作,请确保你如实进行沟通,并明确什么时候进行沟通	BAE系统部对其工作流程的完整性撒谎,Qinetiq公司的技术经理对其审查工作的严谨性撒谎
受法律约束	这可能是所有人员都能严格遵守职业道德的唯一领域——事实证明,从未根据刑法对坠机事件相关人员提起过任何起诉
只为正当理由,如职责或工作而做事,不隐瞒个人利益	虽然在XV230案件中没有贿赂和腐败的证据,但有大量证据表明,几个重要人物的所作所为是为了最大限度地谋取利益,而不是为了好好地完成工作、保障安全
试着支持其他人遵守这些原则	所有参与组织的适航管理人员似乎没有对其下属技术人员进行严格要求,并尽可能地高标准完成工作
宁可跨过法律法规的最低要求,也要用足够严谨的态度来维持工作的良好运行	良好运行显然没有做到,14名军人因机上爆炸在飞机上死亡。在适航性鉴定的整个过程中,系统的安全鉴定缺乏严谨性
始终确保对任何影响生命风险的决定进行独立核查	虽然整个流程强制要求Qinetiq进行独立的安全鉴定审查,但其实根本没有做到,因为他们没有严格鉴定BAE系统的安全报告。对此,任务的分配反而破坏了独立核查进程

我们试图将这一过程与戴维斯的道德决策原则相匹配,但是几乎没有人考虑过这一过程中存在的道德抉择。确实,此次事故讨论的唯一重点是强制性成本节约与提供最佳适航实践能力之间产生的矛盾。然而,报告显示,这一矛盾并没有在任何层面被发现和正视。因此,与之前的断言相反,XV230反而提供了强有力的证据,证明了为什么职业道德准则确实十分有价值,需要在进行任何道德抉择前优先考虑。

总结——适航实践中的道德规范。

长期遵守道德规范、应用道德决策方法对适航实践至关重要。这其中有各种各样的准则,这些准则很可能叠加在从业者现有的个人道德标准上。下文是对各种道德准则的一个很好总结:

(1) 确保你能够熟练地执行一项任务,如果做不到,要么提高你的能力,要么把任务交给其他人。

（2）考虑一下你的工作和行为对每个人的影响，并确定这些影响大家都可以接受。

（3）如果想要沟通你的工作，请确保你如实进行沟通，并明确什么时候进行沟通。

（4）在法律约束范围内。

（5）只为正当职责或工作而做事，不隐瞒个人利益。

（6）努力支持其他人遵守这些原则。

（7）即使跨过法律法规的最低要求，也要用足够严谨的态度来维持工作的良好运行。

（8）始终确保对任何影响生命风险的决定进行独立核查。

许多真正的伦理决策被认为是复杂的，需要研究和决策过程。而一个好的决策过程是戴维斯在1998年提出的，如图19.4所示。

图19.4 戴维斯道德决策的7个阶段过程

对此话题的延伸阅读内容：

（1）皇家工程学院.《工程道德实践》是一部2011年8月发表的工程师指南（可在线查阅）。

（2）玛丽·沃诺克.《聪明人的道德指南》(Duckworth,2006年4月)（书籍）。

（3）劳伦斯·科尔伯格博士（著有各种论文，也有关于他工作的相关书籍和网络资源）主要研究方向为道德发展。

第 20 章 实施认证

如果没有制定计划,那么就准备失败吧。

——匿名

摘要:认证必须与其他更广泛的项目结合在一起,这对产品取得全面成功是有必要的。认证通常分为 8 个阶段:设计阶段整合、资源库建设、分析、地面测试、研制飞行试验、运行飞行试验、产品核准、运行试验与鉴定,最后是初始适航。各个阶段不是按顺序进行的,存在大量的重叠和交织。除了信息的可及性和来源之外,这些活动在民用和军用领域中,以及对于原始设备制造商和售后供应商来说都是相似的。

20.1 引 言

一个好的项目可以成功地将设计概念转化为投入市场使用的航空产品,整个过程必须有项目管理,这是非常重要的。当然,自 20 世纪 60 年代以来,项目管理本身就已成为一门专业学科,而且很可能继续存在。本章的目的并不是将项目管理作为主题进行详细讨论,而是向适航从业者说明他们可以怎样更有效地结合项目管理的广泛经验,并向项目管理者们建议应该如何建设性地与适航专家建立密切联系,圆满地完成认证项目。

将适航性纳入项目管理的必要性是明确的,一个产品如果得不到认证,就不可能成功进入市场。同时,只达到最低限度的要求可能意味着产品质量低劣。因此,在设计阶段尽早考虑认证需求,就可以确保产品质量显著超过认证最低标准。这不仅有助于顺利且低成本地通过认证,也可以保证产品在市场上销路良好,更好地满足用户需求,并在战场上具备战斗优势。

20.2 在设计阶段引入适航

制造一个糟糕的产品有个可靠的办法,就是在设计基本完成后,一直到原型机阶段或量产之前,都不去考虑认证问题。如果各领域适航专家在早期设计阶

段就将适航性纳入考虑范围,有助于设计和生产工程师的工作,确保开发的产品远超过认证最低标准。在不同阶段,这可能包括:

(1) 在详细设计之前确定特定材料的试样取样要求,以便设计数据尽可能准确。

(2) 向设计人员提供当前认证机构对各种材料的极限载荷超出值的最低要求。

(3) 确保对任何所需试验设施进行早期规划。

(4) 让试飞员参与驾驶舱或操纵界面设计,这样可以较好地应用人体工程学,并可与其之前试飞过的其他飞机型号相互兼容。

(5) 与飞行试验工程师合作有助于避免采用看似有利的设计,但却可能需要特别昂贵的试验系统。

(6) 在采用现有法规未明确涵盖的设计时,适航从业人员是与认证机构协商应使用何种标准的最佳人选。

当然,这样做的成本很高,因为这些人必须从其他部门借调,并且工资高昂。然而,丰富的经验表明,如果不这样做,很可能会导致产品交付大量延迟,并且后期重新设计的成本可能会更高。

20.3　建立认证资源库

在一个适航团队里,无论是分析专家,还是地面测试或飞行试验专家,都非常依赖于他们的知识储备。因此,为了更好地发挥作用,适航团队必须建立一个广泛的资源库,这样在推进适航工作时就可以充分利用这些资源。资源库的内容当然会随适航项目的不同而变化,大概包括:

(1) 设计概况。

(2) 公司设计标准手册。

(3) 适航标准和注释材料,如飞行试验手册和可接受的符合性方式(Acceptable Means of Compliance,AMC)。

(4) 适航标准的注释材料,如相关机构核准的改装记录等。

(5) 材料数据。

(6) 子系统手册。

(7) 主要技术团队成员的资质和知识时效性。

(8) 试验设施手册。

(9) 现有的飞行手册。

(10) 以前类似的飞机或者现在正在改装飞机的适航性报告。

当然，不管是纸质版的还是电子版的，只要有这个资源库（最好有索引），它本身就是一种资源，但对于适航团队完全发挥作用来说还是不够的。适航团队的一些关键成员必须阅读并吃透大部分材料，这样他们才能够进行知识间的关联，并在适航规划和交付过程中有效地利用这些信息。现在以及可见的未来，人类大脑仍然是数据处理和数据关联的最佳工具。所幸大多数工程师和飞行员在他们一生中都在不断地学习，经历了足够多的考试。虽然这些材料有些枯燥，但也是应该熟知并做到的。在这个过程中，他们也需要广泛阅读和大量讨论。

20.4 分析阶段

分析阶段开始于适航团队与设计团队的对接。适航团队需要为设计过程提供支持，确保设计人员按照适航要求开展工作，并对最新的政策进行解读。对于民航项目，甚至是公司接到的军用项目，适航团队都会着手撰写合规检查报告，详细说明产品预计在多大程度上超过最低标准。当然，基于初始分析和设计数据的预测并不准确，但这为最终认证提供了重要的支撑：

（1）为最终的适航报告提供一个框架。

（2）明确之后需要的试验资源。

（3）在原型机制造和试验前，识别出在设计阶段遗漏了且需要纠正的主要潜在不合规问题。

（4）确定与认证最低标准相比较的最小边际基点，这些基点应该是测试方案的临界点（特别是对于飞行试验项目，起点应该是安全边际值最大的地方）。

（5）所有可以通过分析而证明的合规性都应该在这个阶段完成，在这个阶段（通常情况下）分析是最划算的方式。

20.5 地面试验阶段

接下来很可能是重要的地面试验阶段（很明显，所有主要的"报告撰写"阶段都是相互重叠和关联的，而不是一个有序的连续任务）。这是在分析和飞行试验之间的中间阶段，就成本而言，通常也是过渡阶段。地面试验的一些方面（特别是任何与产品寿命有关的方面，如全尺寸疲劳测试）贯穿后续的飞行试验阶段，并关系到产品的使用寿命。地面试验的内容完全取决于认证工作的需要，可能包括（但当然不限于）以下方面：

（1）极限载荷试验或破坏载荷试验。

（2）试飞前的初始疲劳试验。

(3) 具有可变属性材料的试样测试(这可能需要在分析阶段结束前就开始)。

(4) 疏散测试(可能在飞机模型上而不是真机上进行)。

(5) 人机工效学评价。

(6) 发动机地面试车或测试台试车。

(7) 铁鸟试验或"复制品(flat-sat)"试验(这些设备很有可能继续为飞机试验服务,而用于航天器的可能性较小)。

(8) 电磁兼容性(Electromagnetic Compatibility,EMC)测试。

(9) 对所有新机或改进的飞机系统进行初始滑行测试和飞行前地面测试。

(10) 试飞前测试检查。

地面试验阶段的目的是在不进行昂贵和危险的飞行试验的情况下,合理地达到尽可能多的目标。在开始飞行试验之前,很可能会对合规报告做进一步的更新和审查。审查过程有助于完善整个项目,在飞行试验前尽可能多地证明合规性,明确尚未完成的分析或地面测试,而这些不完整部分可以在飞行试验阶段合理地并行完成。

在这个阶段,风险鉴定、能力和资源可用性审查显然是至关重要的。通常情况下,地面测试风险鉴定和随后的过程都是用来确保在任何情况下任何环节的安全交付。需要注意的是这与飞行试验阶段需要寻求飞机的最佳性能不同。

20.6　飞行试验阶段

飞行试验是认证的最后一个主要阶段,只有在解决了所有无需飞行试验即可解决的主要不确定性后,再进行飞行试验。一般来说,只要资源和条件允许,飞行试验按下列顺序进行:

(1) 验证基本安全功能。

(2) 建立安全操作规程。

(3) 验证安全合规重点。

(4) 获取非安全关键性能数据。

这个阶段的工作很复杂,因为很多问题在这个过程中得以确定,需要对飞机构型进行各种迭代设计。而在这一阶段结束时,对产品的满意度,以及能否得到许可和进行量产的验证也将完成。分析和地面试验也肯定会继续与飞行试验同时进行,但项目管理者应力求在飞行试验报告完成之前结束这2项工作。

当然,并非所有项目都需要飞行试验,其中一些项目不需要经历上述4项独立的验证。例如,一个新的驾驶舱发动机仪表可能需要分析、地面测试和检验,但随后的飞行试验阶段仅需要一个简单的功能测试；又如，飞行娱乐系统的核准完全可以通过分析和地面测试来完成。同样，一架新的原型机，或主要的机身结构改变（如机翼形状或动力装置改变）就需要上述4个完整的飞行研制试验。

研制试飞必然与地面测试的安全重点不同。在几乎所有的情况下，飞行器及其乘员的安全是绝对首要的，然后才是想办法获得所需数据①。

20.7 产品核准

如果产品成功地通过飞行试验，适航申请方就可以将准备好的全套报告提交给适航管理部门。无论是一个独立的仪表、一架完整的飞机，还是任何介于两者之间的系统产品，都由该机构对产品进行核准。实际上，情况通常并不那么简单，因为适航管理部门总会给出反馈，要求对产品进行额外的分析和试验。很显然，适航申请方应该最大限度地减少出错概率，缩短核准时间。要实现这个目标，适航申请方可以邀请审核机构参与到整个过程中，也可以提前计算出产品超出审批最低标准的幅度，这样就不太可能因为是否真正超过了这些最低标准而引起争议。

然而，产品无论以何种形式获得核准都要符合监管制度。虽然获得核准值得隆重庆祝，进度款或客户订单也会随之而来。但是，此时产品还不能投入使用，还需要经历一个在军事领域被称为作战试验与鉴定（Operational Test and Evaluation，OT&E）的阶段。

20.8 作战试验与鉴定和用户整合

在产品投入使用前的作战试验与鉴定阶段，有几项工作需要完成：专家用户进行产品体验、为空勤和地勤人员开发培训材料、将产品与操纵策略相整合（在现代社会，无论是在军事还是民用环境中，这些操纵策略很可能是高度复杂的、信息技术密集的、集成的）、培训核心高级操纵人员，然后像生产产品一样批量培训所有其他的操纵人员。直到20世纪90年代，这基本就是当时的真实情况。

---

① 美国联邦航空局的适航通告AC90-89适用于超小型飞机，AC23-8适用于第23部飞机，AC25-7适用于第25部飞机。这些文件是民用领域现有的最佳飞行试验实施指南。北约航天航空研究与发展顾问组（NATO AGARD）也提供了军事领域中的相关指南。当然，与其他工程专业一样，获得这些指导并不能取代拥有良好专业技术教育背景的关键员工。传统上，这些人毕业于位于世界各地的8所"试飞员学校"，并得到试验试飞员协会（Society of Experimental Test Pilots）的认证。但并不都是如此，也有许多这方面的专家是在各公司的飞行试验部门接受的"在职"培训。

如今,作战试验与鉴定阶段也被深入合并到飞行试验的后期。在军事环境中,高级的一线用户和维修人员密切参与军事研制试验与鉴定(Development Test&Evaluation,DT&E)(包括公司和官方试飞中心的专家)活动中。因此,当获得核准时,他们在产品使用方面已积累了大量的专门知识,准备了大部分产品投入使用后需要的材料,并建立了熟悉产品的军事核心团队。同样,在民用领域,主要产品推出后,客户方也会派飞行人员和地面人员参与审核过程的后期阶段,其中可能包括对飞机进行耐受力测试。这些测试也会在最终目的地机场进行,这样就可以获得在这些机场的飞行经验。这种整合需要复杂的项目管理,而且是必不可少的,因为考虑到一个大型项目的成本和期限,需要避免导致无法接受的成本和时间剧增。

试验与鉴定阶段从按顺序进行到与飞行试验阶段并行的转变在商业航空领域很受欢迎,没有争议,而且试验与鉴定通常在制造商方进行。在军事领域,这种转变却一直备受争议,而且主要由前线的高级军事指挥官发难,这些指挥官历来不在意研制试验与鉴定过程的成本和期限。如今,因为运营方和研发方都想获得主导地位,导致试验与鉴定活动的地点选择问题依然没有定论。不过,试验与鉴定合并入飞行试验的需求已被普遍接受。作者倾向于认为,考虑到在研制活动中组织试验的企业聚集了大量的技术专家,试验与鉴定活动在研发方所在地进行应该是首选项。但这种观点并不被普遍接受,尤其是英国和美国的高级军事客户就不这样认为。例如,"台风"的研制试验与鉴定活动的地点就远离博斯坎普城和沃顿(主要技术专家所在地),而位于前线的英国皇家空军基地。

20.9 全寿命周期适航

产品得到核准并成功服役后,关注的焦点就从初始适航转移到了持续适航。然而,初始适航尚未结束。几乎所有的飞机都会在其服役周期中经历多次改装。例如,最初被安装在一架飞机上的设备很有可能最终又被其他飞机使用,大多数发动机也会在初始设计的基础上经历多次升级,这可能是因为在实践中总结了经验教训,也可能是飞机设计师希望改进发动机的性能。

因此,初始适航工作者不仅需要应对新产品,也需要应对成熟的产品。作者的第一次专业试飞任务是在1993年,试飞的是一架1963年开始服役的霍克·西德利HS780"安多弗"(Hawker Siddeley HS780 Andover)运输机。大多数适航专业人员都有类似的经历。

然而,要执行这些任务,就需要获得产品的相关信息,这通常并不容易。有关公司可能已经不再做这款产品,也没有留下详细的记录,或者可能并没为这款产品建立专门的数据系统。这显然不会改变适航任务的基本性质,但却可能会改变建立上文提到的资源库的方式。军事部门通常能很好地处理这一类问题,因为军事试验中心要么拥有内部力量,要么可以直接使用归本国所有的任何飞机和设备。民用原始设备制造商(Original Equipment Manufacturer,OEM)那里也可能有完备的档案材料,他们通常可以从希望获得项目核准的客户那里获取飞机和专业知识。而对市场上改装产品的研发商来说(例如,一家公司研发了一种新的飞机活塞发动机,希望将其安装到现有的轻型飞机上),这就要困难得多。因为他们只能依赖公共领域中相对有限的信息,之后再自己对需要改装的飞机或设备进行简单的调查,创建起自己的设计信息资源。完成这些工作不会有什么问题,但毫无疑问,非原始设备制造商或独立适航从业者在试图获得新产品的核准时明显处于劣势。

20.10 最后的思考

一个人一旦把时间花在摆弄飞机上,他就永远不会忘记自己经历的伤心和快乐,他也不可能再去享受其他职业。即使是成为一名作家,也不会令他如此满意。

内维尔·舒特[①]《计算尺》,1954 年

---

① 内维尔·舒特(Nevil Shute),(1899—1960),挪威人,是一名航空工程师,参与了许多主要航空产品的设计,其中最著名的是他在首席设计师巴恩斯·沃利斯(Barnes Wallis)的领导下工作时参与设计的 R100 飞艇。在晚年时,他成为了世界上最成功的小说家之一。他的所有作品至今仍值得一读,许多作品在售。不过在社会变革中,他的作品深深地打下了浓重的旧社会烙印。他的自传《计算尺》(*Slide Rule*)最早由海尼曼出版公司(Heinemann)于 1954 年出版,也许有些地方在史实方面并不可靠,但可读性很强。为了更深入准确地了解内维尔·舒特的生平,纸老虎(Paper Tiger)于 2011 年出版了约翰·安德森(John Anderson)的《平行运动》(*Parallel Motion*)。内维尔·舒特挪威基金会活跃多年,为 www.nevilshute.org 网站提供了很多有价值的内容。

附录 A 国际标准大气表

如表 A.1、表 A.2 和表 A.3 所列,通常情况下,我们称其为国际标准大气(International Standard Atmosphere,ISA)。表 A.1~A.3 或国际标准大气"+"或"-"温度值,都可对其进行表示。例如,在 1013.25hPa 的气压条件下,20℃的温度被描述为"ISA(即国际标准大气)+5"。因此,高度条件可以被描述为"4000ft 的标准压力高度,ISA-10",这意味着 4000ft 的标准压力高度(在高度计设置为 1013.25hPa),在室外空气温度为 270.23K。

在航空及适航工作的大气建模中,摄氏度和开尔文几乎是通用单位,但在北美的飞机操作中,用汞柱(mmHg 或 inHg)而不是百帕(hPa)或毫巴(mbar)来描述气压,更为常见。1mmHg = 33.865hPa,因此国际标准大气海平面压力为 29.92mmHg 或 1013.25hPa。

表 A.1 对流层的温带国际标准大气值

海拔		绝对值			相对值		
英尺/ft	米/m	温度/K	气压/Pa	密度/(kg/m³)	θ	δ	σ
-2000	-610	292.11	108867	1.298325	1.013751	1.074432	1.059857
-1000	-305	290.13	105041	1.261255	1.006876	1.036675	1.029596
0	0	288.15	101325	1.225	1.000000	1.000000	1
1000	305	286.17	97716	1.189548	0.993124	0.964383	0.971059
2000	610	284.19	94212	1.154886	0.986249	0.929800	0.942764
3000	914	282.21	90810	1.121002	0.979373	0.896228	0.915103
4000	1219	280.23	87509	1.087883	0.972498	0.863644	0.888068
5000	1524	278.24	84305	1.055519	0.965622	0.832027	0.861648
6000	1829	276.26	81197	1.023896	0.958746	0.801353	0.835834
7000	2134	274.28	78182	0.993004	0.951871	0.771601	0.810615
8000	2438	272.30	75259	0.962829	0.944995	0.742750	0.785983
9000	2743	270.32	72425	0.933361	0.938120	0.714779	0.761928
10000	3048	268.34	69678	0.904588	0.931244	0.687668	0.73844

续表

海拔		绝对值			相对值		
英尺/ft	米/m	温度/K	气压/Pa	密度/(kg/m³)	θ	δ	σ
12000	3658	264.38	64437	0.849082	0.917493	0.635940	0.693128
14000	4267	260.41	59519	0.796219	0.903742	0.587409	0.649975
16000	4877	256.45	54910	0.745912	0.889991	0.541922	0.608908
18000	5486	252.49	50595	0.698074	0.876239	0.499330	0.569856
20000	6096	248.53	46558	0.652618	0.862488	0.459490	0.53275
25000	7620	238.62	37595	0.548863	0.828110	0.371036	0.448052
30000	9144	228.71	30084	0.458226	0.793732	0.296905	0.374062
35000	10668	218.81	23837	0.37951	0.759355	0.235251	0.309804
36089	11000	216.65	22627	0.363834	0.751867	0.223310	0.297007

表 A.2 平流层下部的温带国际标准大气值

海拔		绝对值			相对值		
ft	m	温度/K	气压/Pa	ρ/(kg/m³)	θ	δ	σ
36089	11000	216.65	22627	0.363834	0.751867	0.223310	0.297007
40000	12192	216.65	18736	0.301266	0.751865	0.184907	0.245931
45000	13716	216.65	14733	0.236909	0.751865	0.145407	0.193395
50000	15240	216.65	11586	0.186301	0.751865	0.114345	0.152082
55000	16764	216.65	9111	0.146503	0.751865	0.089919	0.119594
60000	18288	216.65	7165	0.115207	0.751865	0.070710	0.094047
65000	19812	216.65	5634	0.090597	0.751865	0.055605	0.073956
65617	20000	216.65	5470	0.087949	0.751865	0.053980	0.071795

表 A.3 中间平流层的温带国际标准大气值

海拔		绝对值			相对值		
ft	m	温度/K	气压/Pa	ρ/(kg/m³)	θ	δ	σ
65617	20000	216.65	5470	0.087949	0.751865	0.053980	0.071795
70000	21336	217.99	4438	0.07092	0.756502	0.043797	0.057894
75000	22860	219.51	3498	0.055511	0.761791	0.034520	0.045315
80000	24384	221.03	2761	0.043523	0.767079	0.027254	0.035529
85000	25908	222.56	2184	0.034181	0.772368	0.021551	0.027903

续表

海拔		绝对值			相对值		
ft	m	温度/K	气压/Pa	$\rho/(kg/m^3)$	θ	δ	σ
90000	27432	224.08	1730	0.026889	0.777657	0.017070	0.02195
95000	28956	225.61	1372	0.021187	0.782946	0.013541	0.017295
100000	30480	227.13	1090	0.016721	0.788235	0.010759	0.013649
104987	32000	228.65	868	0.013225	0.793510	0.008567	0.010796

附录 B　常见航空航天材料的典型性能

注:此附录所列性能数值非常典型,可用于学习、练习或进行概念性工作。但对于任何特定应用或材料资源,这些值都不一定准确,而且经过简化。虽然这些数据可用于快速评估或教育用途,对于实际适航任务来说,还是应参考当前和可追溯的数据表。对于木材和复合材料,请始终记住,性能取决于顺纹/纤维方向,并且在任何情况下都必须通过批量试片测试来确认。

B.1　工程材料

如表格 B.1 所列。

注:托马斯·杨简介

托马斯·杨(Thomas Young FRS 1773—1829)是一位英国博学家,他会说13种语言,从事光学、光波理论、人寿保险、医学、象形文字和经度问题等方面的工作,当然,他也可以确认固体在张力下的弹性性质。在他还健在时,他是最后几位熟悉几乎所有研究领域最新技术的科学家之一。

表 B.1　飞机结构所用材料的典型特性

材料	密度 /($kg/m^3 \times 10^3$)	延展性系数 /($N/m^2 \times 10^9$)	极限抗拉强度 /($N/m^2 \times 10^6$)	屈服抗拉强度 /($N/m^2 \times 10^6$)	抗剪切强度 /($N/m^2 \times 10^6$)
铝合金					
2014 – T0	2.80	73.1	186	96.5	28.0
2014 – T4	2.80	73.1	427	290	260
2014 – T6	2.80	72.4	483	414	290
2024 – T0	2.78	73.1	179	75.8	124
2024 – T3	2.78	73.1	448	310	276
2024 – T6	2.78	72.4	427	345	283
6061 – T0	2.70	68.9	117	48.3	75.8
6061 – T4	2.70	68.9	228	131	152
6061 – T6	2.70	68.9	290	255	186

续表

材料	密度 /(kg/m³×10³)	延展性系数 /(N/m²×10⁹)	极限抗拉强度 /(N/m²×10⁶)	屈服抗拉强度 /(N/m²×10⁶)	抗剪切强度 /(N/m²×10⁶)
6082-T6	2.70		290	250	
钢					
AISI 4130 正火钢	7.85	205	670	435	
AISI 4130 精炼钢	7.85	205	807	689	
软钢	7.87	205	350	220	
T300 退火不锈钢	8.00	195	585	240	
T300 冷拔100% 强化不锈钢	8.00	195	1550	1450	
钛合金					
Ti.CP-1	4.51	105	241	172	
Ti.CP-2	4.51	105	345	276	
Ti.CP-3	4.51	105	448	379	
Ti.CP-4	4.51	105	552	483	
塑料和以塑料为基础的复合材料					
透明丙烯酸	1.19	21.0	69.0	40.0	
尼龙66(未加固)	0.70	2.50	60.0	60.0	57.0
碳纤维复合材料,低强度	1.40	14.0	110		
碳纤维复合材料,高强度	1.70	220	890		55.0
碳纤维复合材料,超高强度	1.60	170	2100		120
玻璃钢	0.99	2.76	55.0		
13mm 纤维	3.00	这些术语不表示纤维的特性			
木材					
红云杉	0.38	8.14	1.52		5.31
白云杉	0.37	6.76	1.38		4.62
黄杉	0.40	8.41	2.41		6.07
热带美洲轻木(烘干)	0.16	4.10	17.5		3.00
胶合板	0.40	8.00	31.0		6.20

B.2 电缆(经常用于飞机的电缆构型)

表 B.2 典型飞控电缆的性能

电缆类型	最大直径		最大质量	最小断裂载荷
	in	mm	kg/m	N
镀锌碳钢,7×7 直径	1/16	1.6	0.011	2160
	3/32	2.4	0.024	4120
镀锌碳钢,7×19	1/8	3.2	0.043	7850
	5/32	4.0	0.067	10690
	3/16	4.8	0.097	16500
	7/32	5.6	0.127	22300
	1/4	6.4	0.164	28400
不锈钢,7×7	5/64	2	0.015	2350
	1/8	3	0.034	5300
	5/32	4.0	0.061	9510
	3/16	4.8	0.095	14800
	1/4	6.4	0.014	21400
不锈钢,7×19	1/8	3.2	0.034	5000
	5/32	4.0	0.059	8920
	3/16	4.8	0.093	13900
	1/4	6.4	0.134	20000
	9/32	7.1	0.182	27300

注:1.7×7 电缆通常仅用于直线电缆铺设,而 7×19 电缆绕曲线铺设时不太容易损坏,因此在电缆穿过滑轮的地方更为实用。

附录 C　主要民航适航标准

在进行民用航空器认证之前,确定使用哪种标准进行认证是很重要的。虽然在使用认证标准之前与适航管理部门达成一致是普遍情况(认证标准极有可能是多个标准的混合体),但更重要的是,我们要知道每个主要标准应该适用于什么样的飞机。请记住,表 C.1 仅列出了主要适用点。

C.1　零燃油重量的定义

所有标准都将零燃油重量(Zero Fuel Weight,ZFW)定义为飞机在空重、无燃油、工作液相等(从冷却液、润滑剂到厕所液的所有液体)和最低配设备下的状态。飞机记录必须明确规定其特定状态和等级,重量与平衡报告必须始终呈现飞机的改装状态。

为尽量减少零燃油重量,有些制造商对什么是最低设备清单产生争论,可以说,如果一架飞机达到这一重要状态,可能是时候考虑做一些修改或减重。如果它一开始就处于这样一种状态(尤其是一些性能更高的轻型或超轻型飞机),那么问题就更加严重而不仅是因为历史上所有的飞机都会随着使用年限的增加而变得更重。

C.2　机翼载荷

此处提及的机翼载荷是指最大起飞重量(单位为 kgf)除以机翼总面积。机翼总面积包括主机翼和鸭翼,但不包括尾翼。

表格 C.1　主要民航设计规范的适用性

规范类型	最多座位数	发动机类型	机翼载荷	最大失速速度	最多发动机数量	最大零燃油重量	最大起飞重量
欧洲航空安全局认证规范/联合适航要求							
认证规范 CS.25 和联合(欧洲)航空要求 JAR-25 ("第25部")	无限制	无限制	无限制	套用公式	无限制	无限制	无限制

续表

规范类型	最多座位数	发动机类型	机翼载荷	最大失速速度	最多发动机数量	最大零燃油重量	最大起飞重量
CS.23 和 JAR-23（1,3,25,49,67）("第23部")	（美国）联邦适航要求 FAR-23	活塞式或涡轮螺旋桨式	无限制	61kn 着陆配置中的参考失速速度或最小飞行速度（以下简称 V_{so}）（单发和低于 2730kg 的双发无法实现 SEI（单发运行））	2	如 FAR-23	如 FAR-23
CS.22 和 JAR-22（1,3,25,29,49）("第22部")	2	活塞式	$3kg/m^2$（W/span2）	80km/h（V_{so}—无压舱物）90km/h（V_{so}—全压舱物）	1	最大起飞重量（以下简称 MTOW）—180kg（单座）或 110kg（单座）—最大控制功率下 30min 的燃油量	850kg
CS.VLA 和 JAR-VLA（1,3,25,29,49）("VLA部")	2	活塞式	无限制	45kn（V_{so}）	1	MTOW—每座 86kg—最大持续功率下的 1h 燃油量①	750kg
联邦航空要求							
FAR-25	无限制	无限制②	无限制	无限制	无限制	无限制	无限制③
FAR-23（1,3,25,49）（通勤类）	多于 19 名飞行员（座位）	无限制	无限制	61kn V_{s1}（V_{s1}：在规定（或默认巡航）配置下，以 MTOW 的失速速度）（单发或仅低于 6000lbf）	无限制	MTOW—每座 77kg（170lbf）—最大持续功率下 30min 的燃油	19000lbf/8618kg

325

续表

规范类型	最多座位数	发动机类型	机翼载荷	最大失速速度	最多发动机数量	最大零燃油重量	最大起飞重量
FAR-23(1、3、25、49)（普通、实用和特技④类）	多于19名乘员（座位）	无限制	无限制	61kn(V_{S1})⑤（单发或仅低于6000lbf）	无限制	MTOW—每座86kg(190lbf)（普通类别77kg(170lbf)）—最大持续功率下30min的燃油	12500lbf/5670kg
FAR-103⑥	1	无限制但是平飞时可达到的最大空速≤55kn校准空速	无限制	24kn V_{so}	无限制	动力情况下254lbf加上浮子和安全装置的重量，或无动力情况下155lbf	无限制
英国民航机适航性要求条件							
D⑦节	无限制	无限制	无限制	无限制	无限制	无限制	无限制
K节(1-1,5-1)	无限制	无限制	无限制	60knV_{so}（单发和轻型双发无法以1%的单发坡度（SEI）爬升）	2	无限制⑧	5700kg
S节(2,25)	2/1（见MTOW）	无限制	25kg/m²（W/area）⑨	（或者）35kn(V_{so})	无限制	MTOW—每座86kg—最大持续功率下的1h燃油量⑩	450kg/300kg（双/单座）

① CS.VLA还规定，86kg的飞行员在加满油的飞机中，飞机重量不得超过最大起飞重量，尽管在实际情况中这很少成为问题；
② FAR-25适用于DC-3和L-18衍生机型的特殊发动机功率和容量限制；
③ 针对使用FAR-25补充型号合格证的DC-3和L-18型衍生机，应进行特殊最大授权起飞重量限制；
④ 美国术语"acrobatic"和英国/欧洲术语"aerobatic"都是"特技飞行"的意思。用词差异的原因尚不清楚，已知一些英国飞行员也会使用"clown"这个词；
⑤ 如果可以保持单发不工作爬升(FAR-23.67)，或满足FAR-23.562中紧急着陆的额外安全要求，则无需遵守FAR.23要求，即单发飞机或多发飞机必须达到最小飞行速度，最大授权起飞重量的失速速度不超过61kn

续表

规范类型	最多座位数	发动机类型	机翼载荷	最大失速速度	最多发动机数量	最大零燃油重量	最大起飞重量

⑥ 重要的是要认识到,FAR-103 本身不是一个适航标准,它定义了不适用适航或许可证规则的美国"超轻型"解除管制类别;
⑦ 出于所有合理原因,英国民航机适航性要求的 D 章现已过时,本书中未详细讨论。它被 JAR-25 取代,现属于认证规范 CS.25。如果读者可以得到一份副本,它仍然具有参考价值,例如,其中关于水上飞机的要求远比其他任何标准更为完整。它也可能仍然适用于一些老式飞机;
⑧ 虽然英国民航机适航性要求的 K 章没有明确定义最大零燃油重量,但很明显,最大零燃油重量必须确保飞机能够在给定最大零燃油重量下合理运行。如果不确定,工程师应查阅 K1 片段和 K3 片段,以了解详细要求;
⑨ S 节之前的速度为 $25kg/m^2$;
⑩ 英国民航机适航性要求中的 S 节还规定,86kg 的飞行员在满油情况下的飞机上,飞机重量不得超过最大起飞重量,尽管在实践中这很少成为问题

产生升力的区域通常不包括在内,如果有必要,工程师应与其批准机构达成独立协议。认证规范 CS.22 用最大起飞重量除以翼展的平方。但是,注意不要将其与典型的机翼载荷混淆。它们的单位和尺寸相同,但值其实非常不同。认证规范 CS.22 只是确保该标准仅适用于具有细长机翼的飞机。

C.3 对于失速速度的测量及定义

V_{so} 是着陆构型中的失速速度(或最小飞行速度)。在 V_{so} 速度中,起落架(如果可伸缩)放下,襟翼和/或缝翼处于着陆设置,且通常情况下,发动机处于慢车状态。V_{so} 对于评判标准是否适用于飞机是最关键的速度参考,但在确定飞机性能、演示合规性及飞行限制时,则需要多个失速速度作为参考。准确测量失速速度分为 2 个步骤:①静压系统必须精确校准。理想情况下,这只需要一点重量即可,杜绝明显低于最大起飞重量。②以不超过 1kn 进行减速,在尽可能接近最大授权起飞重量时进行失速试验。一系列(通常至少 6 次)试验的平均值必须与空速表校准图交叉进行参考,以确定 V_{so} 为校准空速。有关失速测试的更多详细信息,请参阅本书的相应章节。

C.4 爬升期间单发失效

FAR-23 和 CS/JAR-23 都将 SEI(单发运行)爬升作为实现最小飞行速度

的决定性因素。在这2种情形下(每项标准的第67条),单发运行意味着飞机必须能够在5000ft(约合1524m)的标准压力高度下,最关键的发动机不工作,处于最低阻力状态的情况下,保持1.5%的爬升梯度。

理想情况下,认真负责的适航工程师会确保单发运行的飞机超越1.5%的爬升梯度,尽管对于许多较轻的双发飞机来说,这通常无法实现。对于轻型双发飞机来说,一个常见的俗语是,如果一个发动机出现故障,第二个发动机会直接将"飞机送到事故现场"。

附录 D 单 位 换 算

如表 D.1 所列。

表 D.1 航空工程使用的主要单位换算

原单位	乘以	得到
度/(°)	0.01745	弧度(radians)
英尺/ft	0.3048	米(m)
英尺磅(ft lb)	1.356	焦(J)
英尺/秒(ft/s)	0.5921	节(kn)
英尺/秒(ft/s)	0.3048	米/秒(m/s)
平方英尺(ft^2)	144	平方英寸($in.^2$)
平方英尺(ft^2)	2.9×10^{-3}	平方米(m^2)
立方英尺(ft^3)	0.02832	立方米(m^3)
英制加仑(gal)	1.20095	美制加仑(gal)
英制加仑(gal)	4.5456	立方米(m^3)
美制加仑(gal)	0.83267	英制加仑(gal)
美制加仑(gal)	3.785	1升(L)
公制马力(hp)	735.5	瓦特(焦/秒)(W(J/s))
美制马力(hp)	745.7	瓦特(焦/秒)(W(J/s))
英寸(in.)	25.4×10^{-3}	米(m)
英寸水柱($in. H_2O$)	36.13×10^{-3}	磅力/平方英寸($lbf/in.^2$)
英寸汞柱(in. Hg)	33.864	毫巴(百帕)(mb(hPa))
英寸汞柱(in. Hg)	3386.388	牛/立方米(N/m^3)
平方英寸($in.^2$)	6.944×10^{-3}	平方英尺(ft^2)
立方英寸($in.^3$)	16.39×10^{-3}	立方米(m^3)
焦(J)	238.9×10^{-3}	英尺磅(ft lb)
千克(kg)	2.205	磅
千克/立方米(kg/m^3)	62.43×10^{-3}	磅/立方英尺(lb/ft^3)
千克力(kgf)	2.205	磅力(lbf)

续表

原单位	乘以	得到
千克力(kgf)	9.80665	牛(N)
节(kn 或 kt)	1.689	英尺/秒(ft/s)
节(kn 或 kt)	0.514	米/秒(m/s)
节(kn 或 kt)	1.151	英里/小时(mph)
升(L)	0.2642	美制加仑(gal)
升(L)	61.02	立方英寸(in.^{3})
磅(lb)	0.4536	千克(kg)
磅力(lbf)	4.4475	牛(N)
米(m)	3.281	英尺(ft)
米(m)	39.37	英寸(in.)
米(m)	539.6×10^{-6}	海里(n mile)
米(m)	621.4×10^{-6}	英里(mile)
米(m)	1.0936	码(Yds)
平方米(m^2)	10.764	平方英尺(ft^2)
立方米(m^3)	35.31	立方英尺(ft^3)
立方米(m^3)	61.023	立方英寸(in.^{3})
毫米汞柱(mm Hg)	133.322	牛/立方米(N/m^3)
英里/小时(mph)	0.447	米/秒(m/s)
牛(N)	0.2248	磅力(lbf)
海里(n mile)	6076.103	英尺(ft)
海里(n mile)	1.1508	英里(st. m)
自磅(poundals)	0.0141	千克(kg)
自磅(poundals)	0.03108	磅(lb)
夸脱(quart)	4	加仑(gal)
弧度(rad)	57.3	度(°)
弧度/秒(rad/s)	9.549	转速(r/min)
转速(r/min)	0.1047	弧度/秒(rad/s)
英里(mile)	5280	英尺(ft)
英里(mile)	0.8689	海里(n mile)
码(yds)	3	英尺(ft)
码(yds)	0.9144	米(m)

注① 帕=帕斯卡=牛/平方米。
② 1 标准大气压的值 = 29.92in Hg = 760mm Hg = 1013.25mb = 1013.25hPa

附录 E　"陆军－海军联合命名(AN)系统"中的五金件

"AN"是"陆军－海军联合命名系统(Army and Navy Specifification, AN)"非常古老的缩写(以下仍简称 AN),是一种仍在全球范围内使用的命名标准,用于命名飞机制造中常用的紧固件和其他一些五金件,这些部件的规格使用英制单位。

整个系统的基础是 AN 螺栓。AN 螺栓根据直径和螺杆长度细分,并且具有英制统一细(Unified Fine(Imperial),UNF)螺纹。螺栓按"ANn－nn"格式命名,其中"n"是公称螺杆(或握柄)直径,以 1/16in 为单位,"nn"对应于如表 E.1 所列的螺杆长度(这些只是最常见的飞机螺栓类型,也有更大尺寸的螺栓)。这些螺栓通常通过螺纹钻孔拧入安全销或钢丝条锁,否则会在螺纹名称后附加字母"C"。因此,一个螺纹直径 1/4in(1/4″UNF)的"UNF 螺栓",螺杆长 11/16in,带 U 形夹环钻孔,被命名为 AN4－14,但如果不需要钻孔,则命名为 AN4C－14(表 E.1)。

表 E.1　AN 螺栓和螺钉规格

规格	AN3	AN4	AN5	AN6	AN7	AN8
螺纹	$10/32$″UNF	$1/4$″UNF	$5/16$″UNF	$3/8$″UNF	$7/16$″UNF	$1/2$″UNF
－3	$1/16$″	$1/16$″	$1/16$″			
－4	$1/8$″	$1/16$″	$1/16$″	$1/16$″		
－5	$1/4$″	$3/16$″	$3/16$″	$1/16$″	$1/16$″	
－6	$3/8$″	$5/16$″	$5/16$″	$3/16$″	$3/16$″	$1/16$″
－7	$1/2$″	$7/16$″	$7/16$″	$5/16$″	$5/16$″	$3/16$″
－10	$5/8$″	$9/16$″	$9/16$″	$7/16$″	$7/16$″	$5/16$″
－11	$3/4$″	$11/16$″	$11/16$″	$9/16$″	$9/16$″	$7/16$″
－12	$7/8$″	$13/16$″	$13/16$″	$11/16$″	$11/16$″	$9/16$″
－13	1″	$15/16$″	$15/16$″	$13/16$″	$13/16$″	$11/16$″
－14	$1 1/8$″	$1 1/16$″	$1 1/16$″	$15/16$″	$15/16$″	$13/16$″

续表

规格	AN3	AN4	AN5	AN6	AN7	AN8
-15	$1\frac{1}{4}''$	$1\frac{3}{16}''$	$1\frac{3}{16}''$	$1\frac{1}{16}''$	$1\frac{1}{16}''$	$\frac{15}{16}''$
-16	$1\frac{3}{8}''$	$1\frac{5}{16}''$	$1\frac{5}{16}''$	$1\frac{3}{16}''$	$1\frac{3}{16}''$	$1\frac{1}{16}''$
-17	$1\frac{1}{2}''$	$1\frac{7}{16}''$	$1\frac{7}{16}''$	$1\frac{5}{16}''$	$1\frac{5}{16}''$	$1\frac{3}{16}''$
-20	$1\frac{5}{8}''$	$1\frac{9}{16}''$	$1\frac{9}{16}''$	$1\frac{7}{16}''$	$1\frac{7}{16}''$	$1\frac{5}{16}''$
-21	$1\frac{3}{4}''$	$1\frac{11}{16}''$	$1\frac{11}{16}''$	$1\frac{9}{16}''$	$1\frac{9}{16}''$	$1\frac{7}{16}''$
-22	$1\frac{7}{8}''$	$1\frac{13}{16}''$	$1\frac{13}{16}''$	$1\frac{11}{16}''$	$1\frac{11}{16}''$	$1\frac{9}{16}''$
-23	$2''$	$1\frac{15}{16}''$	$1\frac{15}{16}''$	$1\frac{13}{16}''$	$1\frac{13}{16}''$	$1\frac{11}{16}''$
-24	$2\frac{1}{8}''$	$2\frac{1}{16}''$	$2\frac{1}{16}''$	$1\frac{15}{16}''$	$1\frac{15}{16}''$	$1\frac{13}{16}''$
-25	$2\frac{1}{4}''$	$2\frac{3}{16}''$	$2\frac{3}{16}''$	$2\frac{1}{16}''$	$2\frac{1}{16}''$	$1\frac{15}{16}''$
-26	$2\frac{3}{8}''$	$2\frac{5}{16}''$	$2\frac{5}{16}''$	$2\frac{3}{16}''$	$2\frac{3}{16}''$	$2\frac{1}{16}''$
-27	$2\frac{1}{2}''$	$2\frac{7}{16}''$	$2\frac{7}{16}''$	$2\frac{5}{16}''$	$2\frac{5}{16}''$	$2\frac{3}{16}''$
-30	$2\frac{5}{8}''$	$2\frac{9}{16}''$	$2\frac{9}{16}''$	$2\frac{7}{16}''$	$2\frac{7}{16}''$	$2\frac{5}{16}''$
-31	$2\frac{3}{4}''$	$2\frac{11}{16}''$	$2\frac{11}{16}''$	$2\frac{9}{16}''$	$2\frac{9}{16}''$	$2\frac{7}{16}''$
-32	$2\frac{7}{8}''$	$2\frac{13}{16}''$	$2\frac{13}{16}''$	$2\frac{11}{16}''$	$2\frac{11}{16}''$	$2\frac{9}{16}''$
-33	$3''$	$2\frac{15}{16}''$	$2\frac{15}{16}''$	$2\frac{13}{16}''$	$2\frac{13}{16}''$	$2\frac{11}{16}''$
-34	$3\frac{1}{8}''$	$3\frac{1}{16}''$	$3\frac{1}{16}''$	$2\frac{15}{16}''$	$2\frac{15}{16}''$	$2\frac{13}{16}''$
-35	$3\frac{1}{4}''$	$3\frac{3}{16}''$	$3\frac{3}{16}''$	$3\frac{1}{16}''$	$3\frac{1}{16}''$	$2\frac{15}{16}''$
-36	$3\frac{3}{8}''$	$3\frac{5}{16}''$	$3\frac{5}{16}''$	$3\frac{3}{16}''$	$3\frac{3}{16}''$	$3\frac{1}{16}''$
-37	$3\frac{1}{2}''$	$3\frac{7}{16}''$	$3\frac{7}{16}''$	$3\frac{5}{16}''$	$3\frac{5}{16}''$	$3\frac{3}{16}''$
-40	$3\frac{5}{8}''$	$3\frac{9}{16}''$	$3\frac{9}{16}''$	$3\frac{7}{16}''$	$3\frac{7}{16}''$	$3\frac{5}{16}''$
-41	$3\frac{3}{4}''$	$3\frac{11}{16}''$	$3\frac{11}{16}''$	$3\frac{9}{16}''$	$3\frac{9}{16}''$	$3\frac{7}{16}''$
-42	$3\frac{7}{8}''$	$3\frac{13}{16}''$	$3\frac{13}{16}''$	$3\frac{11}{16}''$	$3\frac{11}{16}''$	$3\frac{9}{16}''$
-43	$4''$	$3\frac{15}{16}''$	$3\frac{15}{16}''$	$3\frac{13}{16}''$	$3\frac{13}{16}''$	$3\frac{11}{16}''$
-44	$4\frac{1}{8}''$	$4\frac{1}{16}''$	$4\frac{1}{16}''$	$3\frac{15}{16}''$	$3\frac{15}{16}''$	$3\frac{13}{16}''$
-45	$4\frac{1}{4}''$	$4\frac{3}{16}''$	$4\frac{3}{16}''$	$4\frac{1}{16}''$	$4\frac{1}{16}''$	$3\frac{15}{16}''$
-46	$4\frac{3}{8}''$	$4\frac{5}{16}''$	$4\frac{5}{16}''$	$4\frac{3}{16}''$	$4\frac{3}{16}''$	$4\frac{1}{16}''$
-47	$4\frac{1}{2}''$	$4\frac{7}{16}''$	$4\frac{7}{16}''$	$4\frac{5}{16}''$	$4\frac{5}{16}''$	$4\frac{3}{16}''$
-50	$4\frac{5}{8}''$	$4\frac{9}{16}''$	$4\frac{9}{16}''$	$4\frac{7}{16}''$	$4\frac{7}{16}''$	$4\frac{5}{16}''$
-51	$4\frac{3}{4}''$	$4\frac{11}{16}''$	$4\frac{11}{16}''$	$4\frac{9}{16}''$	$4\frac{9}{16}''$	$4\frac{7}{16}''$
-52	$4\frac{7}{8}''$	$4\frac{13}{16}''$	$4\frac{13}{16}''$	$4\frac{11}{16}''$	$4\frac{11}{16}''$	$4\frac{9}{16}''$
-54	$5\frac{1}{8}''$	$5\frac{1}{16}''$	$5\frac{1}{16}''$	$4\frac{15}{16}''$	$4\frac{15}{16}''$	$4\frac{11}{16}''$

续表

规格	AN3	AN4	AN5	AN6	AN7	AN8
-55	$5\frac{1}{4}''$	$5\frac{3}{16}''$	$5\frac{3}{16}''$	$5\frac{1}{16}''$	$5\frac{1}{16}''$	$4\frac{15}{16}''$
-57	$5\frac{1}{2}''$	$5\frac{7}{16}''$	$5\frac{7}{16}''$	$5\frac{5}{16}''$	$5\frac{5}{16}''$	$5\frac{1}{16}''$
-60	$5\frac{5}{8}''$	$5\frac{9}{16}''$	$5\frac{9}{16}''$	$5\frac{7}{16}''$		$5\frac{5}{16}''$

每种螺纹都有相应的螺母搭配,包括普通螺母、尼龙自锁螺母、钻孔螺母和翼形螺母。螺母和螺栓通常采用镀镉钢或不锈钢制成。

AN 螺栓连接处的荷载最好是通过螺栓杆受剪,在螺母上施加载荷并不合适,因为螺母只是为了确保螺栓保持在原位(而锁销、锁环或锁线是确保螺母保持在原位的)。

附录 F 关于计量单位

要善用单位。

——达罗尔·斯廷顿

F.1 工程单位

可能没有哪个技术领域会像工程单位那样存在着普遍的沙文主义。自国际单位制(法语 Système International d'Unités, SI)创立并在世界范围内迅速采用以来,已有数百年的历史。然而,许多专业人士,尤其是在美国,仍然拒绝使用,不接受其有效性。同样地,许多人完全是使用国际单位制长大的,他们也拒绝接受世界上大部分地区仍然没有使用国际单位制的事实。因此,我们必须通过一种方式与不使用国际单位制的人进行交流。

在航空领域,这尤其潜藏着危险,尤其是世界上 2 个非常重要的地方使用着 2 种完全不同的工程单位。在美国,即使是现在也很难找到一位经常用"米"和"牛顿"为单位进行工作的工程师。而在(例如)法国,任何人提及"英寸"或"磅",都可能招致对方的法式耸肩,这就好像又回到了一家以"厘升"为单位销售该国最伟大产品之一的商店。(准确地说,"厘升"既不是国际单位也不是英制单位)。

一旦走出教室,混合使用单位和尺寸就成了家常便饭。例如,有些飞机的机身设计使用英制单位和英制尺寸标准部件,而它们的发动机则完全参考国际单位制设计并使用公制标准部件。这种混合很麻烦,但又不可避免,所以我们必须学会处理它。

更糟糕的是,有一个全球通用的"市场公制"[①],从技术上讲,这不是这两个系统的组成部分,因此像"十牛顿""厘米"和"千克"这样的单位大量出现,并且在航空用途中会经常遇到。又是一个我们必须理解和接受的现实。

---

① "市场公制"一词最初是由已故的航空作家兼试飞员达罗尔·斯廷顿(Darrol Stinton)博士创造的,不是作者独创。

因此,本书使用了国际单位制(主要用于欧洲和大洋洲)和英制(主要用于北美,大约1970年之前在英国及其前帝国最常见),在适当的时候,也会使用"市场公制",这取决于每个示例的性质和其最常用的单位。如果这冒犯了那些认为应该使用专门度量系统的读者,那么作者请这些读者再全面地审视一下他们工作的航空航天工业,当然本书也是为航空航天工业而写的。

在这3个系统之间,只有1种单位还保持着原貌,就是第2种英制单位,也幸亏有它,为我们提供了不同单位系统间某种程度的联系。

F.2 英制单位

这里说的英制单位,也可以正确地称为"英尺-磅-秒(fps)"系统,或(对于质量单位)称为"常衡";一些非英式教科书将其称为"英制单位"。

英制的基本单位是质量单位"磅(lb)"、长度单位"英尺(ft)"和时间单位"秒(s)"。

力学单位有2种,可以互换。"磅力(lbf)"是1lb质量在1g(海平面重力的平均加速度)时承受的重力。然而,"磅达(pdl)"是以$1ft/s^2$的加速度加速1lb质量所需的力。要注意,当质量或重量/力的值以"磅"为单位报告时,在根据该值进行计算之前,要清楚该值指的是什么。(如果切换到国际单位制时,则在使用以"磅"或"磅力"为单位编写的文本和公式时需要格外小心。)

还有一种质量单位也在使用中,即"斯勒格"。1斯勒格是在受到1lb重的力作用时产生英尺/秒的加速度的质量。1斯勒格 = 32.17lb。

F.2.1 英制质量单位(通常也称为重量单位)

英制质量单位如表F.1所列。

表F.1 英制质量单位

1吨(英国"吨")	1斯勒格(斯勒格)	1磅(磅)	1盎司(盎司)	1格令(格令)
1	69.63	2240	35840	15680000
	1	32.17	4117.76	225190
		1	128	7000
			1	437.5
				1

"av"代表 avoirdupois,这是"英尺(ft)-磅-秒(f/s)"单一系统的旧术语,主要在英国使用。

F.2.2 长度单位

如表 F.2 所列。

表 F.2 英制长度单位

1 法定英里(sm)	1 码(yd)	1 英尺(ft)	1 英寸(in)	1 毫英寸(mil)
1	1760	5280	63360	63360000
	1	3	36	36000
		1	12	12000
			1	1000
				1

此外,海里(nm)通常用于航空领航,单位是"节(knot 或 kn)"(1kn＝海里/小时)。1nm 是在纬度 48°处测量的绕地球纬度 1′(分)。(1°等于 60′,一圆周为 360°)对应的弧长。这不是严格意义上的英制单位,在其他完全使用国际单位制的国家也得到普遍应用。1nm＝6082ft。

"法定英里(Statute Mile)"的由来是因为在伊丽莎白一世女王统治期间,英国议会于 1593 年通过了一项法案(或法令),法案中界定了这个单位。1 法定英里定义为 5280ft[①]。美国有时也使用"测量英里(Survey Mile)"来指代同一单位。现在,主要是北美地区使用"法定英里"来公布气象能见度。

其次,每小时英里(Mile Per Hour)或英里/小时(m/h)是速度单位。许多较小或较老的飞机以"英里/小时"为单位表示指示空速(Indicated Airspeed,IAS),在当时,英语世界普遍使用这一单位。直到 1939—1945 年的第二次世界大战结束之后,民用和军用飞机开始使用"节"作单位,到 1980 年左右"节"几乎全部取代了"英里/小时"。

尤其是对于飞机销售商来说,改用"节"这个单位,显然可以让潜在的买家相信飞机飞得更快了。

通常情况下,短距离或长度用普通分数来表示,以"in"为单位校准的测量设备通常也是如此。因此,尺寸可表示为 1/2in(1/2″)、1/4in(1/4″)、1/8in(1/8″)、1/16in(1/16″)等。使用尽可能小的分母是正常的。分母数字一般不会超过 64,并且分子是一个整数。因此,例如,一种薄材料的连续尺寸可能为 1/16in、5/64in、3/32in、7/64in、1/8in。这虽然看起来有些让人糊涂,但实际上每个尺寸都比它的前一个尺寸长 1/64in。大多数飞机螺栓的长度以 1/16in 为

---

① 历史上,1 英里为 8 浪,1 浪为 40 极,一极为 16.5 英尺。

单位(见附录 E)。

F.2.3 英制力学单位

$$1 \text{ 磅力} = 32.174 \text{ 磅达}$$

F.2.4 英制体积单位

人们应该熟悉英国和美国英制体积单位之间的差异,因为这些差异可能会导致问题。例如,一架需要 1000 英国英制加仑燃料的飞机,却加满 1000 美国英制加仑燃料,那么在到达目的地之前,这架飞机可能会出现燃料不足的情况,因为同样单位数量的美国英制加仑比英国英制加仑少 17%。因此在处理英制体积单位时,应该非常小心。(在处理燃料或燃油时,要注意一些组织和飞机会使用质量或重量单位,而不是体积单位。这没有通用标准,尤其要注意燃料密度还会随着储存温度而变化。)(表 F.3 和表 F.4)。

表 F.3 流体体积的美国英制单位(有时被错误地称为"英制单位")

1 美国桶 (美国桶)	1 美国加仑 (美国加仑)	1 美国夸特 (美国夸特)	1 美国品脱 (美国品脱)	1 美国液量盎司 (美国液量盎司)
1	31.5	126	252	4032
	1	4	8	128
		1	2	32
			1	16
				1

表 F.4 流体体积的英国英制单位(有时被错误地称为"英制单位")

1 加仑 (英国加仑)	1 夸特 (英国夸特)	1 品脱 (英国品脱)	1 液量盎司 (英国液量盎司)
1	4	8	160
	1	2	40
		1	20
			1

可以看出,英国和美国英制体积度量系统之间最重要的区别在于,在英国,每品脱等于 20 液量盎司,而在美国只有 16 液量盎司。液量盎司的 2 个单位非常相似,但也不完全相同,即:

$$1 \text{ 美国液量盎司} = 1.0408 \text{ 英国液量盎司}$$

还须注意的是,表格里没有显示"英国桶"这种单位。虽然"桶"在英国存在,但它有几种样式,几乎专门用于盛放葡萄酒、啤酒或盐等食品,因此,如果以"桶"表示航空数量,它几乎肯定是指"美国桶"。

F.2.5　英制压力和温度单位

英制压力单位通常表示为"psi"(磅每平方英寸:lbf/in^2),但更适合计算的应为"磅每平方英尺"(lbf/ft^2)。然而,在某些国家(尤其是美国),以"英寸汞柱"(in. Hg)表示大气压是很常见的,其中标准海平面大气压值为 29.29 英寸汞柱。"英寸汞柱"也常用于表示气体分压,特别是与人体生理有关的气体分压。

标准的英制温标是兰金温标(用°R 表示),它是一种绝对温标。绝对零度设置为 0°R,水的冰点为 491.67°R,水的沸点为 671.67°R。

将兰金温标与更广为人知的华氏温标做线性比较,它们之间的换算关系为

$$R = °F - 459.67$$

重力加速度(g)在英制单位中,"g"为 $32.3 ft/s^2$。

注:兰金简介

威廉·约翰·麦夸恩·兰金(William John Macquorn Rankine,1820—1872 年)是一位苏格兰工程师和物理学家,他在热力学方面有广泛的研究。他也发表过植物学和音乐理论等多种学科的论文。兰金最初在铁路工作,在改进经纬仪的使用方面做了很多工作,发现了火车车轴经常失效的原因是由于应力集中和金属疲劳。在后来的生活中,他学习热力学,在 1855 年成为格拉斯哥大学的教授之后尤其致力于此。

华伦海特简介

加布里埃尔·华伦海特(Gabriel Fahrenheit,1686—1736 年)是德国人。尽管他早年对科学很感兴趣,但在父母因食用有毒蘑菇意外死亡后,他被迫进入商界。1717 年,他来到荷兰海牙,做了一名吹玻璃工,在那里他试验制造温度计和气压计。这些试验促成了更成功的温标系统的产生,也是对建立这一系统的早期尝试。"华氏温标"(据信)将盐水混合物能保持液体状态的最低温度设为 0°F,将一匹健康马的血液温度设定为 100°F。

F.3　国际单位制

国际单位制的基本单位是质量单位"千克"(kg)和长度单位"米"(m),当然还有时间单位"秒"(s)。

"力"的定义与质量和时间有关:"牛顿"(N)的定义为1N是使1kg物体产生1m/s²加速度所需的力。

在使用国际单位制时,应该理解的另一个重点是,严格来说,所有单位都以"千"来标记。

F.3.1 国际单位制的质量单位

如表F.5所列。

"千克"是国际单位制质量计算的基础,而不是"克"。"克(gram/gramme)"、"千克(kilogram/kilogramme)"等的2种英文拼写实际上可以互换。不过,一般而言,较短的拼写版本往往只在北美使用。

然而,"公吨"总是写为"吨"(有时发音为"tunnee",是为了避免与英制单位"吨"在语言上产生混淆)。

表F.5 国际单位制的质量单位

1千吨(kt)	1吨(t)	1千克(kg)	1克(g)	1毫克(mg)
1	1000	1000000	1×10	1×10^{12}
	1	1000	1000000	1×10^{9}
		1	1000	1000000
			1	1000

F.3.2 国际单位制的长度单位

如表F.6所列。

表F.6 国际单位制的长度单位

1千米(km)	1米(m)	1毫米(mm)	1微米(um)
1	1000	1000000	1×10^{9}
	1	1000	1000000
		1	1000
			1

F.3.3 国际单位制的力学单位

$$10N = 1daN(daN 即"十牛顿")$$

$$1000N = 1kN(kN 即"千牛")$$

"十牛顿(daN)"是国际单位制中唯一没有以"千"进行计量却经常使用的

单位。"十牛顿(daN)"通常用于测量"操纵力",因此也在此列出。

"千克"不是正式的力学单位,但请注意下面"市场公制"中"千克"的替代用法。至于重量,在严格使用国际单位制时,也应该使用"牛顿"作单位。

注:牛顿简介

英国人艾萨克·牛顿爵士(Isaac Newton,1643—1727)无疑是历史上最杰出的科学家之一,他提出的许多定律和定理构成了现代工程实践的基础。他同时也是微积分的共同发明者之一,剑桥大学卢卡斯数学教授,硬币伪造的卧底调查员,多产的宗教评论员。他还是一名国会议员,尽管他在国会任职期间唯一有记录的发言是为了一份草稿而要求关闭窗户。

F.3.4 国际单位制的体积单位

国际单位制使用的基本体积单位是"立方米"(m^3),但是

$$1000 \text{ 升}(L) = 1 \text{ 立方米}(m^3)$$

$$1000 \text{ 毫升}(mL/ml) = 1 \text{ 升}(L)$$

"毫升"有时可能被描述为"立方厘米(cc)"。这不是标准术语,但仍然很常见。

注:帕斯卡简介

布莱斯·帕斯卡(Blaise Pascal,1623—1662)是一位法国数学家和神童。他从16岁起就开始发表著名的论文。帕斯卡因在流体、数学和宗教哲学方面的成就而闻名。他也是第一个证明气压计可以用来测量高度的人。他常赌博且数额巨大,这也促使他研究了许多基础概率理论。

F.3.5 国际单位制的压力和温度单位

国际单位制常以"帕斯卡"(Pa)表示压力,其中 $1Pa = 1N/m^2$。

然而,大气压通常可以用"毫巴(mb)"或"百帕(hPa)"来表示:这两个单位是相同的,都等于 $10^6 Pa$。海平面的标准大气压通常为 1013.25hPa,或略高于1巴(bar)。另一个可能偶尔用于表示大气压力的非标准单位是"毫米汞柱(mmHg)"。在这种情况下,标准海平面大气压值为760mmHg。

国际单位制中的"温度"(至少对于任何物理计算来说)应以"开尔文(K)"表示。"开尔文温标"是绝对温标,绝对零度为0K,水的冰点(在标准海平面条件下)为273.15K,水的沸点(在海平面条件下)为373.15K。

"开尔文温标"与日常的"摄氏温标"之间的关系是

$$K = ℃ + 273.15^{①}$$

"摄氏度"(℃)温标,将蒸馏水在海平面条件下结冰时的温度设为0℃,沸腾时的温度设为100℃。

注:开尔文简介

威廉·汤姆森(1824—1907),一位苏格兰籍爱尔兰工程师,是第一代开尔文男爵。汤姆森在把各种科学研究整合成现在众所周知的"物理学"学科方面做了很多工作。他首先提出"绝对温标"概念。汤姆森也是一位热心的水手,他断断续续花了很多年的时间对跨大西洋电报传送所需的电缆铺设工作进行了早期尝试。这无疑促使他设计了潮汐预测机和可校正的指南针,也许还促成了他在1874年利用船岸信号向他第二任妻子的成功求婚。

摄尔修斯简介

安德斯·摄尔修斯(1701—1744)是瑞典天文学家,当时他因观测北极光和测量纬度子午线的实验而闻名。他在1742年首次提出"摄氏温标",1942年该温标系统以他的名字重新命名。月球上还有一个小陨石坑,也是以他的名字命名的。

F.3.6 关于国际单位制的其他问题

海平面的平均重力加速度是$9.80665m/s^2$,也可以写成$9.80665N/kg$。对于大多数工程工作来说,将这个数值约等于9.81已经足够精确。而对于科学工作来说,可能需要考虑局部的变化。

注:采用大写字母

这是国际单位制的传统和惯例。通常这些单位总是用小写字母(kg,s,mm)书写,但当一个单位是以某人命名时,单位名称是大写的,如N、J。两个主要的例外是代表大数量值的前缀,如Mega($×10^6$)或Giga($×10^9$),以及使用大写的"L",这是litre的缩写,以避免与数字"1"(1)混淆。

F.4 市场公制

"市场公制"是一个术语,它并不是一个统一的科学的单位系统,而是一系列派生的单位,这些单位可能经常被使用,工程师应该也很熟悉。虽然工程师们可能不应该熟知这些单位,但这些单位还是经常混入工程工作中。

其中最常见的单位是"厘米(cm)"(100cm=1m),在(英国)国内许多领域很常见,如DIY、衣服尺码等。作者发现"厘米"也被用于一些欧洲轻型飞机的

---

① 原书误,译者改。

重量和平衡计算中。

另一个经常使用,而且应该注意的单位是"千克力"(kilogramme-force),通常写为 kgf。这个单位也经常得到应用,特别是出于重量平衡的目的,大概是因为大多数的称都是用千克力校准的。虽然出于某些目的使用千克力是安全的做法(事实上,有一个英国组织在飞机力矩武器中通常使用单位 kgf. in.)。工程师应该小心谨慎,在执行大多数基于力的计算时,必须先确保千克力能够被正确地转换为牛顿(乘以 g)。

在体积上,虽然常用的单位是升和毫升,但厘升(100 厘升 = 1L)和分升(10 分升 = 1L)有时也被使用,尽管很少用于航空或工程目的。

对工程师来说,可能会不时遇到其他修正后的国际单位,重要的是能够在计算之前识别它们,并将它们转换为统一的单位系统。

F.5 厘米、克、秒制

厘米、克、秒制(system of measurement based on centimeters and grams and seconds, cm. g. s.)是国际单位制系统的另一种形式,多年来一直经常在科学论文中使用。大约在 1873 年推出,并由于 1960 年国际单位标准化而过时。然而,厘米、克、秒制仍通过静电单位制(esu)、电磁单位制(emu)和高斯单位制(gauss)等子系统,广泛应用于许多电气和电子工作领域。

由于本书没有深入地考虑电气和电子系统,因此厘米、克、秒制不会在这里进一步讨论。

F.6 合并单位系统

合并单位系统是可能的,但这应该非常谨慎。作者警告不要这样做,除非被合并的单位有不同的大小。例如,通过将牛顿乘以英寸来计算力矩是一种相当安全的做法,而任何包括磅和质量的计算,都可能导致错误。

如果存有疑问,在执行任何计算之前,将所有单位转换为一个科学系统:国际单位制(kg-m-s)或英制(ft-lb-s)(或者至少,这是一个很好的检查计算方法。)

F.7 航空规范

尽管有当地各自的差异,但世界各地都有关于特定单位用于具体目的的传统。使用中最常见的单位如表F.7所列。

表F.7 航空规范常用单位

空速	节(空运和军事飞行)、英里/小时(一些轻型和老式飞机)、海里/小时(一些轻型和微型飞机)
高度	英尺(大多数民用和军用航空)、米(在中国和俄罗斯的一些轻型航空活动)、飞行高度(高于当地确定的过渡高度的空中运输)——它们是数百英尺内定义的标准压力高度：因此飞行高度层(FL100) = 10000ft的压力高度为1013.25hPa。
重心位置	毫米或英寸,通常是一个任意定义的基准。一些飞机可能使用%标准平均和弦(Standard Mean Chord,SMC),其典型范围大约在15 – 30%
云基	通常为英尺,偶尔为米
距离	在水(地)面上为海里,在机身内为米、毫米或英寸
发动机功率	活塞发动机为千瓦(kW)或马力(hp),其中1hp = 0.764kW(但请注意,马力上存在许多变体,并且没有确定发动机功率的测试条件的通用标准);涡轮螺旋桨发动机为千瓦;涡轮喷气发动机和涡扇发动机为千牛或磅
燃料流量	通常测量每小时的燃料量
油量	欧洲飞机和发动机为升,北美飞机发动机为夸脱(1夸脱 = 2品脱,1品脱非常接近1L)
燃料数量	取决于不同的飞机,可使用升、千克、磅,美国加仑或英国加仑。注意从体积到质量单位的转换取决于储存温度
质量	千克或磅
爬升率	(飞机)英尺/分,(滑翔机)米/秒,偶尔也可以使用节
跑道长度	(包括起飞和着陆距离),在北美地区为英尺,世界其他地方为米。然而,较老的飞机运行数据可能经常使用英尺;需要机组成员定期转换
扭矩	牛顿米(N·m)或英尺磅(ft·lb)(通常用于工具,但也作为涡轮螺旋桨和涡轮轴发动机功率表达式的一部分)
时间	秒,除非在导航中可以使用小时,或偶尔分钟
速度	(在风洞中):米/秒或秒
能见度	米,除了北美地区使用法规英里
风	英语国家和西欧使用节,其他地方可能是米/秒

很可能为了工程计算的目的,其中许多单位需要转换为国际单位制或英制。不进行转换的原因是为了避免发生错误,但同样,如果在操作上使用一个标准单位,在单位转化时一定要非常小心,如果将标准工程单位包括在运算数据中,则可能是不适当和混乱的。

附录 G 更多有用的参考资料(非网络)

表 G.1 列出了作者书桌手边的参考书,可能特别有用,因此在本附录中作为扩展信息。

表 G.1 参考资料基本信息

资料名称	推荐理由	资料基本信息
《飞行员使用飞机性能理论》PJ Swatton	对飞机性能的所有主要监管合规问题进行了彻底的总结	ISBN:0-632-05569-3 由 Blackwell 出版社出版
《航空机械手册》戴尔·克莱恩	这是一个非常便宜的指南,所有的基本原则,飞机如何配合和工作——包括单位对话,ISA 表,过程和相关工具,绘制公约和标准组件	ISBN:978-1560278986 由 ASA 出版
《CATS JAA ATPL 手册——飞机通用知识》	一个非常全面的教科书,针对学生专业飞行员的飞机系统,一部分的 13 套涵盖整个欧洲 ATPL 教学大纲	可查阅 www.catsaviation.com 或其他专业经销商
《飞行导论》小约翰·D·安德森	一本非常彻底的入门教科书,涵盖了航空工程中的所有主要学科	ISBN:007-123818-2 由 McGrawHill 出版
《JAR 专业飞行员研究》菲尔·克劳彻	一份完整的航空飞行员地面学校教学大纲的简化版本(如上面提到的 CATS),涵盖从气象学到危险货物的所有内容	ISBN:0-9681928-9-0 电子技术出版社出版
《科学单位转换》弗朗索瓦·卡达雷利	如何将曾经存在的每一个单元转换为每一个其他单元。如果你遇到一架用罗马立方体设计的飞机,这是你的向导	ISBN:3-540-76022-9 由 Springer 发布
《航空润滑剂手册》	航空常用的所有液体和润滑剂的规格	由壳牌航空有限公司(伦敦)出版。(最新版本也可从公司网站下载)
《清单革命》阿图·葛文德	一本关于使用检查单及其在基于航空原则的结果关键工作环境中优点的精彩著作	ISBN:978-1846683145
《铝及其合金的性能》	所有常见(和大多数不常见)铝合金性能数据,并对规格进行比较	由铝业联合会出版

图 3.2 BAe-146 驾驶舱外的侧视图

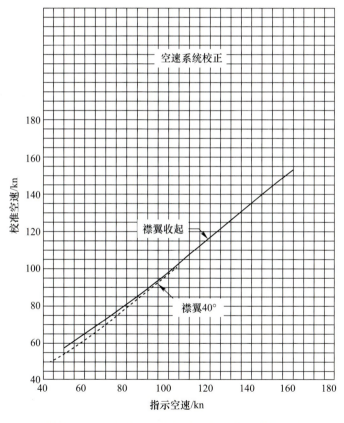

图 3.8 典型第 23 部适航标准飞机的空速表校准图

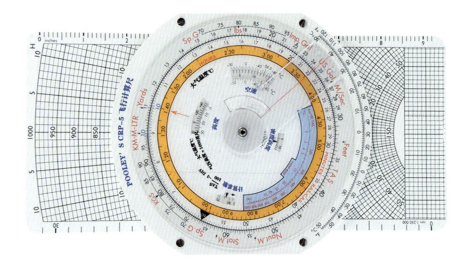

图 3.10　典型飞行计算尺

图 3.11　PC12 驾驶舱的 FMS 控制和显示,包括在下中控台的 GPS

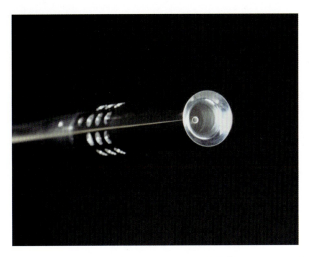

图 3.13 X-31 飞机上的基尔探针（封闭的空速管）（由 NASA 提供）

图 3.15 典型的空速表

图 3.16 典型的高度表

救援技术扁平织带

高强度扁平织带是索具和锚吊索的最佳选择。优越的强度和抗剪切磨损性超过了同等尺寸的管状织带。此外,结效率比管状织带高出60%以上。

织带尺寸:长50ft,宽1in

强度:2600lbf

颜色:灰、黄、绿、橙、红、蓝

图 5.5 "救援技术"织带广告

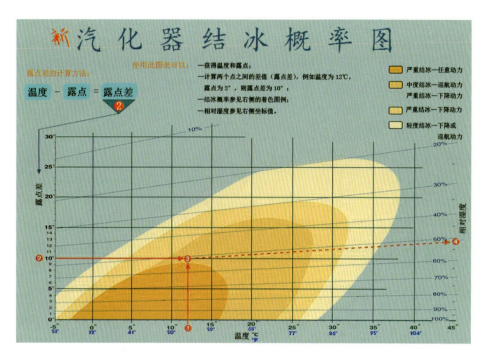

图8.9 典型轻型飞机防冰图（来源于澳大利亚民用航空安全管理局）

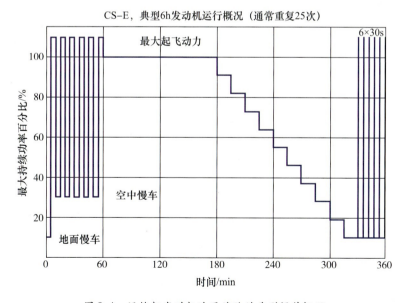

图9.4 运输机发动机地面试验的典型操作概况

彩5

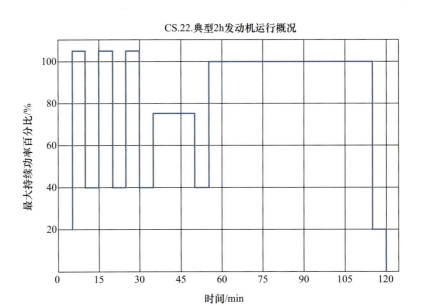

图 9.5 轻型飞机发动机试验的操作概况（通常重复 25 次）

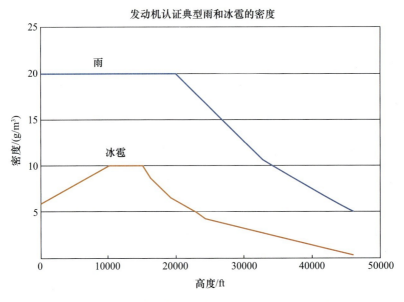

图 9.6 典型发动机的吞水和冰的密度（基于 EASA CS.e）

图 10.4　在机舱消防演习中使用的气液防烟罩

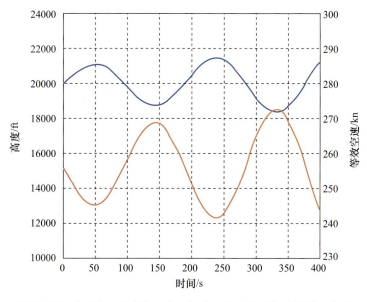

图 12.10　美国欠阻尼喷气运输飞机在巡航阶段的起伏模式示意图

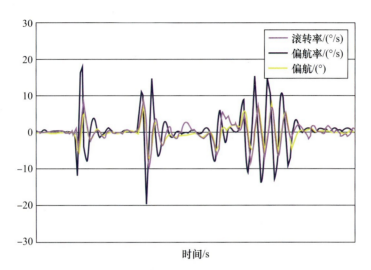

图 13.8 几个测试的自动数据记录示意图

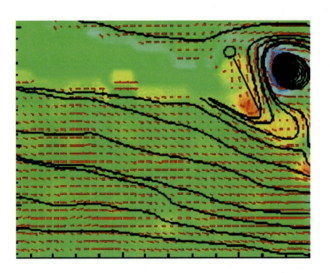

图 15.4 翻转机翼上表面涡流的风洞试验示意图（图示为机翼表面向下过渡并形成逆时针螺旋，在机翼后方出现的螺旋中心）